U0864235

岛是什么

——海岛旅游实践探索与创新发展研究

舟山市旅游委员会　编

海洋出版社

2018年·北京

图书在版编目(CIP)数据

岛是什么：海岛旅游实践探索与创新发展研究／舟山市旅游委员会编．—北京：海洋出版社，2017.10

ISBN 978－7－5027－9953－3

Ⅰ．①岛…　Ⅱ．①舟…　Ⅲ．①岛－旅游业发展－研究　Ⅳ．①F590.3

中国版本图书馆CIP数据核字(2018)第020892号

责任编辑：冷旭东　侯雪景

责任印制：赵麟苏

海洋出版社 出版发行

http://www.oceanpress.com.cn

北京市海淀区大慧寺路8号　邮编：100081

北京朝阳印刷厂有限责任公司印刷　新华书店北京发行所经销

2018年1月第1版　2018年1月第1次印刷

开本：787 mm×1092 mm　1/16　印张：15.5

字数：275千字　定价：68.00元

发行部：62132549　邮购部：68038093　总编室：62114335

《岛是什么——海岛旅游实践探索与创新发展研究》编撰委员会

顾　　问： 谢济建　温　暖

主　　任： 蔡　洪

副主任： 徐爱华　周开龙　曹　泓

委　　员： 林卫兴　何　军　郭文杰　徐　海　戎平娟
张　辉　杨洪波

主　　编： 林卫兴

副主编： 陈展之　马丽卿

编　　委：（以姓氏笔划为序）

王　栋　王一程　支璐洁　石建新　史小珍
刘丁华　李海杰　沈　冰　何琳娜　张恩达
胡卫伟　段学成　桂海滨　郭　旭　黄定根
楼春颖

序　（一）

旅游业是浙江国民经济战略性支柱产业。2016年，全省旅游产业总产出8713亿元，同比上年增长15.7%；旅游业增加值占国内生产总值（GDP）的比重达7.1%。海岛旅游是旅游业发展的新蓝海。世界旅游业发展历程表明，海岛旅游是旅游业发展的高级阶段和形态。海岛旅游的井喷式增长已成为海洋经济的新亮点和现代旅游业发展中最具潜力的“黄金板块”，所创造的GDP和就业岗位占旅游业贡献度50%以上。2017年6月召开的省第十四次党代会明确提出实施大湾区、大花园建设行动纲要，大力发展全域旅游，发展海洋旅游，全面建成“诗画浙江”中国最佳旅游目的地，为我省海洋海岛旅游发展进一步指明了方向。

综观浙江海岛旅游发展，成绩斐然。舟山、宁波、台州、温州的海岛旅游方兴未艾，邮轮游艇、礼佛禅修、休闲海钓、滨海度假广受新宠，普陀山、花鸟、白沙、东极、洞头、大鹿岛、南麂列岛闻名遐迩，舟山群岛新区成为全国第一批蓝色旅游示范基地，连续举办了三届国际海岛旅游大会。同时，我们也看到，比照马尔代夫、毛里求斯、塞班、澳大利亚等海岛度假胜地，浙江海岛旅游发展差距不小，特别是在海岛生态资源保护、海岛度假产品开发、旅游品牌推广、旅游公共服务设施等方面尤需创新进取，取长补短。

创新是人类进步的永恒主题。当今，“一带一路”建设行稳致远，全域旅游发展如火如荼，海岛旅游发展迎来新一轮历史性机遇。我们将认真学习贯彻党的十九大精神，按照“秉持浙江精神，干在实处、走在前列、勇立潮头”的要求，扑下身子抓落实、撸起袖子加油干，干出旅游系统的新贡献，干出旅游系统的新担当，全面打响“诗画浙江”中国最佳旅游目的地品牌，努力实现“人在画中游、景在心中留”。我们也期待，以《岛是什么——海岛旅游实践探索与创新发展研究》为案例，凝聚各方智慧和创意，相向而行，砥砺奋进，携手共绘海岛旅游发展的美好画卷！

浙江省旅游局局长 谢晓建

序 （二）

浙江省舟山市是我国首个以群岛建制的地级市，地处中国东部黄金海岸线与长江黄金水道的交汇处，背靠长三角广阔经济腹地。舟山是浙江省发展海岛旅游的主体，海岛旅游资源丰富独特，有广阔的海域、众多的沙滩、优质的空气以及丰富的海洋生物资源，最具代表性的有佛教文化、海岛风光、渔俗文化旅游资源，是开展海洋观光旅游、休闲度假、海上康体、邮轮游艇旅游、海鲜美食旅游的理想场所。如果把长江比作跃向东海的一条巨龙，把上海比作龙首，那么，舟山就是龙首上那颗璀璨的龙珠。

舟山群岛共有大小岛屿1390个，群岛翠微，紫涛苍茫。舟如山，山如舟。在舟山，岛是什么？在普陀山，岛是海天佛国；在朱家尖，岛是碧海金沙；在桃花，岛是侠骨柔情；在岱山，岛是蓬莱仙境；在嵊山，岛是绿野仙踪……

舟山自古以来就是海上丝绸之路的主通道和贸易港，许多东方文明从舟山传出去，许多西方文明从舟山引进来。回顾发展历史，观音文化从这里沿着海上丝绸之路走出去，传播到东南亚各国，成为亚洲的信仰、世界的信仰；远洋渔业从这里沿着海上丝绸之路走出去，推动了远洋捕捞产业的新发展，形成了世界著名的远洋渔业重镇；海洋工程从这里沿着海上丝绸之路走出去，舟山制造的巨轮由此遍布五洲，舟山培养的海员由此遍布四海。在新一轮对外开放中，自由贸易试验区、江海联运服务中心、波音737完工和交付中心等一系列国家战略型项目在这里交汇，舟山作为通联世界的海上战略门户的地位更加凸显。

纵观人类历史，星罗棋布的海岛无不是文明交流的驿站，互联互通的枢纽，守望相助的要塞，无数旅行者心驰神往的精神家园。21世纪是海洋经济的时代。海岛更应成为以陆促海、以海引陆的重要桥梁。我坚信，在对接融入“一带一路”的伟大倡议中，海岛旅游一定会成为推动“一带一路”美好愿景加快实现的新的重要桥梁，一定会成为一片充满希望的新蓝海！

为了更好地提升海岛旅游的品质，服务于世界海洋旅游产业的飞速发展，我们编撰了《岛是什么——海岛旅游实践探索与创新发展研究》一书。意在梳理和总结过去在海岛旅游业开发实践中的经验和成果，以期引起社会各界对海岛旅游的关注，从而促使海岛旅游健康和可持续发展。

浙江省舟山市人民政府市长 温暖

目　　录

实践篇（之二） 浙江海岛旅游业发展实践与探索

创新篇 海岛旅游发展创新与探索

0 绪 论

0.1 研究背景

0.1.1 海岛旅游已成为当今世界上发展最快的旅游业态

旅游业是世界上公认的“朝阳产业”和“无烟工业”，极具包容性、成长性和可持续性，旅游业在总收入、就业、增值、投资和纳税等方面，为全球各国经济作出了重要贡献。自20世纪90年代中期起，旅游业一直是世界规模最大的产业，并且保持着较高的增长态势。进入21世纪以后，旅游业在竞争力、涉及面、带动性上地位更加显著、作用日益突出。据世界旅游业理事会(WTTC)测算，在延续过去几年良好发展势头的基础上，2015年旅游业对全球国内生产总值(GDP)的综合贡献为7.8万亿美元，占全球GDP总量的10%，旅游业创造了2.84亿个就业岗位，占就业总量的9.5%。近年来，世界经济经历几多磨难，但旅游业却是逆势增长、风生水起、波澜壮阔，为艰难的世界经济复苏注入了强心剂，在扩大消费、增加投资、促进出口及提供就业等方面业绩斐然，仿佛绽放于冰雪中的一枝腊梅，光彩夺目、熠熠生辉。

众所周知，海洋约占整个地球表面积的71%，具有丰富的资源和高度的可通达性，是全球生命支持系统的基本组成部分，也是有助于实现可持续发展的宝贵财富。只要拥有一片海，就可通达全球近200个国家和地区，海洋对一个地方而言，其重要性怎么形容都不为过。海洋是生命的摇篮，亲近海洋是人类的共同天性和内心向往，扬帆远航、漂洋过海是古往今来世界各国人民的共同心愿。在人类历史上，有记载的海岛旅行最早肇始于腓尼基时代，早在公元前3000多年，腓尼基人就开始在地中海和爱琴海诸岛上旅行，他们的游走范围西越直布罗陀海峡，北到波罗的海，东至波斯湾，腓尼基人因而被称为“海上民族”。古罗马时代，去巴亚(Baiae)滨海度假区休闲小住，在当时的富人圈和名人中已非常流行。希腊最南端的克里特岛，不仅有湛蓝的海水和整洁的环境吸引着游客，更有恢宏的历史遗迹和灿烂的古希腊文明召唤着人们，成为近百年来最负盛名的海岛旅游胜地。

海岛和滨海历来是人类休闲观光、避暑疗养、回归自然的重要空间和场所，那里有舒适的气候条件、多样的海岸类型、迷人的海岛风光、奇异的海底世界、独特的海洋文化，让人心驰神往、流连忘返。世界旅游组织在《世界海岛旅游发展报告》中指出，旅游是海岛地区的主要经济活动之一，可以为海岛地区创造工作机会、提高生活水平、增加外汇收入，并促进其多元化发展。特别对像马尔代夫、巴厘岛这样的海岛地区，旅游是其经济发展的重要贡献因素。该报告指出，2013 年超过 40% 的海岛旅游目的地，旅游收入对 GDP 的贡献达 20% 以上，旅游业出口总值为 610 亿美元。海岛和滨海旅游业是欧洲最大的海洋经济部门，占海洋经济增加值的 1/3，创造了 320 万个工作岗位。旅游业也是澳大利亚最重要的产业之一，每年产生约 340 亿美元的 GDP，直接雇佣超过 50 万人，是该国创造就业岗位最多的服务业。近年来，全球海岛和滨海游客年均增长都在 20% 以上。目前全球共有超过 50 个国家和地区拥有 70 个成熟的海岛旅游目的地，在当今全球 50 个顶级旅游目的地中，有近 40 个位于海岛和滨海地区。中国国际海洋旅游经济论坛研究表明，全球最适合养老的 21 个国家，半数以上在海岛或滨海。同程旅游发布的《2016 春节黄金周居民出游趋势报告》显示，海岛游成为 2016 年春节中国公民旅游目的地的宠儿，春节期间旅游市场的热门线路中，海岛游占据了“半壁江山”，尤其是出境游，几乎都以海岛为目的地，该报告指出，中国公民 2016 年春节黄金周出境游十大目的地分别为泰国、日本、韩国、欧洲（法国、英国、意大利）、巴厘岛、新加坡、马尔代夫、新西兰、澳大利亚及我国港澳台地区，海岛游已成为引领中国公民出游的“旗舰品牌”，许多国际旅行社 2016 年春节假期海岛游产品收客量都超过了 80%。

海岛与滨海旅游既是历史悠久的传统旅游方式，又是现代旅游业中增长最快、发展最猛的领域和业态。随着国际航空业的航线加密、国际邮轮业的客源增加、各国间出入境签证的便利化和信息技术的飞速发展，游客的流向、流量更加快速地向海岛和滨海区域集聚。目前，世界上著名的海岛和滨海旅游胜地主要分布在热带、亚热带区域，地中海沿岸、加勒比海沿岸、东南亚岛屿、大洋洲沿海和夏威夷、马尔代夫、斐济、法属波利尼西亚等岛屿，它们成为各国游客无限向往的旅游胜地和度假天堂，越来越多的游客开始踏上了这些心仪已久的地方去享受海景、放松心情。

0.1.2 海岛旅游是中国旅游产业中的新增长极

中国濒临太平洋西岸，拥有18 000千米的大陆海岸线和14 000千米的海岛岸线，有7000多个岛屿、约300万平方千米主张管辖海域、200多万公顷①潮间带滩涂、16万多平方千米浅海海域。中国海岸线跨越39个纬度，具有寒、温、热三个气候带的不同环境特点，蕴藏着丰富的旅游资源和深厚的文化资源，加之中国东部滨海地区人类活动相对集中，经济社会发展水平普遍较高，近年来充分利用国家政策优势，海岛和滨海旅游产业实现了跨越式发展，成为我国旅游产业发展新的增长极。2009年"滨海度假"作为国家重点打造的旅游线路品牌之一得到快速推广；2010年1月，海南国际旅游岛建设上升为国家战略；2010年12月，群岛城市舟山市和滨海城市秦皇岛市被确定为全国首批旅游综合改革试点城市（全国仅有4个试点城市）；2011年海南三亚实行"免税离岛"等特殊政策；2012年4月，国务院颁布实施了《全国海洋功能区划（2011—2020）》，对我国海岛和滨海旅游产业快速发展具有重要的推动作用；2013年我国旅游主题确定为"中国海洋旅游年"，彰显了我国海岛和滨海旅游在引领未来旅游需求、创新旅游体验等方面的巨大潜力。整个"十二五"期间，国务院和沿海各省市都出台了专门文件，鼓励海岛和滨海旅游产业加快发展。受国家海洋战略和产业政策的强力推动，我国海岛和滨海旅游产业迅速崛起，呈现出多区域、多主体、多行业跨越式发展态势，形成了环渤海旅游带、长三角旅游带、珠三角旅游带、海峡西岸旅游带和海南旅游区"四带一区"发展格局，培育了以滨海观光为主，康体疗养、休闲度假为辅，兼及新型产品和高端项目的业态体系。据国家海洋局发布的《2015年中国海洋经济统计公报》显示，2015年全国海洋生产总值达到6.47万亿元，比上年增长7%，其中海岛和滨海旅游业位居各大海洋产业首位，占增加值的40.6%，远超排名第二的海洋交通运输业（20.7%）、排名第三的海洋渔业（16.2%）。

海岛和滨海旅游成为中国旅游产业新的增长极首先是源于国家层面整体规划的引导和政策资源的倾斜。党的十八届五中全会关于"十三五"规划的建议中，重申了对发展海洋产业的支持，沿海各省市"十三五"规划也进一步引导、鼓励、支持海岛和滨海旅游产业加快发展。"十三五"期间，国家将在滨海、海岛和海上实施六项重点工程，其中的"蓝色海湾"整治工程，将结合陆源污染治理，实施环境综合整治、退堤还海、

① 1公顷=10 000平方米——编者注。

清淤疏浚等措施，恢复和增加海湾纳潮量，因地制宜建设海岸公园、人造沙质岸线等海岸景观，推动污染严重的重点海湾综合治理，完成50个沿海城市毗邻重点小海湾的整治修复；"南红北柳"生态工程，将因地制宜开展滨海湿地、河口湿地生态修复工程，南方以种植红树林为主，海草、盐沼植物等为辅，北方以种植柽柳、芦苇为主，海草、湿生草甸等为辅；"生态岛礁"修复工程，将开展受损岛体、植被、岸线、沙滩及周边海域等修复工作，对海岛珍稀濒危动植物栖息地生态环境进行调查和保育、修复工作，恢复海岛及周边海域生态系统的服务功能，实施领海基点海岛保护工程，开展南海岛礁生态保护区建设，完成若干个公益用岛示范专项；"智慧海洋"建设工程，将以岸基、海基、空(天)基组网监测为基础，构建以京津冀、长三角、珠三角为重点的国家海洋环境实时在线监控系统，布局全球海洋立体观测网，初步形成集海洋科学认知、管理支撑、信息共享和智能服务于一体的国家海洋信息化体系。上述重点工程逐步建成投用后，我国海岛和滨海旅游的基础设施、生态环境及科技支撑将大大增强。中央和各地政府如此认真呼应国民大众海岛和滨海旅游需求，无疑将为中国海岛和滨海旅游业大发展、大繁荣创设了良好的机遇和条件。

海岛和滨海旅游能够成为中国旅游产业新的增长极是基于旅游市场需求及变化的驱动。据统计，2014年我国国内旅游人次超过了36.5亿，出境旅游人次也超过了1亿，2015年这两个数字分别达到了40亿人次和1.2亿人次，这就意味着中国13亿人口，国内旅游人均的出游率已接近3次了，这是发达国家国民出游率的门槛水平，也是欧美发达国家20世纪50年代大众旅游发展的初期水平。这是一个具有里程碑意义的时间节点。中国旅游研究院公布的数据显示，到2020年，中国人均出游率将达到5次，每年将有超过60亿国内旅游人次和2亿出境旅游人次，市场不断扩大，消费需求将不断升级和深化。

海岛和滨海旅游成为中国旅游产业的新增长极是助推我国进一步对外开放和交流的需要，也符合旅游产业内在发展规律。由于军事斗争、国防建设等历史原因，我国绝大多数海岛长期处于封闭状态，改革开放以来，这种局面虽有所改观，但与沿海内陆开放地区相比，还有不小差距。我国海岛大多处在对外开放前沿，既与越南、朝韩等国相邻，又与日本、菲律宾、新加坡等国隔海相望，一旦实行对外开放，将对国际游客及我国港澳台地区游客产生较大吸引力。大力发展海岛旅游，将助推我国不断加快对外开放步伐，还能够通过旅游海岛这一平台，吸引更多的人流、物流、资金流、信息流经海岛向沿海和内陆地区辐射，促进我国整个对外开放事业的发展。发展海岛旅游业也是旅游业生产力布局调整的需要。30 多年来，我国经济社会发展和人们物质文化生活水平的提高，极大地激发了国民的出游热情，有效地促进了我国旅游业的长足发展，但旅游产品相对单一、旅游品质相对较低、旅游生产力布局不尽合理、社会效益和生态效益不尽如人意等问题一直存在，我国游客的出游时间大多集中在节假日里，旅游形式基本上以观光为主，流向也相对集中在大城市和名山大川、古都名刹上，造成了买票难、行路难、住宿难、吃饭难、管理难等诸多“旅游病”。大力开发海岛旅游，丰富旅游产品类型，加快旅游业转型升级，能够有效地分流游客空间分布，使我国旅游生产力布局更为合理，整个旅游业的社会、经济和生态效益也将得到提升。我国是海洋经济大国，但离建设海洋经济强国仍有很长的路要走。由于多数海岛土地贫瘠，又受交通、人口、原材料、能源等资源的限制，发展农业和工业的条件较差，加之渔业资源又在不断衰退，港口资源大都处于潜在状态，一些边远海岛的经济普遍比较落后。海岛要发展，岛民要致富，发展旅游业是重要路径。因此，海岛和滨海旅游具有广阔的市场前景，是振兴我国海洋经济的重要途径，更是中国旅游发展的重要趋势和高级形式。

0.1.3　海岛旅游是浙江旅游的新蓝海

浙江素有“诗画浙江”的美誉，是中国重要的旅游目的地。浙江省政府更是把旅游业作为支撑未来发展的重大产业之一，重点加以培育，力争成为七大万亿产业之一。2015 年，浙江省共接待游客 5.35 亿人次，实现旅游总收入 7139.14 亿元，分别增长 11.1% 和 13.04%，这组鲜亮的数字背后，就有海岛和滨海旅游的重要贡献。在 2017 国际海岛旅游大会上浙江省政府袁家军省长指出，海洋海岛是支撑浙江新发展的宝贵财富，以“一带一路”为契机，海岛旅游一定是充满希望的新蓝海。

浙江沿海位于中国南北海岸线中部，毗邻东海和太平洋国际航线，是中外船舶南来北往的必经之地。浙江拥有的大陆海岸线和海岛海岸线达 6500 千米，占全国 20.3%，全省共有大小海岛 3061 个，占全国近 40%，其中舟山群岛就有 1390 个海岛，是中国最大的群岛。在浙江 26 万平方千米辽阔的海域及其沿岸，有舟山普陀山等 5 个国家级风景名胜区、南麂列岛等 3 个国家级海洋自然保护区、嘉兴九龙山等 17 个国家级森林公园，千姿百态的海洋风光、历史悠久的海洋文化、积淀深厚的渔家风情在这里交相辉映，众多的奇岛美礁、丰富的海珍特产、独特的人文景观、淳朴的渔村岛民，造就了风情无限的海洋旅游资源。浙江是海洋经济大省，全省有一半以上的城市，包括杭州、宁波、温州、嘉兴、舟山、台州等地极市，都处在沿海或者海岛上，加之面向我国对外开放的主要海上门户、背靠蕴藏庞大旅游客源市场的长三角地区。因此，浙江省发展海岛旅游产业拥有大好前景、值得大力开发，一定能为浙江旅游业的发展提供广阔空间，成为崭新蓝海。

浙江海岛和滨海旅游总体格局可以概括为“一横、一纵”。“一横”是指杭州湾及其沿岸。基本呈东西走向的杭州湾，幅员辽阔，通江达海，湾口及沿岸形成了以舟山群岛、杭州湾南北两岸为依托，以普陀山、朱家尖、桃花岛、岱山岛、嵊泗列岛、嘉兴九龙山、海宁观潮、镇海口海防遗址、东钱湖为重点景区的浙东北海上旅游板块，通过打造佛教文化、海滨浴场、海上运动、休闲度假、水乡风情等特色品牌，为长三角大都市居民提供了较高品质的旅游休闲产品，集中展示了浙江省海岛和滨海旅游的核心竞争力。显而易见，杭州湾及其沿岸的海岛旅游以舟山群岛为典型代表，舟山群岛特色鲜明的佛教文化、渔家乐、海岛民宿、邮轮、游艇、海钓、沙雕、康体等旅游产品吸引了大量游客。“一纵”是指自杭州湾以南的浙江省整个黄金海岸带。自北向南主要包括三个区段：北区段主要依托韭山列岛自然保护区、半招列岛、渔山列岛，重点景区有松兰山、象山石浦渔港古城、花岙海上石林等，形成了以滨海沙滩、海上垂钓、海岛风光和生态旅游为特色的海洋旅游板块；中区段主要依托东矶列岛、台州列岛、玉环岛等，重点景区有一江山红色旅游岛、玉环大鹿岛、石塘古镇，形成了以观光度假、休闲渔业、爱国主义教育基地为特色的海洋旅游板块；南区段主要依托洞头列岛、大北列岛、北麂列岛、南麂列岛海洋自然保护区等，重点景区有雁荡山、洞头、滨海－玉苍山、寨寮溪、抗倭名城金乡卫等，形成以生态旅游、科学考察和科普教育等为特色的海洋旅游板块。同时，浙江发展海岛和滨海旅游业的重要支撑是便捷的交通、优越的区位和充满活力的区域经济。浙江沿海有多条高速公路贯通东西南北、辐射长三角，在宁波、舟山、温州、台州等地建有多个机场，舟山跨海大桥、两条杭州湾跨海大桥、东海大桥、温州洞头大桥、宁波象山大桥等陆海大通道都已建成通车，多条海上快速航线已经开通，舟山群岛国际邮轮港开港运营，舟山岛际还开通了水上飞机、直升机旅游线路，海、陆、空立体交通网络已经形成。更为关键的是，长三角是中国老百姓最富裕的地方，也是中国最重要的旅游客源地，强大的消费能力是海岛和滨海旅游蓬勃发展的动力所在。如今，在东海之滨，从嵊泗列岛到洞头列岛，从东极岛到南麂岛，在遵循保护中适度开发、开发中不忘保护的政策红线下，到处都有开工建设的海岛和滨海休闲旅游项目，浙江省正把海岛和滨海旅游作为海洋经济的新亮点和旅游业发展的新增长极，以建设国际知名的海岛和滨海休闲旅游胜地为目标，不断加大保护开发和投资建设力度，加快形成万亿产业规模，为建成全国海洋经济强省奠定基础。

0.2 海岛旅游研究的目的和意义

我国海岛旅游业兴起于20世纪70年代末，最早开发的海岛有海南岛、上海的横沙岛、浙江的普陀山岛以及福建的湄洲岛等，随着海岛和海上旅游业的兴起，当前我国海岛开发处于高速发展阶段，辽宁的长山群岛、山东的庙岛群岛、浙江的舟山群岛、福建的湄洲岛和鼓浪屿、广东的川山群岛和海陵岛、海南岛、广西的涠洲岛和斜阳岛等海岛开发建设如火如荼、方兴未艾，每逢节假日和酷暑时节，海南岛、普陀山岛、崇明岛、鼓浪屿等著名海岛旅游景区游客如织、万头攒动、人气鼎沸。近年来，国家对海岛旅游开发越来越重视，2011年4月，国家海洋局集中公布了第一批可开发利用的无居民海岛名录，共涉及辽宁、山东、江苏、浙江等8个省区176个无居民海岛，随着这些海岛相继投入开发建设和合理利用，新一轮的海岛旅游热将会再度兴起。

我国沿海省市大规模、高强度的海岛旅游开发建设热潮，为中国旅游丰富业态、转型升级、提高效益、促进发展提供了新动能、创造了新空间，但也出现了一些值得关切和注意的现象，诸如：一些海岛地区政府不同程度地存在着观念与认识上的偏差，导致海岛开发建设存在盲目性和错位现象，重复建设、无序开发、低效运营的情况时有发生；忽视文化内涵的发掘和稀缺资源的保护，甚至出现破坏资源环境和异化民族文化的情况，尤其是不少富有历史人文价值的渔村、古迹遭到损毁，求洋求怪的项目令人啼笑皆非；一些海岛旅游企业经营思想不端正，同质竞争、过度开发问题时有发生，景区游客流量超过环境承载力，对海岛海洋生态环境造成损害；个别海岛旅游者素质低下，旅游观与消费观畸形，在海岛旅游时行为丑陋，挑战社会公德；一些海岛旅游从业者拜金主义浓厚，严重背离了海岛旅游与海岛旅游业的本质；部分海岛旅游规划异化成为“智力的游戏”“漂亮的摆设”“领导的应声虫”，脱离海岛旅游资源实际，造成人力、财力和资源的浪费等。

开展海岛旅游相关研究，对重点问题、热点问题和难点问题进行深入剖析和严谨思考，旨在帮助海岛旅游参与者树立科学的旅游发展观，形成合理的价值判断和思维模式，主要包括正确认识和科学处理保护与开发之间、传承与创新之间、经济效益与社会效益和生态效益之间、体现国际性和保持民族性之间等的辩证关系；了解和掌握海岛旅游的普遍发展规律、推进海岛旅游开发建设模式创新、科学选择海岛旅游创新发展路径和策略、培育海岛旅游特色产品和核心竞争力；重视海岛旅游开发的科学规划、强化海岛旅游开发建设中的生态保护意识、注重维持海岛居民原生态习俗、弘扬健康向上的海洋文化、控制海岛景区环境容量；协调海岛旅游参与者的利益、促进海岛景区和海岛社区和谐共处、规范海岛旅游参与者的行为、提倡新的合理的海岛旅游方式、加强海岛旅游国际合作与交流等方面。以便为海岛旅游的相关实践提供有效的理论指导，促进海岛旅游的良性可持续发展。

0.3 海岛旅游研究需要特别关注的几个问题

0.3.1 生态环境保护问题

海岛旅游是旅游业中受气候环境变化影响最大的旅游类型之一。海岛生态系统相对脆弱、环境承载能力低下，生态环境保护事关景区可持续发展，在开发建设中需要高度关注和特别重视。为了应对气候环境变化的不利影响，同时减少旅游活动的碳排放，很多国家和地区都采取了应对政策。欧盟发表了《促进海岛和海上旅游经济增长和就业的欧洲战略》，澳大利亚制定了《旅游业与气候变化行动框架》，加勒比和太平洋岛国也纷纷采取措施应对气候和环境变化。《世界海岛旅游发展报告(2015)》(香港理工大学)指出：当前国际海岛旅游资源开发的趋势已经从阳光(Sun)、大海(Sea)和沙滩(Sand)之“3S”热点转向自然(Nature)、怀旧(Nostalgia)和无忧无虑(Nirvana)之“3N”精神境界。根据学术界的观点及业界实践，生态型海岛旅游必须满足以下五个条件：良好的海岸管理、健康的生态系统、安全的旅游环境、高质量海滩环境以及合理的动植物保护政策。在此背景下，国外海岛地区在进行旅游开发规划建设时，非常重视对海岛生态环境的保护，把生态保护型开发作为海岛开发的第一理念。为合理利用海洋资源，保护海岛海洋生态环境，许多国家都制定了有针对性的海洋环境和资源保护法律法规，在发展旅游业的同时组织开展环境质量评价与监控，通过严格执法、施以重罚，真正把环保生态举措落实到位。以美国夏威夷州为例，该州政府规定，岛上居民和外来人口严禁在近海从事渔业捕捞，一则为了防止在岛上散发鱼腥味，影响海岛旅游城市形象，二则为了防止海上食物链断裂，保护海岛生态系统，三则为了防止渔船在岸边乱靠乱泊，影响海岸美丽景观。该州还对居民使用油漆等化工品进行严格监控，实行购买人身份与化工品条码一一终身对应，防止购买人把油漆等化工品随意倾倒或转赠他人，造成海岛和海域环境的污染。瑞典连锁酒店 Scandic Hotels 自 1994 年开始实施节能计划，在 1996—2006 年减少了 24% 的能源消费，最近该酒店更宣布要在 2025 年达到碳中性，即通过进一步实施节能和碳补偿措施，达到二氧化碳的零排放。在希腊和澳大利亚的一些酒店，太阳能发热系统和风能系统都得到了普遍利用，投资回收期快的只有 3～4 年，长的也不到 10 年。目前，这种生态环保理念在加拿大、新西兰、马尔代夫等国也得到了较好的贯彻。

0.3.2 可进入性问题

可进入性问题是打造旅游城市、旅游景点首先要考量的重要问题，这个问题在发展海岛旅游产业显得更为生死攸关，重要性怎么摆位都不为过。海岛被海水分隔环绕，海上洋流复杂、天气多变，可进入性难度更大，安全、便捷的交通保障是游客选择远赴海岛旅游度假的第一要素。对于面积较大、资源丰富、有条件打造成为国际知名休闲旅游目的地的海岛，首先是要建设国际机场，或者开通与大型国际空港通航的支线航班，实现航班直达主要客源市场，方便各国游客快捷转机；其次是要建设较高标准的邮轮港口，保证大批量游客便捷出入海岛。如果与大陆或者更大的主岛相距较近，要铺设跨海大桥，确保游客能够全天候地往返于海岛景区与城区之间。没有条件建设大机场的群岛性景区，可考虑建设高品质港口码头，开通固定便捷的游船或邮轮航班，或者建设水上飞机、直升机通用机场，构建岛屿之间和岛陆之间的交通通道。对于主要客源是国内游客的海岛景区，要重点建设码头泊位，增加航船往返的便利度和安全性。在此基础上，还要完善岛上公共交通、休闲绿道。英国专门建设了超过 1000 千米的步行和骑行路线，鼓励游客开展自行车游览。一个国际性的海岛休闲旅游目的地，除了地理空间的可进入性外，政策环境的可进入性也非常重要，签证的便利化、免退税、公共资源开放、公共标识和解说系统的建设与完善等，都需要做到位。

0.3.3 淡旺季平衡问题

海岛旅游业极易受季节、气候等影响，存在着明显的淡旺季现象，海岛旅游旺季一般集中在每年的 5—9 月，其余时段则为淡季，特别在寒冷的冬季，如果不是处在热带地区或者没有温泉项目配套，海岛景区几乎是门可罗雀。在马尔代夫、东南亚、太平洋岛国等热带地区，淡旺季问题并不十分突出，但在亚热带、温带地区，淡旺季却是一个难题，始终困扰着各项旅游服务要素资源的配置，夏季人满为患，设施超负荷运转，冬季难觅人影，从而衍生出一系列投入与产出、投资与效益等失调现象。为了平衡旅游淡旺季，许多海岛旅游目的地采取在旅游淡季大力开发户外旅游、海鲜美食旅游、文化节庆旅游、会展旅游等休闲度假旅游项目。其中，节庆旅游、会展产业（MICE Industry）旅游是发展最快的部分之一，例如浙江普陀山每年举办的南海观音文化节、福建湄洲岛定期开展的祭祀妈姐的习俗活动，都能吸引许多游客和信众。奖励旅游以及会议会展游客和团队旅游者人数多，帮助海岛旅游目的地在淡季时仍能保证有一定客源，成为目前许多海岛地区重点发展、着力打造的旅游产品。《世界海岛旅游发展报告(2015)》指出，当前全球会议旅游发展迅猛，其中60%以上集中在欧洲，地中海地区海岛旅游目的地纷纷开发出会议旅游产品，从而在淡季仍能保证一定客源数量，避免了淡季旅游服务要素的闲置或空转。一些海岛旅游企业在淡季实行低价和差价服务，让部分员工轮休或参与业务培训，以此来应对淡旺季的问题。

即便如此，海岛旅游的淡旺季平衡问题仍然需要在未来的研究和实践中着重关注和探索，寻求更加合理有效的解决途径。

0.3.4 本土文化保护问题

海岛地区相对封闭的自然环境和可进入性差的交通条件，造就了与大陆地区差异较大、保存相对完整的岛民生活状态和岛居文化生态。海岛上处处都体现着不同于大陆的独特文化传统。例如，中华人民共和国成立前浙江舟山群岛上的渔民，夏季上身穿无领对襟短布衫，两襟上各钉有布质短带代扣，下身穿袴布龙裤，龙裤的裤围、裤腿肥大，便于下蹲、起立和跨跳等活动幅度较大的船上劳作；以前住的多为茅草顶、块石墙所建的低矮平房；出行以各种舟楫为主要交通工具。在宗教信仰上，多信奉观音和妈祖、龙神等海神，为了祈求风调雨顺、鱼虾满舱。近年来，如浙江省象山县，每年都会举办大规模的“开渔节”盛大庆典活动；浙江省岱山县，定期都会开展“谢洋休渔”大型祭海仪式。在太平洋岛国，最吸引游客眼球的旅游产品就是到“失去的村庄”里，去观看一场毛利人的歌舞表演，特别是风格迥异的草裙舞曲，完美地再现当地岛民文化。最吸引游客的就是购买一些古老得令人着迷的波利尼西亚传统艺术品。从意大利米兰坐3小时左右的火车，可到地中海岸边的“五渔村”，平凡的渔村依山傍海，因为保存着古朴和原始的风貌显得更加独特，渔村沿着蜿蜒的地中海海岸线依山而建，错落有致，最特别的是把五个渔村串起的徒步线路，是世界上最美的徒步路线，众多徒步爱好者趋之若鹜，如果觉得走完全程路程过长，也可以选择行走连接蒙特罗索和里奥马焦雷的线路，只要20多分钟，最适合情侣漫步，因此被冠名为“爱之路”，与爱侣牵手在这条浪漫的路上行走，你会真切地感受到“海誓山盟”的意境。“五渔村”作为世界文化遗产最弥足珍贵的就是它几乎完整地保存了几百年前意大利渔村原貌。这些物质形态和精神层面的海洋文化载体，都是人类与海洋在相互作用中形成的，有其独特的魅力，是人类文化的重要组成部分。随着国际社会对海洋开发利用的重视，传统的海洋文化和新生的海洋文化正在展示其强大的吸引力。海岛旅游要实现跨越式发展，必须紧紧围绕海洋文化这条主线，用海洋文化来塑造旅游的核心竞争力，使旅游产品更富有差异性、独特性和吸引力、生命力。

0.3.5 政府与市场的关系处理问题

位置偏僻、交通不便、资源分散、常住居民少，特别是生态系统脆弱，是海岛旅游区的共同特征。海岛旅游业的基础建设本身就存在大投入、高成本和高风险的特点，海岛的水、电、气、通信、建材等都比大陆地区成本要高、难度要大。要提高海岛旅游目的地的品质，需要大规模的资金投入，然而大部分海岛不具备这样的资金基础。海岛旅游业要完善基础设施，提升服务软实力，打响知名度，赢得众多游客的青睐，特别需要处理好政府主导和市场培育之间的关系。海岛旅游发展初期，尤其需要发挥政府的主导作用，在一个总体规划的控制和引领下，各相关政府管理机构要形成合力，加强协调，统一管理，严管项目开发中的环境污染、资源浪费、重复建设等问题，通过广度、深度较为合理的开发与建设，在一批资源品质较高、发展潜力较大的岛屿上，建成更多具有鲜明特色的旅游项目和旅游产品，让这些项目和产品发挥出应有的经济效益、社会效益和生态效益。太平洋一些岛国有一个特别规定，岛上建筑物的高度，原则上都不能超过椰子树的高度，否则就要被拆除并重罚。马尔代夫等国对于海钓中鱼的尺寸有具体规定，小于一定尺寸的小鱼需要放归大海，这些都体现了政府对生态环保的严管和重视。另外，海岛地区政府还要在对外陆岛交通、岛际交通、公共码头、中小型机场、岛内公交、岛上干道、景区绿道、游客服务中心、标识标牌及供电、供水、供气、网络等公共性、外部性、基础性设施的建设、配套和完善工作上发挥主导作用，让市场和资本看到政府这只“有形之手”。政府在这些责无旁贷的公共领域加快建设，只有具备基本的外部条件，企业才会来海岛投资，才能减轻投资商的压力和成本，使他们能安心做自己内部的那个点位，专注做自己的产品，打磨出吸引游客的优质项目。与此同时，海岛地区更要为市场和资本的进入创造完善的社会氛围。乌镇之所以能够成功，除了客源和可进入性优势之外，非常重要的一个因素是产权清晰可界定。没有清晰界定的产权，资本没办法交易、也没办法增值，这样的话，资本市场是万万不敢进入的。资本市场对一个地方的商业环境是非常看重的，投资商高度重视这个地方的法律环境、社会治安及整个社会氛围对他们的包容。对他们来说，浓厚的商业氛围将会驱使他们的资本纷至沓来。现在我国对无人岛的开发和建设都作出了相应法律规定，这就为我们在海岛旅游项目开发中创新产权制度、明晰产权边界提供了重要条件，将对吸引市场和资本开发海岛旅游提供强大动力。

此外，智慧技术在海岛旅游中的应用问题；特色海岛旅游产品的打造问题；旅游产业与渔业、医药业、健康养生业、体育产业、文化产业、婚庆产业等多产业融合发展问题；海岛旅游目的地整体形象的定位和营销问题；海岛旅游国际交流和签证、支付便利化问题等，都需要引起不同程度的关注，并有待配置相应的研究资源予以推进和深化。

理论篇

海岛旅游基础理论探索

1 海岛旅游发展概述

1.1 海岛旅游的定义、特征及影响

1.1.1 海岛旅游的定义

1.1.1.1 海岛

“数不清天上的星星，数不清海洋里的岛”，这是老航海家们流传至今的话。海洋里的岛就像散落的珍珠，大大小小地散布在海面上，有山川秀丽的大陆岛、有海中田园的冲积岛、有千姿百态的火山岛，有风光旖旎的珊瑚岛，它们宛如海洋里的“珍珠”，五彩斑斓，奇异多姿。大西洋上最大的“绿岛”英国、大洋洲最大的岛国巴布亚新几内亚、地中海的心脏马耳他、印度洋上的明珠斯里兰卡、“冰雪下面是火焰”的冰岛、古老的岛国汤加群岛、海洋中的小珍珠瑙鲁、中国“宝岛”台湾、旅游胜地夏威夷等，不胜枚举(图1－1)。

图1－1　地中海岛屿

海岛就像是一个脱离大陆的微型城镇，生活步调慢，文化尤为独特。但对于“海岛”一词，目前还没有一个明确的定义，一般辞书中将海岛定义为“海洋中四周被海水包围的陆地”。《联合国海洋法公约》第 121 条说明：“海岛是四面环水并在高潮时能露出水面的自然形成的陆地区域。”我国的《海洋学术语　海洋地质学》(GB/T 18190—2000)国家标准将海岛定义为：“散布于海洋中面积不小于 500 平方米的小块陆地(小于 500 平方米的称为海礁)。”依据全国海岛调查规范中对海岛的说明，可将海岛界定为：“四面环水并在高潮时能露出水面的自然形成的陆地区域面积不小于 500 平方米；通过人工手段使得海岛与大陆相连，仍视为海岛；自然与大陆相连的，或处于盐田、虾池和防潮堤内的海岛，不再视为海岛。”本研究中我们简单地将海岛定义为：“基本被水包围的、不属于大陆的土地。”

1.1.1.2　海岛旅游

海岛旅游包含在海洋旅游中，是海洋旅游的重要组成部分。对于海岛旅游的含义，在国内外的相关文献资料中很少有明确的定义，目前出现最多的就是学者卢昆对于海岛旅游的基本定义，他认为“海岛旅游是以特定的海岛地域空间为依托，凭借岛上特有的自然和人文旅游资源，以满足游客需要，同时促进海岛社区经济、文化、社会全面健康发展为目标开展的旅游活动”。

此外，学者任淑华和蔡克勤认为：“海岛旅游是指在海岛自然环境中，人们以海岛自然、人文等环境为基础所采取的或所创造的，具有海岛、文化、旅游于一体的符号及行为方式。”这个定义的含义：海岛旅游是在海岛自然环境中；海岛旅游包含文化旅游，即衣食住行方面的生活文化、婚姻家庭和人生礼仪文化、民间传承文化(民间文学艺术、民间歌舞、民间游乐等)、科技工艺文化、信仰及巫术文化、节日文化等。海岛旅游是对旅游者产生吸引力，为旅游业所利用，并应产生经济、社会和生态效益的、传统的、民俗的文化的开发和利用，满足旅游者的需求活动。

1.1.1.3　群岛旅游

群岛是指海洋中互相接近的、在地理构造上有内在联系的一群岛屿。世界上主要群岛有 50 多个，其中，太平洋 19 个，大西洋 17 个，印度洋 9 个，北冰洋 5 个。世界上著名的海洋旅游群岛有：马来群岛、夏威夷群岛、马里亚纳群岛(位于太平洋)；马尔代夫群岛(位于印度洋)；巴哈马群岛、百慕大群岛、马德拉群岛(位于大西洋)；西印度群岛、维尔京群岛(位于加勒比海)；舟山群岛(位于中国东海)；等等。群岛旅游有它的整体效应。许多岛屿集聚在一起，差不多能将各种空间活动形式都包容其中，各岛又各具特色，能使旅游者乐而忘返，穿行于各岛之间又可让旅游者获得身临海洋水体的体验。

1.1.1.4 海岛旅游开发

旅游开发即为增强和改善旅游资源对游客的吸引力，使得潜在的旅游资源优势转化为现实的经济优势，并使旅游活动得以实现的技术经济活动。据此，海岛旅游开发即在海岛旅游资源调查和评价的基础上，以发展海岛旅游业为目的，以市场需求为导向，有组织有计划地对海岛旅游资源加以利用，发挥、改善和提高海岛旅游资源对旅游者吸引力的综合性技术经济工程。根据这个定义，海岛旅游开发主要包括以下 4 层基本含义。

①海岛旅游开发要以资源调查和评价为基础。发展海岛旅游业，就要了解作为海岛旅游业供给基础的海岛旅游资源的类型、结构、数量和质量特征、资源等级、地理赋存状况及保护、利用和发展现状等，从而确定海岛旅游总体开发的方向。

②海岛旅游开发的目的就是发展海岛旅游业。发展海岛旅游业可以扩大海岛就业、调整海岛产业结构、促进海岛经济发展甚至可以保护海岛的生态环境。因此，科学合理地开发利用海岛旅游资源，发掘和提高海岛旅游吸引力，主要目的就是为旅游业服务，从而促进海岛其他效益的提高。

③海岛旅游开发要以市场需求为导向。在开发海岛旅游之前，需要认真研究海岛旅游市场，根据市场需求状况，开发利用市场需求大、能够畅销的海岛旅游产品，科学处理好海岛旅游资源与海岛旅游产品以及海岛旅游市场的关系，提高市场竞争力。

④海岛旅游开发是一项综合性工程。海岛旅游开发不仅涉及对海岛旅游资源的开发，而且还要对海岛交通、海岛基础设施和服务接待设施进行规划建设，甚至还会涉及管理机构的建立、经营机制、人力资源开发等内容。就开发效益而言，不能只考虑海岛旅游经济效益的大小，而应同时分析论证开发所带来的海岛社会效益和海岛环境效益，三大效益要综合考虑，同时兼顾。

1.1.2 海岛旅游的特征

海岛一般来说空间相对封闭、环境相对脆弱、自然资源有限、经济基础较弱、产业结构单一，虽然海岛旅游与大陆旅游具有很多共性，但海岛凭借其特有的空间、资源及社会文化属性形成了海岛旅游独有的吸引力。

1.1.2.1　旅游活动空间的封闭性

海岛这种特殊资源和空间的封闭特性从某种角度来说制约了海岛旅游的发展，但同时又是吸引海岛游客的一大关键特色。一方面，四面环海的海岛，与陆地相隔，是一个空间相对封闭的地理单元。自然环境较为脆弱，土地、淡水等资源缺乏，基础设施落后，经济基础薄弱。一般而言，海岛的经济活力弱、社会隔离程度高、外部依赖性严重等问题，已经衍化成为经济上的边缘地带，逐渐被政治经济中心力量所忽略。如海岛只能依靠政府资助或其他形式来弥补与大陆之间高昂的交通成本，受到天气等因素的影响，还会产生显著的交通问题。资源匮乏、空间不足以及交通限制严重地制约了海岛旅游的规模化发展，同时人口流失使得各种旅游人才短缺，服务水平落后。另外，由于大部分生活物资都来源于大陆，海岛旅游产品不具备任何价格优势，也制约了海岛旅游业的发展。

但从另一方面来看，海岛旅游的空间封闭性又成为吸引游客的最大亮点。岛屿这种自然的隔离状态，造就了海岛特有的神秘与安静，四面临水的地理环境使人仿佛置身世外桃源一般，成为旅行者寻求解脱和放松的重要吸引力。此外，海岛的隔离性使其物种出现了高度地方化现象，这也是海岛旅游的主要吸引力之一。岛屿清新的自然环境、空间的隔离性、放松的生活方式和紧密的社区关系，以及特有的生物地理学景观，对于那些想远离尘嚣的都市居民而言是一种难以抗拒的诱惑，也是海岛旅游有别于一般海滨旅游的主要特征。

1.1.2.2　旅游景观的差异性

海岛旅游资源存在于海洋这个巨大空间之中，海洋特色也因此成为海岛旅游基本卖点之一。不同大小、地理位置和地质构造的岛屿与特有的海洋及岛屿生态系统相结合，形成了多姿多彩的岛屿海洋游憩景观。海岛自然条件的差异形成了自然景观的区别。单就我国而言，从3万多平方千米的大岛到不足1平方千米的小岛，从大陆岛到珊瑚岛，从单个大岛到组群列岛应有尽有。而海岛特殊的生产生活环境造就了海岛特有的人文景观。首先，海岛上生活的居民形成自己特有的渔乡风情、宗教信仰、民族传统甚至是语言、政治体系等文化，与陆地上的居民有较大不同；其次，很多海岛位处边疆，多为海防前线，保留有独特的军事建筑和军事文化，留下了丰富的历史遗迹；再者，由于传统、经济等因素，海岛的居民生活比较悠闲，与大陆居民忙碌的生活形成鲜明对比，可以满足人们休闲放松的意愿。这些因素共同构成了海岛独特的文化内蕴，成就了海岛旅游独特的人文吸引力。

1.1.2.3 旅游气候的季节性

海岛的气候旅游资源、海岛生物旅游资源等明显受到海洋性气候及海岛旅游类型的影响，绝大部分高纬度地区的海岛旅游具有明显的季节性，海洋的自然景观随着季节的变化而变化，这在温带地区表现尤为突出。温带海岛旅游地区，盛夏往往是人们向往的避暑胜地，旅游者蜂拥而至，热闹非凡，而到了冬季，气候变冷，失去了避暑的价值，旅游地冷清、寂静了下来。海岛人文旅游资源也不同程度地受到季节的影响，如游泳、帆船、冲浪等运动项目的季节性尤其强，这一点对温带甚至寒带海岛来说特别明显。但是在深度发掘海岛春夏秋冬各个季节的自然资源和社会文化特色的基础上，通过合理开发，可以适当减弱季节性对海岛旅游的影响(表1－1)。

表1－1　舟山群岛1—12月旅游主题

月份	主题	舟山旅游地点
1	海天佛国，新年祈福	普陀山普济寺、法雨寺、慧济寺等
2	家人团聚，品尝海味	中国国际水产城、舟山中天特产城、东河市场等
3	环岛探秘，寻访古迹	明清古刹祖印寺、明清商业古街、马岙土墩文化遗址、舟山鸦片战争遗址公园等
4	春季踏青，清新之旅	大青山、东海大峡谷、南洞艺谷、青青世界等
5	面朝大海，春暖花开	东港沈院、金塘岛、桃花岛、安期峰、南洞艺谷等
6	毕业季节，一起赶海	普陀山千步沙、朱家尖南沙等
7	清凉一夏，海岛避暑	普陀山、嵊泗列岛、朱家尖、白沙岛等
8	梦幻渔火，缤纷夜游	沈家门海鲜夜排档、乌石塘等
9	背起行囊，慢游离岛	嵊泗、岱山、桃花岛、东极岛等
10	绝好空气，清肺养生	秀山岛、枸杞岛、大青山、东海大峡谷等
11	东海鱼仓，海鲜盛宴	舟山各大海鲜餐馆
12	澄心清神，海养身心	普陀山各大寺院、朱家尖的佛学院等

1.1.2.4 旅游产品的多样性

海岛环境具有宜人的海洋性气候、充足的阳光、美丽的沙滩、湛蓝的海水和清新的空气，丰富的海洋资源与生态旅游景观，独特的风景岸线以及海岛文化为海岛旅游发展提供了更多的机会，也使多样化的海岛旅游产品开发成为可能。海岛可以说是一个空间相对完整的旅游地，如果因地制宜合理开发，海、陆、空三体都可以考虑开发相适应的旅游产品，突出海岛旅游产品在地域空间上的多样性；海岛的旅游资源在综合陆地的旅游资源和滨海的海洋资源的基础上，要更加突出海岛旅游资源特色和优势，尽量发掘海岛旅游产品基于资源基础之上的多样性。

1.1.2.5 旅游环境的综合性

海岛是一个完整的生态系统和环境系统，开发和进行海岛旅游都不止是就旅游论旅游，而是对海岛整个旅游地区进行综合性的开发和游览。开发海岛旅游时要注重系统的综合性，要重视海岛产业结构的调整、资源的整合及环境的保护、基础设施的供给及保障、发展模式和管理手段等；进行海岛旅游时也要注重系统的综合性，要更加注重可持续发展观的理念去完成一次旅行，注重更多的感知和体验与观光度假相结合，注重海陆环境结合的旅游环境的综合感知。

1.1.2.6 旅游经济的依赖性

由于岛屿与大陆隔离、自然资源短缺、经济规模小，很多小岛旅游经济体产业结构单一，具有较强的外部依赖性，受外部市场影响大，内部融资困难，主要依靠外部投资等特点。旅游业已成为岛屿经济发展到目前为止最有效的一种工具，依赖旅游作为一种发展方式几乎是普遍现象。在地中海地区，旅游业对海岛社会经济发展具有决定性作用，是很多岛屿最重要的经济产业。岛屿经济对旅游产业具有很强的依赖性，而旅游产业本身又对外部市场具有很高的依赖性。当外部利益主导了海岛旅游发展时，当地社区通常发现他们不能控制当地旅游的发展方向。单一的海岛产业结构也减少了边缘化的海岛旅游地的潜在效益。当旅游资源竞争力和旅游经济效益衰退时，由于缺乏相关工业和农业产出的支持，海岛旅游地的发展还是会受到相应的限制，单一的旅游发展战略放大了这种依赖性，也危及海岛经济的长期繁荣。

1.1.3 海岛旅游的影响

海岛旅游业开发虽然在一定程度上实现旅游业与当地经济发展的双赢，但在很多情况下，旅游业开发对旅游地自身也会产生有害的影响。如缺乏科学的规划与有效整合当地价值与环境的旅游开发可能给旅游地带来多样化的社会、文化、环境与经济影响。对于发展中国家而言，旅游开发通常是一把双刃剑，它可以为海岛社区居民提供一个增加收入或就业的机会，但多数海岛旅游收益趋于流失，留下来的多是海岛旅游开发所造成的不良社会、文化与环境冲击。

1.1.3.1 海岛旅游对环境的影响

海岛地区生态环境较为脆弱，任何对自然环境和生态系统的干扰都可能对该地区的长期稳定产生严重后果。而人类的旅游开发活动对岛屿水体、海岸线、地表水文特征和土壤植被等自然环境都会产生巨大影响。在一些开发成熟的国际海岛旅游地，如加勒比海、地中海和大西洋的一些岛屿，由于接待游客人数超限和过度开发，水体污染已经非常明显。海岛淡水资源匮乏，旅游用水供需矛盾突出，在东南亚等海岛地区，地下水过度抽取已引起海水入侵，严重威胁地表植物生长，居民和旅游者的生活饮用水需要通过船运才能解决。由于旅游开发，沿海岸线的大量植被破坏，土壤结构恶化，泥沙沉积松散，土壤直接遭受海洋风暴的侵蚀，缩短了海滩地带的植被腐化过程，减少了海岛动植物的营养获取，破坏了海岸带生态系统平衡。在浅水地带设置的排污口引起富营养化，导致藻类富集，对珊瑚系统产生大规模的影响，如加勒比海地区。还有一个值得关注的问题，热带和亚热带地区的海岛旅游导致红树林被大量砍伐，河口湾被疏浚或填围，红树林生态系统和河口湾生态系统破坏严重，如在斐济的丹那努岛开发中，130 公顷的红树林被改建成一个 18 洞的高尔夫球场和人工海滩(图 1－2)。在澳大利亚、夏威夷、瓦努阿图等国家和地区环境问题也尤为突出。

图 1－2　改建前后的丹那努岛对比

1.1.3.2　海岛旅游对经济的影响

旅游对海岛地区经济影响越来越凸显，近几年，海岛地区接待游客人数每年以高达 20%～30% 的速度递增，海岛旅游业已成为许多海岛地区主导经济产业之一。2014 年，超过 40% 的海岛旅游目的地旅游收入对 GDP 的贡献率超过 20%，旅游业出口总值达到 730 亿美元。

以邮轮旅游为例，它是众多著名旅游岛屿优先发展起来的重点项目，在我国正处于快速增长期，据中国交通运输协会邮轮游艇分会(CCYIA)统计，2015 年我国 10 个港口共接待邮轮 629 艘次，同比增长 35%；邮轮游客出入境 124 万人次，同比增长 44%。但对于一些生态环境脆弱的岛屿区域，邮轮发展带来的经济利益可能要远远小于其对当地社会文化的冲击以及对环境的破坏。与此同时，旅游发展加剧了不同产业的竞争，导致产业空间重组和单一经济结构，对经济波动的抵御力下降。虽然这种竞争带有一定的不公平因素，但是旅游业较之工、农、渔、矿等其他产业，污染较少，更利于海岛的可持续发展，当然，前提是旅游业得到合理开发和良好管理。另外，旅游业在某种程度上促进岛上经济发展的同时，也增加了这些地区的经济风险。

1.1.3.3 海岛旅游对社会文化的影响

世界上大多数海岛地处偏远，与陆地分离，旅游业的兴起会带来很多积极的影响，但同时也会产生一些负面影响。比如旅游业的发展会带来基础设施和公共设施的改善，从而提升目的地城市化水平，其中以交通设施、邮电通信设施、电力设施等公用事业方面的改善最为明显。例如，夏威夷原本是荒野之地，当地土著居民过着原始落后的生活，旅游业的发展推动了当地旅游接待设施建设、服务体系建设和公用事业设施建设，提升了城市化水平和文明程度。同时，旅游业的发展能提高当地居民生活质量，促进海岛与大陆之间的文化交流与沟通，受来自相对较发达的大陆游客的示范作用影响，海岛居民会不断接受到来自外界的信息与新鲜事物，其思想观念的开放程度会不断提高。加上旅游业发展会促进当地第一产业向第三产业的转变，同时带来就业率和收入的提高。但是，当外来资本及人口的大量涌入，外来游客的价值观与岛屿的传统习俗有较大差别的时候，海岛旅游业的发展对岛屿社会文化的影响是深远的，这些影响包括对文化传统(包括服装、食物、节事、习俗等)的改变(为了迎合游客的需要对文化传统进行改变从而丧失其原真性)，地方方言的弱化，以及目的地原有社会结构的破坏等，太平洋海岛地区由于之前长期受到殖民者统治，本土文化受到了严重影响。此外，以经济利益为导向的旅游商业化发展，改变了岛屿地区原先以道德标准为导向的价值观，不可避免地对当地文化产生影响。如20世纪80年代后马耳他居民对旅游业的负面感知增大，这主要由于60年代后旅游业对社区造成的影响和变化。

1.2 海岛旅游发展历史

依据人类古代神话传说，可以推测在远古时期，人类就已开始了最早的旅游活动。当时人们大多是为了谋生或从事政治、外交、军事等活动，实际上是一种特定意义上的旅行，但也有现代意义上的旅游活动——为了身心的舒适和愉悦而离开自己的定居地，到异地他乡进行观光游览等活动，并能在物质上和精神上得到一定的满足，宋代的朱熹在注释《周易》时写道："旅者，客居之名，羁旅之称；失其本居，而居它方，谓之旅。"海岛旅游的发展是全球经济发展和全球旅游发展背景下的一个分支。在古罗马的奥古斯都时代，一些贵族纷纷开始在卡普里岛修建自己的避暑宫殿，此后更多的帝王、贵族、富商都来此修建用于休闲的宫殿、别墅，海岛旅游便由此开始萌芽。从历史角度看，海岛旅游的兴起是与海滨旅游的发展紧密相连的（图1－3）。

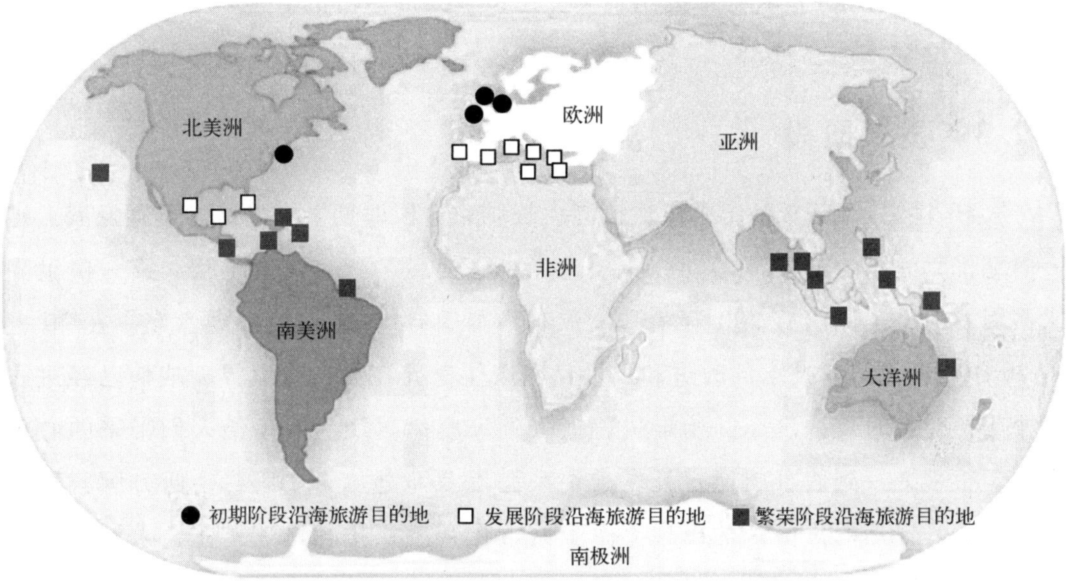

图1－3　海岛旅游发展主要阶段

1.2.1　孕育阶段

现代海岛旅游起源于18世纪早期，1730年英国的斯盖堡拉和布赖顿出现了最早的海水浴，1754年罗素医生偶然发现海水有治疗疾病的功能，于是将布赖顿沿岸的一个小渔村开辟为滨海疗养地。此后，由于里根特王子在这个美丽海滨小镇建起一座具有浓郁东方特色的英皇阁（Royal Pavilion），用来与情人幽会，使布赖顿名声远扬。为了吸引更多的贵族前来疗养，布赖特不仅配备了齐全的医疗设备，还修建了不同档次的旅馆、别墅、各类商店和娱乐场所。至此，海岛旅游的前身——滨海旅游的雏形开始形成。

1.2.2 诞生阶段

历史上真正意义上的海岛旅游发生于19世纪中期的英国，主要是近岸岛屿的轮船运输。蒸汽机的发明引起了工业革命，促进了生产力的发展，带动火车和轮船作为现代交通工具的出现，拓展了人们出行的活动范围，推动了旅游业的发展。19世纪30年代后，欧美国家的铁路运输迅猛发展，火车作为交通工具促进了国内人口的流通和国内旅游业的迅速发展，而轮船则促进了国际之间的交流和国际旅游业的发展。轮船的出现推动了海岛旅游的蓬勃发展，不仅使英国的布赖顿成为著名的疗养地和度假地，而且在世界各地都出现了滨海以及海岛旅游的胜地，如意大利的圣雷莫和博盖拉等。

1.2.3 发展阶段

从19世纪末到20世纪第二次世界大战结束这段时期，海岛旅游迅猛发展。这一时期推动海岛旅游发展的动力主要有三个：第一，汽车发展迅猛。第一次世界大战爆发时，美国已有200万辆私人汽车，英国有13.2万辆私人汽车。在20世纪20年代后，汽车技术的改进和批量化生产使世界在第二次世界大战前已经进入一个摩托化的时代，汽车开始走进普通人的家庭。再加上战争给人们带来的心理创伤，很多人一到假日就愿意开车前往滨海以及海岛旅游。第二，西方国家回归自然、热爱自然的价值观的出现。由于城市化和工业化的迅速扩张，人们越来越怀念自然世界。在这个社会思潮的推动下，海岛旅游日益成为旅游者的选择。第三，经济的发展，提升人们的生活水平，使旅游成为享受生活的一种方式。在海岛旅游迅猛发展时期，海岛旅游成为旅游者的一种自觉追求，同时，在利润的推动下，很多实业家纷纷转向海岛投资。因此，地中海发展成为世界著名的海岛、海滨旅游胜地，加勒比的热带海岛滨海旅游也开始引人注目。地中海海岛、海滨旅游的繁荣和加勒比海岛、海滨旅游的兴起，标志着世界热带、亚热带海岛已经成为旅游者追求的重心。

1.2.4 繁荣阶段

第二次世界大战后，世界各地几乎都把海岛和海滨作为发展旅游业的宝贵资源，海岛旅游出现空间的繁荣。热带旅游迅速崛起，加勒比、东南亚、夏威夷等成为新的旅游胜地。而传统的波罗的海及大西洋沿岸的温带旅游胜地，如英国的布赖顿海岸却逐渐退居次要地位。传统的海滨浴场有的在郊外，有的在市内，由于游客多，往往比较喧闹，而度假设施如度假村一般在郊外，或者就建在岛屿上，这样能给旅游者提供一种安宁的生活环境，以减缓都市生活的紧张和疲劳。因此在海岛旅游的繁荣时期，度假地旅游逐渐取代了传统的海滨浴场。如意大利的卡普里岛、印度尼西亚的巴厘岛、泰国的普吉岛等，都是世界著名的度假旅游胜地。

1.3 海岛旅游资源

1.3.1 海岛旅游资源的含义

海岛旅游资源是海岛旅游业赖以生存和发展的前提条件，是海岛旅游业的物质基础。所谓海岛旅游资源，是指在海岛及其周边海域，凡能对旅游者有吸引力，能激发旅游者的旅游动机，具备一定旅游功能和价值，可以被旅游业开发利用，并能产生经济效益、社会效益和环境效益的物质和非物质因素。海岛旅游资源主要包括自然景观资源和人文景观资源两大类。

1.3.2 海岛旅游资源的分类

海岛旅游资源以其韵味十足的海洋气息和海陆交织的景观特点，在各类旅游资源中独领风骚。

1.3.2.1 自然景观资源

(1) 宜人的海岛气候

有关研究表明，人体感到最适宜的气候条件，主要是与气温、湿度、风力等有关，气温为17.8℃、空气湿度为65%时，是最佳状态。受气候形成与分布的诸多因子的制约，气候宜人的空间分布存在着明显的地带性和非地带性规律。在水平地带气候格局中，宜人气候分布在中低纬度的湿润与半湿润气候区内，尤以海滨、岛屿地区最佳。很多海滨及海岛地区，由于受海洋和地球维度等因素的影响，冬暖夏凉，气候宜人，光照充足，往往成为避暑避寒的度假旅游胜地。每当夏冬季节，成千上万的旅客就会聚集到热带海滩游泳、戏水和疗养，如我国的海南岛，2015 年共接待国内外游客总人数约 5336 万人次，已经成为了我国海岛旅游度假胜地的典范。

表1-2 海岛自然景观资源一般分类

主类	亚类	基本类型
地文旅游资源	海蚀	海蚀柱
		海蚀群
		海蚀沟槽
		海蚀洞
		海蚀平台
		海蚀崖
	旅游地质学	地质构造
		古海岸遗迹
	海滩	砾石滩
		泥滩
		沙丘/沙坝
海域旅游资源	海峡海湾	海峡
		海湾
	海域	观光海域
		运动海域
海洋生物资源	海洋植物	藻类植物
		种子植物
	海洋动物	海洋鱼类
		海洋哺乳动物
		海洋贝类
		其他海洋生物
水文气象资源	天气与气候	海洋气候
		海市景观
	海洋水文	潮汐

(2)魅力无穷的海岸

世界海岸线长约44万千米，中国海岸线长达18 000余千米，岛屿岸线14 000余千米。海岸资源由于地质结构的不同呈现出多样形态，可以满足不同旅行者的审美需求。海岸带蕴藏着丰富的生物、矿产、能源、土地等自然资源，还有众多深邃的港湾。海岸遍布着奇特的、引人入胜的地貌特征，每个岛屿都有着曲折的海湾和峻峭的山峦。关于海岸的命名也风格独特，或色彩斑斓、或充满诗情画意、或极富浪漫色彩，如法国的“银白海岸”“蔚蓝海岸”“翠绿海岸”等(图1-4)。

图 1－4　法国蔚蓝海岸

(3) 类型多样的岛屿地貌

岛屿地貌多种多样，按其成因可分为大陆岛、火山岛、珊瑚岛、冲积岛和陆连岛。各种不同类型的海岛，都是在特殊的环境和条件下形成的，景观差异显著，富有特色，具有很高的科研价值和观赏价值。此外，海岛上独特的海蚀奇观也使海岛多了几分神秘，海蚀崖、海蚀平台、海蚀柱、海蚀洞、海蚀拱桥、海蚀窗等，都对游客产生了极大的吸引力(图 1－5)。

图 1－5　海蚀崖

(4)种类繁多的海洋生物

海岛由于特殊的位置和适宜的环境，兼具海洋和陆地的属性，拥有丰富的生物旅游资源，形成了别具风采的海岛生物圈。海底是神秘而富饶的蓝色世界，奇异的景色和丰富的物产让人向往。海洋生物资源不仅极具科研价值，而且具有极大的观赏价值。比如红树林，它是现今海岸湿地生态系统唯一的木本植物，是海洋生物食物链的一个重要环节，通过食物链转换，它可以为海洋生物提供良好的生长发育环境；同时，由于红树林区内潮沟发达，能吸引大量鱼、虾、蟹、贝甚至多种海鸟等生物来此觅食，繁衍后代。海洋生物的多样性对海洋环境以及全球气候的调节起着重要作用(图1－6)。调查表明，海洋已成为世界上动物蛋白质最大的来源。

图1－6　海底的珊瑚和海星

1.3.2.2　人文景观资源

(1)多彩的海岛文化

海岛文化具有较强的外源性特征，从人类文化发展的历史进程看，海岛型区域文化一直扮演着大陆文化的接受者和传播者的角色。海岛文化因在历史发展进程中，受不同时期科技发展水平、交通工具、社会稳定程度、与大陆的距离、原生土著文化的反馈等人文和自然因素的影响，在接受大陆文化中，往往因海洋的割裂而呈现出迥然不同的特点。海岛文化还深受海岛自身地理环境的影响。此外，由于受历史文化传播

表 1-3 海岛人文景观资源一般分类

主类	亚类	基本类型
历史遗迹及建筑设施旅游资源	历史遗迹	沉船遗迹 海防遗迹
	交通设施	灯塔 码头
	贸易设施	鱼市
	宗教设施	庙宇
	旅游/纪念设施	水族馆 民俗博物馆 民俗村
	生产生活场所	渔村 养殖场 盐田 海洋能电站
人文活动旅游资源	历史记录	人物 事件
	旅游商品	海鲜餐饮 海洋工艺品
	民间习俗	宗教活动 民俗活动
	现代活动	海洋节庆 海上体育赛事

延续性的影响，海岛往往具有文化博物馆的作用。那些在大陆已荡然无存的文化现象和文化景观可能会在海岛得到很好的留存。所以，海岛区域文化往往会表现出既与大陆文化有紧密的联系和深厚的渊源，又颇具自身发展特点。海岛文化尤以宗教文化、民俗文化、军事文化与美食文化为特色，为海岛旅游发展注入了生机和活力。如大连的海王九岛，早在1600多年前的北魏东晋时期，就有人类居住，创造了海岛早期文明，又如妈祖文化、宗教寺庙、正月十三“渔灯节”、渔歌号子、大秧歌、剪纸等民俗文化。同时海岛一般又是边防要塞，具有深厚的军事文化和历史研究价值。

(2)独特的历史遗迹

很多海岛都曾经历过外族入侵而成为殖民地，留下众多的殖民遗址遗迹，形成一定的殖民文化；同时这样的历史对于宗主国而言会逐渐形成一定的怀旧情结，往往也成为一项重要的旅游资源，并能够吸引大量宗主国的旅游者。如风景如画的“翡翠岛”——爱尔兰岛，遍布了众多的古老城堡，无论是在具有几百年历史的遗迹中漫步，或者在五星级酒店中享受，这些城堡都是人们流连忘返的地方。其中米斯郡的特里姆城堡是爱尔兰最大也是最著名的城堡，拥有数百年的历史，它曾一度成为盎格鲁诺曼人的驻地。作为不可攻破城堡的典范，特里姆城堡拥有坚实的花岗岩外墙、如狭缝般隐秘的炮眼以及在城堡中最为强固地方——崎岖的台阶，使得入侵者举步艰难(图 1 -7)。

图 1 -7　特里姆城堡

1.4　海岛旅游产品类型

在旅游市场学中，旅游产品既有有形的内容，也有无形的服务，它是一个整体概念。从需求者即旅游者的角度，旅游产品是指旅游者支付一定的金钱、时间和精力所获得满足其旅游欲望的经历。旅游者眼中的旅游产品，不单单是其在旅游过程中所购买的飞机上的一个座位，或是一个旅游景点的参观游览等，而是旅游者对所有这些方面的总体感受。从供给者角度，旅游产品是指旅游经营者凭借一定的旅游资源和旅游设施，向旅游者提供的满足其在旅游过程中综合需求的服务。通过旅游产品的生产与销售，旅游经营者达到赢利的目的。这里，旅游产品最终表现为活劳动的消耗，即旅游服务的提供。

现代市场学认为，一般产品由三部分组成，即产品的核心部分、形式内容和延伸部分。旅游产品同样也具有三个组成部分：①产品的核心部分，向旅游者提供基本的、直接的使用价值以满足其旅游需求；②产品的外形部分，旅游产品的质量、特色、风格、声誉、组合方式等；③产品的延伸部分或辅助部分，提供给旅游者在购买之前、之中和之后所得到的附加服务和利益(如各种优惠条件、付款条件及旅游产品的推销方式等)。

海岛旅游产品是指通过对海岛旅游资源开发、设计、组合、包装，所形成的吸引旅游者来到海岛进行旅游消费活动的有形和无形、物质和非物质、动态和静态的吸引物。海岛旅游具有陆地和海洋两重属性，其产品类型多种多样，而且随着游客需求的改变，海岛旅游产品也在不断地更新以适应新的需求。学者李悦铮在研究总结大量国内外海岛旅游产品的相关资料，以及多年来调研国内外海岛旅游的基础上，从产品开发的角度，对海岛旅游产品类型进行了归纳分类，认为目前海岛旅游产品，大致可分为7个主类、50个亚类(表1-4)。

表1-4　海岛旅游产品分类

主类	亚类
海岛生态观光	海洋观光、海岛观光、海底观光、空中观光、生物观光、气象观光
海岛休闲度假	岛上“4S”、分时度假、海岛避暑、休闲酒店、颐养居住、海岛景观地产
海岛康体运动	航海旅游、海岛高尔夫、海岛自行车、水上飞机、海钓赶海、游泳潜水、沙滩运动、康体理疗
海岛会议会展	商务会议、会展博览、节事活动、海岛购物
海岛文化体验	渔家体验、海洋节庆、海洋科学考察、海洋科普教育、海岛文艺创作、海岛寻古旅游、海洋宗教朝拜、海岛爱国主义教育
海岛专项旅游	豪华邮轮旅游、海鲜美食旅游、海岛婚礼蜜月、海岛生育基地、海底探秘、海岛探险猎奇、海岛攀岩蹦极、海岛军事旅游、海岛生存训练
海岛主题旅游	国家海洋公园、水族馆、海岛博物馆、海洋科技馆、休闲渔业、海产加工基地、海洋影视基地、大型海港、跨海大桥

资料来源:《海岛旅游开发规划：理论探索与实践》。

1.4.1　海岛生态观光产品

观光旅游产品是指旅游者以观赏和游览自然风光、名胜古迹等为主要目的的旅游产品，它与其他旅游产品具有良好的兼容性，在国内外旅游市场中占有较大比例。目前，以海洋生态美景、历史遗迹以及海岛民俗文化等为主要内容的观光旅游仍是海岛旅游产品的主体。海岛生态观光类旅游产品主要包括：海洋观光、海岛观光、海底观光、空中观光、生物观光、气象观光等。本节主要介绍海底观光和空中观光这两类旅游产品。

(1)海底观光

利用水下旅游船、海底观光船、微型潜水艇、潜水衣等工具为游客提供观赏海洋水底景观的机会，已成为受旅游者欢迎的新兴旅游产品。随着海洋旅游的发展，水下潜艇观光已遍布全球，每年大约有200万人次体验水下观光的乐趣。海底旅游项目包括：潜水旅游、观鲸旅游、海底洞穴旅游、海底旅馆等。世界上著名的海底旅游目的地包括：美国佛罗里达州的奥兰多、澳大利亚的大堡礁、马来西亚的槟榔屿、泰国的芭堤雅、新加坡的圣陶沙等。

(2)空中观光

海岛空中观光是指利用直升飞机等飞行器进行海岛空中览胜的新兴旅游观光项目。可在海岛上设置空中观光基地，配备观光用直升飞机、水上滑翔机、动力伞、飞艇、热气球等飞行器，乘载游客从空中鸟瞰海岛风光，开展独具魅力的海天立体观光游项目。

海岛的生态美景令人向往，这里海瀚浪大、石峻礁美、滩佳、洞幽，不但能观赏到海市蜃楼的幻影奇观，甚至还有"海豚戏水""万鸟齐飞""鲸鱼出海"等壮观奇特的场面。海岛上独特的"海上日出"景观，令人感受到旭日东升的心灵震撼。丰富的海岸地貌、海岛植物、海洋动物等构成五彩斑斓的海洋景观，易使人们从心理上对旅游环境产生总体印象，形成完整的感知空间，从而在某些方面产生共鸣。

海岛的自然环境对旅游者有较强的吸引力，应积极开发为海岛生态观光旅游产品，如：观海上日出；观海市蜃楼；观看沿海及众多岛屿的奇特风光；观赏独特的海蚀地貌；观赏水鸟；海下览胜；空中览胜；等等。以海岛风光为载体，通过导游讲解或游客自身领悟获得对海洋的认识，从而让游客体验海岛的魅力与奇趣。

1.4.2 海岛休闲度假产品

海岛休闲度假旅游是当今旅游市场的高端旅游产品，相对于传统的观光旅游，它对海岛环境的影响小，效益高，是旅游业发展的热点。海岛休闲度假类旅游产品主要包括：岛上"4S"、分时度假、海岛避暑、休闲酒店、颐养居住、海岛景观地产等。本节主要介绍岛上"4S"、分时度假这两类旅游产品。

(1)岛上"4S"

"4S"旅游资源Sun(阳光)、Sand(沙滩)、Sea(大海)、Seafood(海鲜)是当今世界上主要的旅游资源，具有广阔的市场前景。海浪、沙滩、礁石、蓝天、白帆，构成一幅幅美丽的图画，日光浴有益于健康的医学结论更能吸引游客。此外，与一般的大陆海滨地区相比，海岛与大陆隔绝，使岛上的旅游者从心理颇有脱离世俗的感觉，对那些想彻底摆脱日常事务缠身的人具有更大的吸引力。海鲜美食目前已经发展成为海岛旅游的重要卖点。因此，海岛地区尤其适合开展休闲度假类旅游活动（图1－8）。

图1－8　海南三亚沙滩

（2）分时度假

分时度假产品是指开发商出售给消费者的一种度假地房产分时使用权，它可以用来进行交换，并且附有专业化旅游服务项目和其他专业性服务。分时度假不仅是度假房产权形式上的一次创新，也是度假产品经营模式上的一次创新，必将影响和改变人们传统的旅游消费观念，是对人们旅游度假消费观念和消费方式上的一次创新。

在海岛休闲度假类旅游产品中，分时度假产品非常符合海岛的特殊情况：一方面，由于海景房产价格高昂，多数家庭无力单独购买度假别墅；另一方面，由于海岛跟大陆较远，交通不便，部分有能力购买别墅的用户，每年的使用时间非常有限，空置率很高。因此，分时度假理应在海岛休闲度假类旅游产品中占据重要位置。

1.4.3　海岛康体运动产品

海岛康体运动类旅游产品主要包括航海旅游、海岛高尔夫、海岛自行车、水上飞机、海钓赶海、游泳潜水、沙滩运动、康体理疗等。本节主要介绍海岛高尔夫、康体理疗这两类旅游产品。

(1)海岛高尔夫

高尔夫球运动作为休闲度假旅游的一项活动，正在逐渐成为大众化娱乐休闲的方式。随着中国经济持续多年的快速增长，越来越多的中国人开始选择健身、旅游来丰富自己的业余生活。高尔夫这项充满绿色、阳光和挑战的休闲运动，也在中国迅速发展起来，受到越来越多人的喜爱。

高尔夫球场的建设在中国正如火如荼地开展，自1984年广东省中山市国内第一座高尔夫球场——中山温泉高尔夫乡村俱乐部建成以来，到2014年年底中国已公开营业和已曝光建设中的球场总计700家之多。有资料统计，我国的高尔夫消费人口目前已超过140万，而且年增30%。经过20多年的发展，高尔夫球运动已经迅速成为中国消费者追捧的“时尚商务运动”。目前中国高尔夫球场主要分布于广东、北京、上海、江苏、海南和山东，集中在东部沿海发达地区，其中海南是冬季高尔夫旅游游客最佳选择目的地。高尔夫运动的兴起，也带动了一种新的旅游形式——高尔夫旅游。

高尔夫旅游，是以高尔夫球场为旅游目的地的一种指向明确、具体的特殊休闲旅游产品。高尔夫旅游融体育旅游和休闲度假旅游于一体，以高尔夫球场为依托，为高尔夫旅游者在旅行过程中，提供一系列健身、休闲、娱乐、交际等综合服务。高尔夫旅游是高尔夫运动和旅游活动两种资源的有机整合，属于高端运动旅游形态，即高尔夫球运动的爱好者离开自己所居住的城市(或国家)，前往异地(或异国)的高尔夫球场打球、参会、交友以及从事相关的旅游活动等。

(2)康体理疗

海岛地区具有环境优美、空气湿润、气候宜人、紫外线充足、气温温差小、空气中富含负离子与微量元素等特点，对人体健康十分有益，自世界第一家滨海疗养院在法国成立以来，滨海疗养活动在全球范围迅速展开。海水中含有碘、钾、钠、镁、钙等多种对人体十分重要的元素，海岛空气中所含有益元素也较多，对人体健康十分有益。迎合中老年游客追求健康、享受生活、关注自我的心理需求，策划海岛康体理疗类旅游产品，具体包括以下三种。

①浴场疗法。大海是一所医院，对现代人常见的疲劳、精神紧张、失眠、腰痛、呼吸系统疾病等有显著缓解作用。利用海岛天然的气候资源与海水资源，美化滨海浴场环境，开辟日光浴场，设置躺椅、遮阳伞、饮料吧等休闲设施，让游客在海水浴、

阳光浴中缓解周身疲劳，既可欣赏涛风海韵，又可治病强身，一举两得。

②温泉疗法。温泉疗法一直以来为各国游客所喜爱，尤其被有钱有闲的老年游客推崇备至。海岛分布着珍贵的海洋温泉资源，充分发掘海洋温泉资源，开辟海洋温泉疗养院，面朝大海，泡汤养身，为老年游客提供晚年疗养的好去处。

③新颖疗法。目前全球各种新式疗养方法层出不穷，一方面可引进国外先进的理疗方法，如海水疗法、海藻疗法、海泥疗法等(图1－9)；另一方面也可结合中国传统的养生方法，如中医的药膳、五禽戏、太极拳、气功等，将中国传统养生精华与海洋疗养相结合，开创具有中西特色的新式理疗方法，丰富滨海疗养产品结构，满足游客日益增长的疗养需求。

图1－9　舟山秀山岛滑泥公园

1.4.4　海岛会议会展产品

海岛会议会展类旅游产品主要包括：商务会议、会展博览、节事活动、海岛购物等。本节主要介绍商务会议、海岛购物这两类旅游产品。

(1)商务会议

商务会议旅游成为当今旅游发展的一个热点。海岛地区可凭借其独特的地理区位、自然生态、海洋风光，依托商务会展与休闲度假设施，重点建设会展场所、酒店和配套的康乐、休闲设施，针对国内外旅游市场，推出以商务会议和产品展销为主要目的的商务会议类旅游产品。

以长山群岛为例，可以依托其区域优美的环境和夏季凉爽的气候以及接近大连金石滩国际会展中心的区位优势，建立包括商务会议在内的会议旅游中心，让各类与会来宾在参加会议的同时也享受到长山群岛宜人的气候和醉人的美景。会议中心不仅要求功能齐全，而且外观设计上也要独树一帜，成为长山群岛国际旅游度假区的一个标志性建筑。此外，会议中心不仅要满足商贸会议、政治会议、经济论坛的需要，而且还要满足各类学术会议，以及文化交流甚至影视作品评奖等活动的需求。

(2)海岛购物

旅游商品是旅游业的重要组成部分，旅游购物是旅游六大要素中最有潜力的一项。要想大幅度提高海岛旅游购物在海岛旅游经济中的比例可从以下几方面着手。一是要加大海岛旅游商品的开发力度，旅游业、渔业、工业、商贸业等相关部门要密切合作，搞好规划和市场调研，构筑以市场机制为基础的旅游商品发展平台，以海岛知名商品(如海珍品、贝壳类工艺品等)为基础，提高科技含量和包装质量，发展成名牌商品。二是加快旅游工艺品和纪念品的开发和引进，把旅游工艺品的开发与海岛地方特色和民间特色相结合，逐步推出开发质优、款新、价廉、富有创意的海洋旅游工艺品(如沙雕工艺品、佛教工艺品、武侠文化工艺品、船模工艺品、海洋海岛风情工艺品等)。通过自主研发和借助外地企业加工相结合，逐步形成旅游工艺品的研发和引进体系。三是分期分批建立旅游定点购物商场，旅游局牵头，商场和旅行社密切合作，并通过旅游线路的包装把定点购物纳入游程计划，可以利用有利的区域位置(靠近邻国)，发展无税购物；在控制规模的情况下适度发展零关税进口商品(保税区)让商户无税经营，让旅游者无税购物，以产品价格低和产品质量高吸引广大购物者，以便吸引商户和购物旅游者。

1.4.5 海岛文化体验产品

旅游产品体验化是指将作为经济产出类型的体验设计成为旅游产品的一部分或者设计成为一种体验式旅游产品，以吸引旅游者参与和消费来获取体验的高经济附加值。海岛文化体验类旅游产品主要包括：渔家体验、海洋节庆、海洋科学考察、海洋科普教育、海岛文艺创作、海岛寻古旅游、海洋宗教朝拜、海岛爱国主义教育等。本节主要介绍渔家体验、海洋宗教朝拜这两类旅游产品。

(1)渔家体验

目前，旅游业已发展到以体验旅游为主的时代，渔家体验是海岛文化类旅游产品中的主打品牌。在渔家体验类旅游产品的开发中，可选择一些具有当地渔村民居特色的住宿条件较为良好的渔户住宅，对其进行外部环境的整体美化，内部住宿设施的完善改造，在软硬件与配套设施方面进行一定的投入建设，把渔民家庭住宅改造成为适宜接待游客又不失渔村韵味的旅游住宿接待设施，使其符合开展“渔家乐”旅游活动项目接待游客的要求，并对参与“渔家乐”项目的经营者在安全、卫生、价格、环境、服务、经营等方面进行规范，为游客提供吃、住、行、游、购、娱等系列服务。“渔家乐”旅游产品主要包括以下几个方面。

①吃在渔家。利用渔家灶具烹饪具有当地饮食风味的地道的渔家饭菜，依据时令也可依据游客的喜好而定，以海鲜为主，包括鱼、虾、蟹、贝、肉、蛋、蔬菜等；也可提供厨房由游客亲自下厨，感受渔家烹煮乐趣。

②住在渔家。为游客提供设施简单但整洁卫生的房间，可参照社会旅馆标准分为单人间、双人间等，还可设置多床位的青年通铺，住宿配备公共淋浴室、公共盥洗室、公共卫生间等。游客夜宿简朴而干净的渔家小宅，感受渔家的夜间生活情趣。

③行在渔家。依托潮间带、近海围垦养殖区和岛屿、近岸浅海区域，在渔民的指导下，游客可试驾渔船，并参与撒网、收网、下笼、钓鱼等渔民的日常生产活动，体验船行海中、耕海牧渔的艰辛及收获的快乐。

④购在渔家。修建渔业产品购物一条街，充分发掘渔业产品的内涵，丰富渔业产品的体系，提高渔业产品的质量，改善渔业产品的包装，让游客享受一站式的购物乐趣。

⑤乐在渔家。游客可以自在地在渔村行走，走访渔区的任何一户居民，参观渔区内生产劳作，可亲自参与织渔网、补渔网等动手性的简单劳作，也可带上滑板，穿上鲜艳的胶鞋、连体橡胶防水衣，再扎上艳丽的头巾，跟随渔民一同赶海，让城市的游客在看似单调的海滩上感受拾贝的喜悦。

“渔家乐”旅游产品旨在与渔民同住同乐，参与渔业生产，让游客充分体验滨海湿地的风光、渔民生活和滨海的良好生态环境，让久居都市的游客，体验与都市生活迥然有异的淳朴的渔区生活。

(2)海洋宗教朝拜

宗教是人类社会发展到一定阶段的历史现象，它伴随着人类社会的发展进程，几乎无所不在，深刻地影响着人类的各个方面。一种占统治地位的宗教，同时也是一种社会制度、一种思想体系、一种生活方式。宗教作为一种文化现象与旅游关系极为密切，是一种重要的旅游资源。不同区域、不同种类的宗教形成不同特色的宗教文化景观。我国海岛拥有大量的宗教旅游资源，最为典型的是舟山群岛的“海天佛国”——四大佛教名山之一的普陀山(图1－10)。普陀山是观音菩萨的道场，秀美的海岛景色、神秘的佛教景观、圣洁的观音圣地，每年吸引上百万海内外游客纷至沓来。妈祖庙所在地湄洲岛已成为众多妈祖圣徒的圣地。利用好宗教旅游文化资源，开发海洋宗教朝拜类旅游产品，对于我国海岛旅游业的发展意义重大。

图1－10　舟山普陀山南海观音

1.4.6　海岛专项旅游产品

海岛专项旅游产品主要包括：豪华邮轮旅游、海鲜美食旅游、海岛婚礼蜜月、海岛生育基地、海底探秘、海岛探险猎奇、海岛攀岩蹦极、海岛军事旅游、海岛生存训练等。本节主要介绍豪华邮轮旅游、海鲜美食旅游这两类旅游产品。

(1)豪华邮轮旅游

豪华邮轮是一种移动的星级饭店，旅游者在上面可以享受到各种精致、奢华的服务，同时可以随着邮轮的移动而观赏到各个港口城市的景色和风情。邮轮起源于欧洲，最初是指用于运送邮件的轮船。作为交通工具，传统邮轮曾在海上盛行百年。随着航空业的出现和发展，这种主要从事交通运输的跨洋型邮轮基本上退出了历史舞台。

1912 年“泰坦尼克”号的首航虽然给世界留下了痛苦的回忆，但也昭示了海上游览度假活动的广阔前景。在当时，这艘被誉为“不沉的船”的首航活动就受到了世人的追捧。今天的巨型邮轮，不仅船体坚固，造型漂亮，结构复杂，而且乘坐起来也十分舒适，仿佛是一座漂浮在海上的城市。

最初的豪华邮轮可追溯到 19 世纪中叶。美国航运巨头爱德华·科林斯在远洋邮轮的建造中引进了豪华的概念，另一位英国工程师爱森伯特·布律内尔建造了一艘传奇般的巨轮，从而开启了未来巨轮的时代。在 19 世纪中叶发展起来的大马力蒸汽引擎，导致了铁制、钢制外壳邮轮的出现。19 世纪的世界大移民，又推动了邮轮业的发展。1912 年下水的“泰坦尼克”号，就是当时最大最豪华的邮轮。当时还有著名的“德意志”“保里塔尼亚”号邮轮。而“奥丽安娜”号邮轮则把速度与豪华结合得最为完美，它的速度仅次于当时最快的战舰，成为当时世界上最大、最快、最豪华的邮轮，开创了航海的新时代。

现代邮轮已经发展成为集交通、娱乐休闲、住宿、餐饮、健身、购物于一身的综合型旅游产品。相比传统的旅游方式，邮轮旅游提供一种类似却甚于度假地的休闲体验。邮轮本身就是一个浮动的度假村，一个流动的旅游目的地。邮轮能让游客享受到五星甚至超五星级豪华宾馆的舒适度，更能提供全天候、一应俱全的休闲娱乐设施和服务消费项目，包括各类主题餐馆与酒吧、图书馆、网吧等公共场所以及商务中心、少年儿童中心、运动健身与康乐中心、大型表演、剧院等娱乐设施和免税与精品购物中心。邮轮旅游不仅为游客提供足够的休闲空间，还可以沿途停靠风景优美的港口，通过上岸观光、购物和活动来调剂游程内容，这使邮轮旅游能兼顾陆地与海洋两大空间的优势。没有哪一种假期能像邮轮旅游这样让游客高度满意并且带来很多回头客生意。正因为如此，邮轮旅游虽然目前还只占世界旅游市场份额的 1% 左右，但已经成为旅游产业中增长最快的一类业务。10 年前豪华邮轮还是贵族、富人独享的一个领域，而今它已成为世界海洋旅游业中一个生机勃勃的行业。

(2)海鲜美食旅游

海鲜美食对旅游者具有一种难以取代的吸引力，从而成为推动海岛旅游发展的动力。海岛地区具有海鲜品种全、数量多、加工方法颇具海岛地方特色等特点，从而形成了别具一格的以品尝海鲜美食为主要动机的旅游产品。开展海鲜美食旅游应具备下列条件：食品和菜肴具有鲜明的海岛风味特色；精细的选料、精湛的烹饪技艺和制作技巧；良好的饮食环境和卫生条件；精致的餐饮服务质量。海鲜美食旅游在日本、西欧各国比较盛行(图1－11)。

图1－11　日本函馆朝市

1.4.7　海岛主题旅游产品

海岛主题旅游类旅游产品主要包括：国家海洋公园、水族馆、海岛博物馆、海洋科技馆、休闲渔业、海产加工基地、海洋影视基地、大型海港、跨海大桥等。本节主要介绍休闲渔业、海岛博物馆这两类旅游产品。

(1)休闲渔业

休闲渔业是生产、生活、生态三者合为一体的更为广义的一种渔业与旅游业综合的产业。它是第一、二、三产业的相互转移和有机结合，具有高效、高值和无污染(包括视觉污染)的特点。休闲渔业可以借助现代技术使渔业生产与海岛文化、观光休闲、旅游环保、集约化养殖、良种业、流通与加工业、科普教育、渔事体验等合为一体，充分促进了人与自然和谐、城乡一体化的一种现代渔业、旅游模式，所以发展海岛生态游前景广阔。

国际上，美国、日本等国都积极发展休闲渔业旅游业。自20世纪90年代以来，美国休闲垂钓者人数占16岁以上人口的比例高达18%，消费总额达387亿美元，创造120万个就业机会，休闲渔业的总产值已超过传统捕捞渔业，占到整个渔业产值的60%。日本以及东南亚等国早把休闲渔业与旅游业有机结合起来，形成了形式多样、广纳客源的游钓业。我国台湾也是休闲渔业蓬勃发展较早的地区之一。近年来我国深圳、广州、上海等沿海城市，休闲渔业也走在前列。我国海岛地区，由于受到渔业资源衰退的影响，渔民面临着转产、转业、再就业的问题，发展休闲渔业旅游不仅有益于养护渔业资源、保护生态，而且有利于提供新的就业机会，能够给海岛地区渔民的生产、生活带来极大的好处。

(2)海岛博物馆

现在越来越多的海岛旅游目的地都建有不同类型的专题海岛博物馆，如船模博物馆、鱼类博物馆、贝壳博物馆等。在海岛地区筹建船模馆，可以展示从独木舟到现代化渔轮的船舶发展史；在海岛地区建设海洋生物馆，以生物标本为主，展现绚丽多姿的海洋生物世界。以上项目可以增加游客对海岛旅游产品的精神参与，丰富旅游者的海洋知识，寓教于乐，陶冶情操，必能吸引大量游客。

综上所述，旅游产品的内涵十分丰富，表现形式多种多样，不同层次的旅游产品的研究范围和研究重点有较大的区别，研究的指导理论也不大一样。旅游产品体系的构筑及层次的划分有助于厘清旅游产品各种表现形式的归属层次及其相互间的关系，以促进旅游产品的相关研究。

海岛是一个空间相对完整的旅游地，如果因地制宜合理开发，海(海上、海中、海底)、陆、空三体都可以考虑开发相适应的旅游产品，以突出海岛旅游产品在地域空间上的多样性。海岛旅游资源综合陆地旅游资源及海洋旅游资源于一体，应突出海岛旅游资源的区域特色和优势，充分发掘基于资源基础的海岛旅游产品的多样性，形成结构完善、内容丰富的海岛旅游产品体系。

专栏1-1　舟山群岛重点打造十大“主题岛”

舟山群岛着重打造十大主题岛，依托舟山群岛各个岛屿不同的海洋文化积淀和海岛旅游发展基础，一岛一主题、一岛一风情的要求，在深化提升“佛岛”普陀山的同时，打造“沙岛”朱家尖、“钓岛”白沙、“侠岛”桃花、“渔岛”嵊山—枸杞、“极岛”东极、“泥岛”秀山、“创意岛”鲁家峙、“科技岛”摘箬山、“鸟岛”五峙山等十大主题旅游岛屿。

图1-12　舟山群岛

专栏1－2　大堡礁——海底珊瑚的世界

大堡礁是世界上最大的珊瑚堡礁，位于南太平洋澳大利亚大陆东北岸外。北起自托雷斯海峡，南至南回归线以南，绵延伸展约2000千米，最宽处240千米，最窄处仅19.2千米。面积达20.7万平方千米。大堡礁位于热带海域，水温在20℃以上，最高28℃；受南赤道暖流影响，海水中氧气和光线充足，盐度适中；又属于浅海地带，非常适合珊瑚虫的生长。礁区的灰岩厚度达220米。岩礁上有500多个珊瑚岛。

礁区风景优美，引人入胜。岛上长满棕榈树和椰子树，还有浓郁的鸡蛋花树等。树上栖息有绿鹦鹉等鸟类。岸边有洁白的沙滩。海中的珊瑚及其他海洋动物五彩缤纷。优美的海岛风光和奇妙的海底世界吸引了越来越多的游客。

游客可以乘老式的玻璃底船，也可以乘新型的游览潜艇观赏海中景物。水中的第一景是各种各样的珊瑚，有粉红色的、橙色的、黑色的、紫色的，有的像屹立的花柱，有的如飘逸的花边。彩色的珊瑚虫闪亮发光，还有绿色和青绿色的海参，红黄相间的海星，成群的蝴蝶鱼、隆头鱼和鹦嘴鱼。各种海鱼真是多姿多彩：石鱼像一种丑陋的怪物，扭曲的身体上长满肉瘤；软体动物都长有色彩斑斓的外壳；但有的贝壳具有剧毒，可致人中毒身亡；有100多种鲨鱼；红鳍鱼重可达90千克；有7米长的鳄鱼；这里的海蛇是世界上最毒的动物；海鳗也长达将近7米；章鱼满身闪烁着奇异的磷光；巨蛤大似浴盆，重达270千克。

图1－13　大堡礁海底生物

专栏1-3 塞班岛 DFS 环球免税店

塞班岛 DFS 环球免税店是塞班岛最大、历史最悠久的购物中心，占地约 10 万平方英尺①。塞班岛 DFS 环球免税店不仅提供品种齐全的世界顶级名牌服饰、化妆品和皮具，更有世界名牌为 DFS 独家定制和专售的独家限量版精品，还有当地特色纪念品可以选择，是令人流连忘返的购物天堂。

塞班岛 DFS 环球免税店地处市中心，每天有免费巴士来往于酒店和塞班岛 DFS，还可以免费搭乘计程车从大部分酒店前往塞班岛 DFS 环球免税店。店内有多种语言服务，令各国游客购物沟通无障碍。而凭购物卡参加抽奖，可赢得潜水、用餐等优惠，为旅程增添更多浪漫色彩。如今，我国上海、北京、广州都有包机前往塞班的航班，不论是蜜月之旅还是浪漫之行都更为便捷。

图1-14 塞班岛 DFS 环球免税店

① 1 平方英尺≈929.0304 平方厘米。

专栏1－4　大连贝壳博物馆

大连贝壳博物馆新馆是世界上最大的贝壳博物馆，馆内拥有贝类标本八千多种五万多枚，古生菊石化石三千多块。博物馆由清华大学建筑工程研究设计院设计，并聘请世界著名贝类专家、日本东京软体动物研究所所长小菅贞男先生为贝壳博物馆的指导顾问。

博物馆建筑面积2500平方米，总投资额8000万元人民币，共展出来自世界各地的海洋珍奇贝壳5000多种，是世界展品数量最多的贝壳博物馆。在这5000多种贝壳中，既有来自新西兰、阿根廷、西班牙、摩洛哥、马来西亚、斐济、菲律宾等四大洋三十几个国家的个人采集与求购者之手，也有来自中国台湾、日本和美国的贝类学家、贝类学会及贝壳收藏家之馈赠或交流。贝壳重的达上百千克，有称为食人贝的砗磲；轻者仅为毫厘的沙贝，需用放大镜鉴赏。新馆位于大连市星海广场东南角，集贝壳研究、收藏、展览、科普教育和文化旅游于一体，建筑面积约1.8万平方米，于2009年开放。

大连贝壳博物馆内的展示部分主要包括地上螺旋坡道式展厅、地下一层展示区。馆内展厅分为：软体动物学展示厅、原始古生贝类化石标本展示厅、古生菊石动物化石标本展示厅、世界海生贝类分科展示厅、世界陆生贝类分科展示厅、中国淡水贝类分科展示厅、贝类与人类的关系展示厅及放映厅等。

图1－15　大连贝壳博物馆

2　海岛旅游发展的理论依据和一般模式

2.1　海岛旅游发展的基本要素

2.1.1　气候条件

气候是长时间内气象要素和天气现象的平均或统计状态，时间尺度为月、季、年、数年到数百年以上。气候以冷、暖、干、湿这些特征来衡量，通常由某一时期的平均值和离差值表征。适宜的气候资源是决定海岛旅游发展的关键因素之一。从气候条件看，海岛旅游发展的要素是气温、空气和阳光。

2.1.1.1　气温

从全球来看，已经开发的海岛旅游地主要集中在中低纬度，即热带、亚热带的海岛或海滨。热带、亚热带海岛一般都具有冬暖夏凉的气候特点，它们往往是旅游者夏季消暑的胜地。如中国的海南岛，美国的加利福尼亚、墨西哥湾，澳大利亚的黄金海岸、阳光海岸，西班牙的太阳海岸、布拉瓦海岸，法国的科西嘉岛等，都是世界著名的亚热带海岛旅游胜地。由于海洋的调节作用，热带海岛的气候更加优越，冬天旅游者可以在这里游泳、戏水；夏天也比大多数高纬度的内陆地区凉爽，是旅游者消夏的胜地。如加勒比海岛及海岸、太平洋岛屿、东南亚海岸及岛屿等都是著名的热带海岛旅游胜地。

2.1.1.2　空气和阳光

由于工业化、城市化进程的不断加剧，人们的生活空间受到越来越严重的污染，如空气污染、噪音污染等。现代医学研究发现，长期居住在城市中的人们，每天在高楼大厦里工作、学习和生活，接触的是空调房、暖气房等封闭的环境，享受不到充足的阳光，呼吸不到大自然清新的空气，从而导致许多疾病的产生。于是寻找没有污染的净土就成为现代旅游的一个重要动机。浩瀚的大海、洁净的沙滩、远离污染的海岛空气和充足的阳光等对人们就极具吸引力。海岛湿润温暖，空气中含有碘和大量的负氧离子，可促进人的血液循环，增强人的体质。正是由于海岛空气和阳光的优越性，很多国家都以空气和阳光作为海岛旅游发展的主要因素。如西班牙以“出口阳光和空气”作为它吸引旅游者的广告词。加勒比海的牙买加、巴哈马、百慕大，大洋洲的斐济、汤加，东南亚地区中印度尼西亚的巴厘岛、泰国的帕塔亚，印度洋地区的马尔代夫，地中海的马耳他等都以清新的空气和明媚的阳光作为旅游发展的重要元素来吸引游客，从而发展为世界著名的旅游度假胜地。

2.1.2 海岸地貌

海岸线是海岛旅游的一个重要组成部分，其中的沙滩、海蚀地貌等是具有重要旅游价值的要素。沙滩是国际公认的最重要的海岛旅游资源。沙滩因特殊的地质和海水的作用而形成，给旅游者洁白、柔软的感觉，适合开展各类海滨休闲活动。世界上一些有特色的、著名的海岛旅游地均以沙滩闻名。海蚀地貌是海岛旅游发展的重要基础。由于地质结构不同，各地的海岸呈现不同的形态。海岸因海水的撞击和磨损，岩石变得光滑圆浑，玲珑可爱。一些海岸因地震或地壳运动，变得奇异、雄伟；一些海岸是石灰岩地质，经海水的冲刷和风化作用，出现一个个千奇百怪的岩洞，有些还在阳光和海水的作用下呈现出奇特的蓝洞。这些要素对旅游者来说很有吸引力。

2.1.3 海水和海洋资源

环绕海岛的是海水，海水中有珊瑚礁和丰富的水产资源。地球上的海洋面积为3.61亿平方千米，占地球总面积的71%，而且绝大部分位于热带和亚热带圈内。海水从最早的海水浴旅游逐渐发展为水上运动、观光旅游和医疗保健等新的旅游项目。

海水中的珊瑚礁是由珊瑚虫分泌的石灰质小洞穴累积形成的，有些珊瑚礁露出海面成为堡礁，有些潜入海底成为暗礁，还有些形成潟湖和小岛。

海洋中有很多水生动物，如海岛附近形形色色的各种热带、亚热带鱼类。旅游者可以借助玻璃船、水底透明隧道或潜水观看水下鱼类的活动，也可以在海洋馆参观人工养殖的各种鱼类或海豚。此外，旅游者还可以观看捕鱼表演，甚至可以亲自乘船捕鱼，如舟山白沙岛的海钓项目。

2.1.4 区位和城市依托

海岛旅游发展中，海岛自身的区位以及是否有比较大的城市作为依托是海岛旅游开发所必须考虑的一个重要因素。

根据海岛旅游地是否处于城市的边缘这一因素可把海岛区分为两种不同的风格：自然观光型和市郊度假区型。如果海岛远离城市，则只能依靠自然资源来吸引旅游者，同时必须解决好交通问题，如舟山群岛花了10年时间修建了全长48千米的跨海大桥。如果海岛临近城市或者海岛自身都有城市，那么随着城市经济的发展和对外开放程度的提高，人民的生活水平不断提升，对旅游的需求也越来越强烈，在这样的背景下，岛城形成联动发展，海岛旅游的基础设施、资金都很充裕，旅游开发能够随市场变化而不断开发出新的旅游产品来满足旅游者的需要，这样海岛旅游就形成了良性循环。

2.1.5 市场因素

海岛旅游业的发展主要依赖旅游者的消费，稳定且具有成长性的旅游者市场是海岛旅游一个不可或缺的潜在因素。因此，如何判断海岛旅游市场的发展前景，就需要进行科学的市场预测与定位。海岛旅游市场预测，是了解海岛旅游未来的发展速度以及方向，以便及时把握未来市场动态，制定市场营销策略，根据需求适当调整海岛旅游供给。市场定位，首先根据海岛、海岛交通条件、费用和海岛的社会经济发展水平以及海岛旅游地产品对客源地居民的吸引力大小，定位一级、二级和三级市场。一级市场是旅游地的核心市场，市场开发的首要目标；二级市场是发展市场；三级市场占的份额小。此后再根据旅游者的人数统计特征等对市场进一步细分，划分越细，市场定位越准确。

一般情况下，如果不是顶级的资源条件，中短程内的客源市场情况具有决定性意义。以我国为例，我国的海岛客源条件存在一定的限制性。我国北方的蒙古国经济比较落后，在相当长的一段时间内，尚无法形成客源市场。我国东部为朝鲜、韩国和日本，朝鲜旅游者较少；韩国和日本虽然经济发达，旅游者比较多，但这两个国家都属于海滨国家，尤其是日本，海岛旅游资源十分丰富，如果没有特别的旅游项目，日本游客一般不会来中国海岛旅游，而会去内陆地区寻访历史文化古迹。

2.1.6 其他要素

影响海岛旅游发展潜力的因素还有很多，如动植物资源、文化环境、政府职能等。

海岛拥有很多热带、亚热带动物和植物，水族馆、植物园等成为热带海岛旅游开发的重点项目，同时也是吸引旅游者的主要因素之一。

从世界范围来看，热带、亚热带海岛的民俗文化极其丰富，特别是一些远离大陆的海岛，过去由于交通障碍，与外界联系较少，还保持着自己独特的民族文化，成为吸引旅游者参观的重要资源。

另外，海岛旅游发展必须要有政府制定出台正确合理的政策法规来引导海岛旅游产业健康发展。

2.2 海岛旅游发展的理论依据

2.2.1 旅游系统理论

系统理论认为，系统是由一组相互依存、相互作用和相互转化的客观事物所构成的具有一定目标和特定功能的整体。系统广泛存在于自然、社会和人类思维之中。人类一直不断地运用智慧，提高系统运作效率，使系统向更加符合人类生存发展需要的方向发展。

旅游系统概念最早是由澳大利亚地理学者利珀提出来的，他认为旅游是一个与环境、人文、旅游者、地理(客源区、交通路线和目的地)以及产业这五种因素相互作用的开放系统。这五种因素又与自然、技术、社会、文化、经济和政治等因素相互作用和影响。但是对旅游系统的概念仍存在较大的争议。国外学者提出旅游系统由旅游者、客源地、交通线路、目的地和旅游业五大要素相互作用形成，或由客源市场、旅行、目的地和市场营销四个环节相互作用形成；国内学者提出旅游系统是指直接参与旅游活动的各个因子相互依托、相互制约形成的开放的有机整体，包括客源市场系统、出行系统、目的地系统和支持系统四个部分，或旅游系统是以旅游目的地的吸引力为核心、以人流的异地移动性为特征、以闲暇消费为手段，具有较稳定的结构和功能的一种现代经济、社会、环境边缘组合系统，由旅游者、旅游地和旅游企事业三大要素构成。

旅游系统其实是一个动态的开放系统，是一种旅游活动系统，是由各种相互作用的旅游诸要素所构成，是具有特定功能、结构和不同层次的经济、社会、生态复合系统。旅游活动既包括旅游者活动，也包括旅游业活动，旅游活动系统研究是旅游研究和旅游开发要解决的核心问题。海岛也是一个系统，而且是一个相对独立的自然、社会、生态系统，在海岛旅游开发模式研究中，更应以系统理论为指导，运用系统的思维及方法来研究旅游并进行旅游开发(图2-1)。

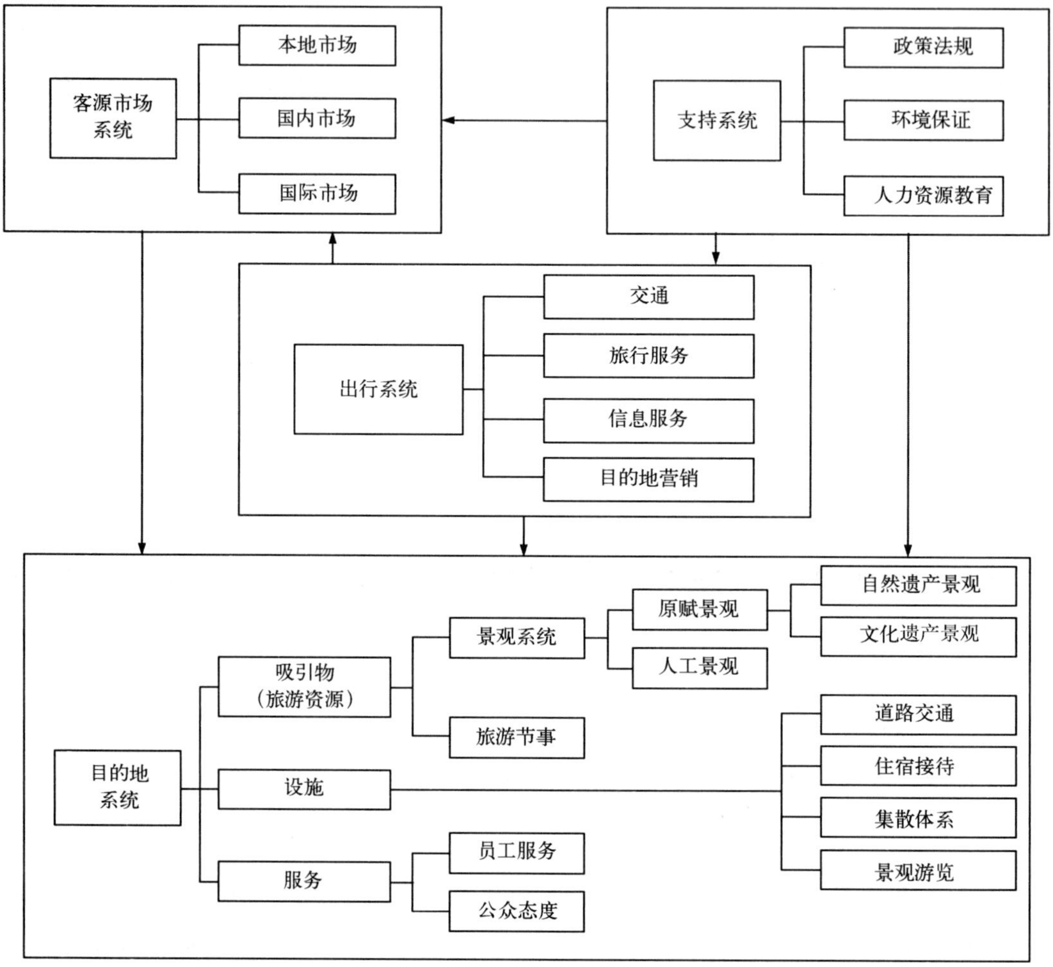

图2-1　旅游系统结构

2.2.2　可持续发展理论

2.2.2.1　可持续发展的概念和内涵

与任何经济理论和概念的形成和发展一样，可持续发展概念形成了不同的流派，这些流派或对相关问题有所侧重，或强调可持续发展中的不同属性，从全球范围来看，比较有影响的有以下几类。

(1)着重于从自然属性定义可持续发展

1991 年 11 月，国际生态学协会(INTECOL)和国际生物科学联合会(IUBS)联合举行关于可持续发展问题的专题研讨会。该研讨会的成果不仅发展而且深化了可持续发展概念的自然属性，将可持续发展定义为：保护和加强环境系统的生产和更新能力。从生物圈概念出发定义可持续发展，是从自然属性方面定义可持续发展的一种代表，即认为可持续发展是寻求一种最佳生态系统以支持生态的完整性和人类愿望的实现，使人类的生存环境得以持续。

(2)着重于从社会属性定义可持续发展

1991 年，由世界自然保护同盟、联合国环境规划署和世界野生生物基金会共同发表了《保护地球——可持续生存战略》(以下简称《生存战略》)。《生存战略》提出将可持续发展定义为：在生存于不超出维持生态系统涵容能力的情况下，提高人类的生活质量。

(3)着重于从经济属性定义可持续发展

在《经济、自然资源、不足和发展》一书中，作者 Edward B. Barbier 把可持续发展定义为：在保持自然资源的质量和其所提供服务的前提下，使经济发展的净利益增加到最大限度。还有的学者提出，可持续发展是“今天的资源使用不应减少未来的实际收入”。当然，定义中的经济发展已不是传统的以牺牲资源和环境为代价的经济发展，而是“不降低环境质量和不破坏世界自然资源基础的经济发展”。

(4)着重于从科技属性定义可持续发展

有的学者从技术选择的角度扩展了可持续发展的定义，认为“可持续发展就是转向更清洁、更有效的技术，尽可能接近‘零排放’或‘密闭式’工艺方法，尽可能减少能源和其他自然资源的消耗”。还有的学者提出，“可持续发展就是建立极少产生废料和污染物的工艺或技术系统”。

(5)被国际社会普遍接受的布氏定义的可持续发展

1988 年以前，可持续发展的定义或概念并未正式引入联合国的“发展业务领域”。1987 年，由布伦特兰夫人主持的世界环境与发展委员会，对可持续发展给出了定义：可持续发展是指既满足当代人的需要，又不损害后代人满足需要的能力的发展。1981 年 5 月举行的第 15 届联合国环境署理事会通过了《关于可持续发展的声明》。可持续发展自它被提出的那刻起，就广泛地被全球各界所认同。世界公认的定义可以归纳为：满足当代的发展需求，应以不损害，不掠夺后代的发展需求作为前提。

2.2.2.2 可持续发展核心理论

可持续发展的核心理论，尚处于探索和形成之中。日前已具雏形的流派大致可分为以下几种。

(1)资源永续利用理论

资源永续利用理论流派的认识论基础在于：认为人类社会能否可持续发展决定于人类社会赖以生存发展的自然资源是否可以被永远地使用下去。基于这一认识，该流派致力于探讨使自然资源得到永续利用的理论和方法。

(2)外部性理论

外部性理论流派的认识论基础在于：认为环境日益恶化和人类社会出现不可持续发展现象和趋势的根源，是人类迄今为止一直把自然(资源和环境)视为可以免费享用的“公共物品”，不承认自然资源具有经济学意义上的价值，并在经济生活中把自然的投入排除在经济核算体系之外。基于这一认识，该流派致力于从经济学的角度探讨把自然资源纳入经济核算体系的理论与方法。

(3)财富代际公平分配理论

财富代际公平分配理论流派的认识论基础在于：认为人类社会出现不可持续发展现象和趋势的根源是当代人过多地占有和使用了本应属于后代人的财富，特别是自然财富。基于这一认识，该流派致力于探讨财富(包括自然财富)在代际之间能够得到公平分配的理论和方法。

(4)三种生产理论

三种生产理论流派的认识论基础在于：人类社会可持续发展的物质基础在于人类社会和自然环境组成的世界系统中物质的流动是否通畅并构成良性循环。他们把人与自然组成的世界系统的物质运动分为三大“生产”活动，即人的生产、物资生产和环境生产，致力于探讨三大生产活动之间和谐运行的理论与方法。

2.2.2.3 海岛旅游的可持续发展

旅游业对世界的影响越来越明显，旅游资源、旅游环境质量和旅游业的未来越来越受到人们的关注。1997 年，联合国第 19 届特别会议首次把旅游业可持续发展列为联合国可持续发展议程，“要求各国对环境保护与可持续旅游业之间的关系给以特别关注，要求加强对可持续旅游业发展的政策引导和有效管理”。海岛是一个资源、环境都十分脆弱的生态系统，海岛旅游作为一种特殊的旅游形式，可持续发展是发展海岛旅游的关键途径。

我国海岛旅游开发始于20世纪70年代末。早期海洋旅游资源的开发缺少系统性，没能遵循明确主题、突出重点的原则，经济、环境与社会效益没能协调一致，“三化”(人工化、商业化、城市化)问题严重。一些地方在景区内大兴土木，致使建筑物的色调、风格与景区氛围极不协调，改变了原有景观的风貌，甚至有些旅游资源的开发给当地整体旅游带来长久的不利影响。所以，对于我国的海岛旅游开发不能盲目、激进，要遵从海岛旅游资源特色及客源市场等各方面现状因地因时制宜，设计适合不同海岛的旅游开发模式，推进海岛旅游的可持续发展。

我国的海岛旅游产品尚处在初级开发阶段。首先，海岛旅游产品类型单一。除了观光、度假等几个常规旅游项目开发得较好外，其他相关旅游产品的优势并未明显发挥，产品结构比较单一。其次，专项和特种旅游项目开发滞后，可供游客参与体验的项目少。总之，目前的海岛旅游没有在旅游资源的深度开发上多下功夫，单纯追求旅游经济数量型增长而非质量型增长。如果秉承这些观念发展海岛旅游，将会对我国海岛旅游发展的未来带来一系列问题，影响海岛旅游的可持续发展。海岛旅游对资源环境的依赖性非常强，海洋旅游环境是制约海岛旅游持续发展的重要因素。海洋旅游生态环境是极为脆弱和敏感的。1995年世界旅游组织主持的可持续发展世界会议通过的《可持续发展宪章》和《可持续发展行动计划》提出，保护生态环境重点对4类地区优先考虑，即沿海地区、岛屿、高山和历史文化名城。我国海岛旅游的发展对环境造成的问题主要表现为：空气污染、沿海水域的污水污染、油类污染、沿海旅游区的固体废弃物污染；不顾沿海景区的环境容量限制，超规模接待游客；为满足游客需求，过度捕捞和采集海产品、海洋生物和海洋矿产，使海岛的生态平衡遭到严重干扰等。为了降低上述问题的出现概率，可持续发展是海岛旅游必须坚持的理念及模式。

2.2.3 旅游环境承载力理论

承载力概念最早源自生态学，1921年帕克和伯吉斯首次提出承载力的概念：“某一特定环境条件下(主要指生存空间、营养物质、阳光等生态因子的组合)某种生物个体存在数量的最高极限。”承载力通常是指在一定环境条件下某种生物个体可存活的最大数量。Irmi Seidll 和 Clem A Tisdell 对承载力概念的起源进行了探索，认为在人类生态学和生物生态学领域承载力概念最早可追溯到马尔萨斯的“人口理论”。在北美、南美及亚洲草原地区，由于草地开垦，过度放牧等原因，土地开始退化，为有效管理草原和取得最大经济效益，一些学者将承载力理论引入到草原管理中，于是草原承载力、最大载畜量等相关概念被提出。在全球人口不断增加，耕地面积日趋减少的情况下，一些学者提出了土地承载力概念。1949 年美国的 Allan 将土地承载力定义为："在维持一定水平并不引起土地退化的前提下，一个区域能永久地供养人口数量及人类活动水平。"20 世纪 50—70 年代，国外许多学者探讨了土地承载力的计算依据并认为：土地承载力是确保不会对土地资源造成不可逆的负面影响的前提下，土地的生产潜力能容纳的最大人口数量。Millington 等应用多目标决策分析法，以各种资源对人口数量的限制，计算了澳大利亚的土地资源承载力。

后来，有很多学者从经济、社会、环境、发展等不同方面，对全球承载力问题进行了综合分析和研究探讨。

2.2.3.1 环境承载力

(1)环境承载力的理论基础——环境容量

环境容量是一个生物学术语，是指某给定生态系统所能容纳(养活)某物种的最大个体数。1983 年《中国大百科全书环境科学》中将环境容量定义为：在人类生态和自然不致受害的前提下，某一环境所能容纳的污染物的最大负荷量。环境容量以量化污染排放量形式表述自然环境的耐受能力，是环境对于区域发展提供的阈值，它针对环境系统或功能本身承受外界因素的负荷而言，是对环境结构内部机制的外在表现，反映的是环境功能作用的"外部性"。它与环境承载力既有区别又有联系，是环境承载力研究的理论基础。

(2)环境承载力

"环境承载力"是指在某一时期，某种状态或条件下，某地区的环境所能承受的人类活动作用的阈值。这里，"某种状态或条件"是指现实的或拟定的环境结构不发生改变的前提条件；所谓"能承受"是指不影响环境系统发挥其正常功能的条件。因此，环境承载力是环境本身具有的自我调节功能的量度，其大小可以用人类活动方向、强度和规模来反映。

(3)旅游环境承载力

1995 年，学者崔凤军首先将环境承载力概念引入旅游学中，用旅游环境承载力代替旅游环境容量，并将其定义。旅游环境承载力是由环境承载力派生出的一个具体概念。其定义表述为：在某一特定时期，保持当前不变状态或条件下，某一旅游地(或景点、景区)的环境(包括自然、经济、社会环境)在满足既定人口(包括旅游者和当地居民)享受旅游活动需求的同时，又能开发与环保并重，不破坏未来人口旅游活动体验(如环境美学价值的损减、环境污染、舒适度减弱等过程)的前提下，所能承受的人类旅游活动强度。

2.2.3.2 承载力在海岛旅游研究中的应用

(1)承载力在海岛研究中的应用

学者张耀光对辽宁长山群岛的人口承载力进行了研究，不仅涉及岛陆土地资源，还包括其周围的海洋生物资源。通过对长山群岛——长海县人口的预测和海水养殖业的发展所能提供的蛋白质分析，研究海岛人口容量与人口承载力问题。此后，学者狄乾斌在张耀光研究辽宁长山群岛的人口承载力的基础上，延长了研究年限，分析了海岛地区人口容量与海洋水产资源承载力，并讨论了提高海洋水产资源承载力的对策及优化利用海洋水产资源的途径。

(2)承载力在旅游研究中的应用

20 世纪 90 年代，学者崔凤军首次在《经济地理》《地理研究》《地理科学进展》《旅游学刊》等国家核心期刊发表了多篇关于旅游环境承载力方面的学术论文。在《论旅游环境承载力——持续发展旅游的判据之一》一文中，他提出了初步判断旅游经济与环境是否协调、是否持续发展的理论和指标——旅游环境承载力，给出了旅游环境承载力的定义、特征、组成体系及技术实现途径。在《旅游环境承载力理论及其实践意义》一文中，他从影响旅游环境承载力的社会－文化环境、社会－心理环境和生态－经济环境诸因子分析入手，构建了旅游承载力指数及运算模式。旅游承载力指数是指表现旅游承载力强度的无量纲指标，是旅游业是否可持续发展的重要判据。进入 21 世纪，随着可持续发展理念的普及和生态旅游概念的提出，各种区域如山河湖泊、城市、景区、公园、海岸等旅游资源评价与开发都引入了承载力理论。由此，旅游环境承载力在旅游研究中被广泛应用，而且建立的多种评价指标体系越来越完善。

(3)承载力在海岛旅游研究中的应用

海岛相对于陆地来说，是一个在地域上处于隔离的、完整的、脆弱的生态系统和环境系统。因此，海岛旅游相对于其他旅游形式来说是一个比较特殊的旅游形式。由于构建承载力评价指标体系需要多方面定性、定量指标的综合体现，而我国海岛旅游在20世纪70年代末刚刚起步发展，旅游环境承载力又是20世纪90年代才提出的。目前来看，不论是在实际的发展中还是在管理层面的数据统计中，承载力还未在海岛旅游研究中得到充分应用。

综上所述，承载力理论虽然不太成熟，但其研究已从最初的定性静态研究走向定量动态预测，经历了从一般性描述到定量和机制的探讨，从单学科、单要素研究到多学科、多因素的综合研究过程，越来越趋近于旅游环境承载力问题的客观本质，日趋模型化，而且随着科学技术的发展，地理信息系统(GIS)等现代技术也被应用于旅游环境承载力研究领域。因为现代技术(GIS)可以对承载力进行空间分析，因此，成熟的模型分析和遥感、地理信息系统技术相结合的分析方法将对旅游环境承载力的研究提供更准确、更深入、更全面的定量研究结果。

2.2.4 旅游经济与区域发展理论

2.2.4.1 旅游经济

旅游业从20世纪70年代以来不仅成为第三产业中最为活跃的服务业，而且成为拉动国民经济发展的重要支柱产业。据联合国世界旅游组织(UNWTO)最新预测，到2020年，全球旅游人数将达14亿人次，全球旅游总收入可达2万亿美元。在世界各国纷纷提出低碳经济的背景下，旅游业在世界范围内将更加被重视，被作为支柱行业优先发展。旅游的发展将给旅游地带来巨大的经济影响，旅游经济是以旅游活动为前提，以商品经济为基础，依托现代科学技术，展示在旅游活动过程中旅游者和旅游经营者之间，按照各自利益关系进行经济交往所表现出来的各种经济活动和经济关系的综合。

2.2.4.2 区域发展理论

区域发展包括区域经济增长、区域旅游定位与可持续发展等理论。就海岛地区的发展来说，本书主要研究旅游经济对海岛经济增长的影响、海岛旅游的定位以及海岛的可持续发展等。可持续发展理论已在上文中重点介绍，本节就不再赘述，下面主要介绍海岛经济增长和区域旅游定位。

(1)海岛经济增长

经济增长通常是指在一个较长的时间跨度上(一般为1年)，一个国家或地区人均产出(或人均收入)水平的持续增加。有关学者在早期的研究中用一个国家或地区在一定时期内的总产出与前期相比来衡量实现的增长。对于总产出的增长，一般用GDP或

GNP(国民生产总值)来衡量。对于海岛经济的增长，也是主要利用人均收入或人均产出以及 GDP 或 GNP 来计算。

(2)区域旅游定位

对海岛旅游发展来说，区位是一个非常重要的因素。区位论是产业结构中研究产业布局与城镇聚落和区域空间组织优化的理论，其主要讨论某一区域农业与工业的布局、空间相互作用理论等，海岛旅游业作为海岛开发的支柱产业，其项目选址、工业与农业的空间布局、交通设施建设以及旅游线路安排等都存在区位优化问题。具体来说主要存在门槛距离与行为区位以及市场结构与市场定位的问题。

①门槛距离与行为区位。旅游者外出旅行放松和享受生活时，存在一个门槛距离即随距离增加旅游者数量会增加，但达到一定距离之后，旅游者数量反而会随距离的增加而下降，这一定点距离就是门槛距离。海岛以及其所依托的海滨城市由于离旅游者的距离不同，海岛城市经济发展水平不同，其吸引旅游者的范围半径也是不同的，即门槛距离也是不同的。一般来说，海岛及其依托的海滨城市经济发达，社会稳定，其门槛距离就会比较大；相反，海岛城市经济刚刚起步，社会存在一些不稳定因素，其门槛距离就会比较小。

②市场结构与市场定位。旅游地一般存在三级结构，即一级市场为基本市场，二级市场为开拓市场，三级市场为机会市场。从三级市场的划分来看，旅游地的一级、二级是最基本的市场，其所占的份额最大，也最稳定，它们形成旅游地客源市场的主体。因此，在海岛旅游开发的前期要结合海岛区位来判断游客的市场结构特征，从而来选择可行的开发方案和可能被成功开发的岛屿。

2.2.4.3 旅游经济与区域发展

海岛旅游经济的发展对海岛地区整体的发展都有推进作用。如果海岛为国际性旅游岛，那么国内外旅游者来海岛旅游时，海岛居民通过为旅游者服务获得收入(包括外汇收入)，这是来自本海岛以外的经济收入，该收入可以增加当地的资本积累，为海岛的整体发展奠定基础。同时，海岛区域的发展又会促进海岛旅游经济的发展，如海岛通过利用旅游经济获取的资本来进行基础设施投资，使旅游者可以便捷地进入海岛，这将反过来促进旅游经济的发展。

(1)旅游经济能增加海岛区域的收入

首先，来自国内的旅游者能增加海岛的收入。国内旅游者在海岛旅游、停留期间，海岛的旅游服务企业为他们提供餐饮、交通、住宿、游览、商品、娱乐等方面的产品和服务，使旅游者能够享受生活。海岛当地旅游企业通过提供这些产品和服务能获得收入。这些收入的一部分将形成资本积累，通过投资的乘数效应促使该海岛区域经济的发展。其次，来自国外的旅游者能增加海岛的外汇收入。旅游外汇收入是非贸易外汇收入的重要组成部分。旅游业与一般商品贸易相比，最大的优点是旅游消费是就地消费、可多次消费、无任何产品运输成本。此外，旅游产品的消费不受国际贸易规则限制，降低海岛居民获取外汇的成本。

(2)旅游经济能增加海岛区域的就业机会

随着科学技术的进步，世界各国都在调整产业结构，低碳经济概念的出现更是为无烟行业的旅游业发展提供了发展机会。旅游业的发展能够提供很多就业机会，具体如下。

第一，根据现代经济发展的规律，第一产业和第二产业在国民经济中的比例将逐渐下降，第三产业将扮演越来越重要的角色。而第三产业以服务业为主，旅游业是服务业的一个重要组成部分，而且旅游业是劳动密集型行业，在海岛旅游发展中需要大量的旅游从业人员提供服务。因此，发展旅游业能提供大量的就业机会，解决海岛居民的就业问题。

第二，海岛旅游业发展空间巨大，需要众多的从业人员。随着世界经济的发展，人们可支配收入和闲暇时间也随之增多，旅游将成为人们享受生活的一种方式。海岛旅游，尤其是对热带、亚热带的海岛旅游的需求将会迅速增加，这将会促使大批旅游企业的诞生与发展，而旅游企业的诞生和发展需要大量的从业人员。此外，旅游者的不同造成旅游服务需求及品位的不同，这就为各层次的人才从事旅游业提供了机会。

第三，海岛旅游业的发展会促进其他产业的发展，增加就业岗位。海岛旅游业的发展将带动其他相关产业的发展，如旅游业的发展需要基础设施建设先行，大量的旅游者需要海岛解决餐饮和住宿等，这些产业的发展也将为海岛居民提供就业岗位。

(3)旅游经济能带动海岛区域其他产业的发展

海岛旅游业位于产业链的下游，是其他产业产品的消费市场，因此海岛旅游经济的发展会刺激并带动相关上游产业的发展，推动海岛地区国民经济结构的调整与优化。

2.2.5 旅游者行为理论

旅游者行为理论主要是在行为科学的指导下，研究人类旅游行为发展的规律，以及影响人类选择旅游的因素，内容包括旅游动机、旅游决策、旅游者对旅游地类型的偏好等。研究的目的是探讨如何调动人类旅游的积极性，充分发掘和利用旅游资源，满足旅游者的需求。

2.2.5.1 旅游动机与旅游行为层次

旅游者消费旅游服务的动机是多种多样的，主要分为四类：身体的动机、心情的动机、精神的动机和经济的动机。身体的动机主要包括治疗的需要、保养的需要和运动的需要；心情的动机主要是满足思乡之情、交游之情和信仰之情；精神的动机主要是满足知识的需求、欣赏的需求和快乐的需求；经济的动机主要是购物的经济性和商业目的。不同旅游者的旅游动机决定了旅游者有不同的旅游行为层次。学者保继刚认为旅游者的旅游行为主要分为三个层次：第一层次是观光旅游(即景观旅游，包括人文景观和自然景观)，不仅能陶冶旅游者的情操，又能增加旅游者的人文和自然知识；第二层次是娱乐旅游，如海岛游泳、划船等；第三层次是专业旅游，如出席会议、节事活动等。在实际中，不同层次的旅游行为是可以同时并存的。

2.2.5.2 影响旅游决策的因素

在外出旅游前，旅游者要先收集关于旅游地的信息，然后再决定旅游目的地，这个过程就是旅游决策。影响旅游者进行决策的主要因素是感知环境和最大效益原则。

(1)感知环境

旅游者在进行旅游决策时首先利用可以收集到的信息形成对旅游地环境的整体印象，如旅游地品牌、地理位置等，这就是感知环境。在实际中，有些很有旅游价值的旅游地由于旅游开发和宣传等存在问题，旅游者无法形成感知环境，也就不会去该地旅游。因此，在旅游开发中，旅游地形象宣传和品牌建设对旅游者形成感知环境具有重要影响，而旅游者的感知环境能直接影响旅游者的旅游决策，所以旅游地形象宣传和品牌建设对旅游业的发展是非常重要的。

(2)最大效益原则

旅游者在进行旅游决策时必须考虑自身资金和时间的限制，追求在资金和时间限制下的效益最大化。最大效益原则主要体现为最佳旅游时间比和最大信息收集量等方面。

①最佳旅游时间比。旅游时间是指旅游者从居住地到旅游目的地所花费的时间与在旅游地游玩所花费的时间之间的比例。该时间比存在一个临界值，该临界值就是最

佳时间比，也就是旅游者愿意去旅游的时间比，如果超过该值点，旅游者选择不出游。当几个旅游地的产品类型相似时，旅游时间比就是旅游者进行决策的工具。

②最大信息收集量。旅游者选择旅游常常是由于旅游地的环境和旅游者所在地的环境空间存在较大的差异，因此旅游者在旅游的过程中力图获得最大的信息量以从感知上减少或消除环境差异感。因此旅游者在旅游过程中追求如下信息：第一，选取最著名或最有特色的旅游地，知名度高的旅游地或有特色的旅游地是稀缺性的，旅游者通过旅游能获得大量信息，满足了好奇心并消除了稀缺性；第二，选取自然环境和人文环境与旅游者居住地差异较大的旅游地，旅游者在旅游过程中很大程度上是为了体验不同的生活环境、不同的文化和生活方式，满足自己的好奇心，因此，环境和文化差异越大，对旅游者越有吸引力。

2.2.5.3 旅游者对旅游地类型的偏好

旅游者基于年龄、收入、性别、所在区域等人口学特征的不同，对旅游地类型有不同的偏好。具体如下。

①年龄。旅游者的性格随年龄和生活阅历的不同而不断变化。少年儿童天真活泼，对外出旅游充满兴趣，对海岛戏水等项目充满兴趣；青年人精力充沛，追求生活的享受和新奇感，对海岛的跳水和帆船等项目充满兴趣；老年人随着身体的衰弱而喜清静之地，对冬天去热带、亚热带的海岛旅游充满兴趣。

②学历。不同学历的旅游者对旅游地的期望不同。高学历的旅游者期望了解外部世界，追求旅游的刺激性和目的性；中等学历的旅游者受大众媒介的影响比较多，从众心理比较强；低学历旅游者对旅游的要求相对比较低。

③收入。收入对旅游者的影响是直接和明显的。对于低收入的个人和家庭，由于可支配收入少，通常是选择本区域的短途旅行，参加的旅游活动也多为观光型的旅游产品和项目，此类游客对旅游产品的价格具有极高的敏感性，当遇到经济波动，很有可能会改去支出更少的其他旅游目的地或推迟旅行的计划；对于中产阶级的个人和家庭，则更注重旅游目的地的品质和其提供的旅游产品的差异性，并且更愿意为这种差异性支付更多的钱来享受旅游产品(服务)，通常情况下，此类游客有比较规律的季度或年度旅游计划。

④所在区域。由于同一个区域的人往往具有诸多的群体特征，而且这些群体特征的差异性很大，在很多行业，对客户的细分就基于区域来划分，例如世界著名的化妆品品牌 NIVEA 将客户划分为欧洲区域和亚洲区域，欧洲区域的化妆品着重于天然和自

然，而亚洲区域的化妆品着重于美白和与众不同。对旅游行业而言，不同区域的人，在旅游目的地的选择以及旅游产品的喜好上也有很大的差异。

⑤性别。不同的性别，造就了不同的性格，对旅游目的地的选择和旅游产品的喜好也有较大的差别。通常而言，男性游客更喜好具有探索性、冒险性、参与性的旅游产品和项目，他们往往对那些具有独特旅游产品的旅游目的地乐此不疲；而女性旅游者则更倾向于选择具有舒适性、被动性、娱乐性的旅游项目或旅游服务。例如在结束巴厘岛的旅游活动后，女性游客更有可能认为巴厘岛的餐饮和 SPA 服务最让人心仪；而男性游客则对海底潜水和 BBQ(当地烧烤)更为印象深刻。

2.2.6 海洋科学理论和景观生态学理论

2.2.6.1 海洋科学理论

海洋科学是研究地球上海洋的自然现象、性质及其变化规律，以及与开发和利用海洋有关的知识体系。海洋科学的研究对象既有占地球表面近 71% 的海洋，包括海洋中的水及溶解或悬浮于海水中的物质、生存于海洋中的生物；海洋底边界——海洋沉积和海底岩石圈；海洋侧边界——河口、海岸带；海洋的上边界——海面上的大气边界层等。它的研究内容，既有海水的运动规律，海洋中的物理化学、生物、地质过程，及其相互作用的基础理论，又包括海洋资源开发、利用以及有关海洋军事活动所迫切需要的应用研究。

海洋科学领域的许多理论成果，都可运用于海岛旅游规划中。具体表现在以下几方面。

①海洋地质地貌、海水理化特性、海洋环流与潮汐、波浪、海洋气候及海洋生态等学科的研究成果，可为海岛旅游资源与旅游环境的评价提供依据，对科学评估海滨生态旅游资源的价值和发展潜力，合理制定海岛旅游规划，具有重要的应用价值。

②海洋生态学、海洋工程学等学科可直接应用于海岛旅游区的生态环境保护和配套设施的建设，对旅游区的开发建设和功能的完善具有重要意义。

③海洋科学的研究成果与知识体系，为开展海洋知识科普教育、开发海滨科考与科普型旅游活动提供了充足的素材，也为科学地安排旅游活动提供了帮助。例如，海洋环流、海洋潮汐、航海科学知识等对合理安排海上旅游活动至关重要。因而，海洋科学理论可应用于海岛旅游产品开发活动，进一步丰富了海岛旅游的产品体系。

④海洋管理及其相关学科可对加强海岛旅游的管理、提高海岛旅游区的品质和运

作效率与效益提供有益的帮助。

2.2.6.2 景观生态学理论

景观生态学(Landscape Ecology)是德国地理学家 C. Troll 在 1939 年利用航空照片研究东非土地利用问题时提出的。是以整个景观为对象，通过物质流、能量流、信息流与价值流在地球表层的传输和交换，通过生物与非生物以及与人类之间的相互作用与转化，运用生态系统原理和系统方法研究景观结构和功能、景观动态变化及其相互作用机理，研究景观的美化格局、优化结构、合理利用与保护的学科。景观生态学是研究景观单元的类型组成、空间配置及其与生态学相互作用的综合性学科，强调空间异质性、尺度性和生态整体性。景观生态学的研究内容概括为景观结构、景观功能和景观动态三个方面：景观结构指景观组成单元的类型、多样性及其空间关系；景观功能是指景观结构与生态过程的相互作用，或景观结构单元之间的相互作用；景观动态是指景观在结构和功能方面随时间的变化。这三者之间相互依赖、相互作用，景观结构在一定程度上决定景观功能，而结构的形成和发展又受到功能的影响。景观生态学为海岛旅游开发提供了理论支撑和方法依据。

图 2－2　桂林山水地貌

图 2－3　山区地貌景观

图 2－4　海洋景观

2.3 海岛旅游业发展的一般模式

2.3.1 海岛旅游业发展驱动机制

2.3.1.1 旅游发展动力结构

旅游发展动力是一个由旅游消费牵动和旅游产品吸引所构成的，并由消费引导和发展条件所联系的互动型动力系统，由主体旅游发展需求的推动、客体旅游吸引、旅游发展支持、旅游中介四个系统组成。这种旅游发展机制是一个多因子、综合性的驱动程序，不能只注重传统意义上的“旅游资源”引力分析，必须以现代旅游观将旅游发展因素作为一个动力系统，去评估旅游发展的能力，在需求与消费的对立统一关系中寻求培育旅游发展的持续动力(图2－5)。

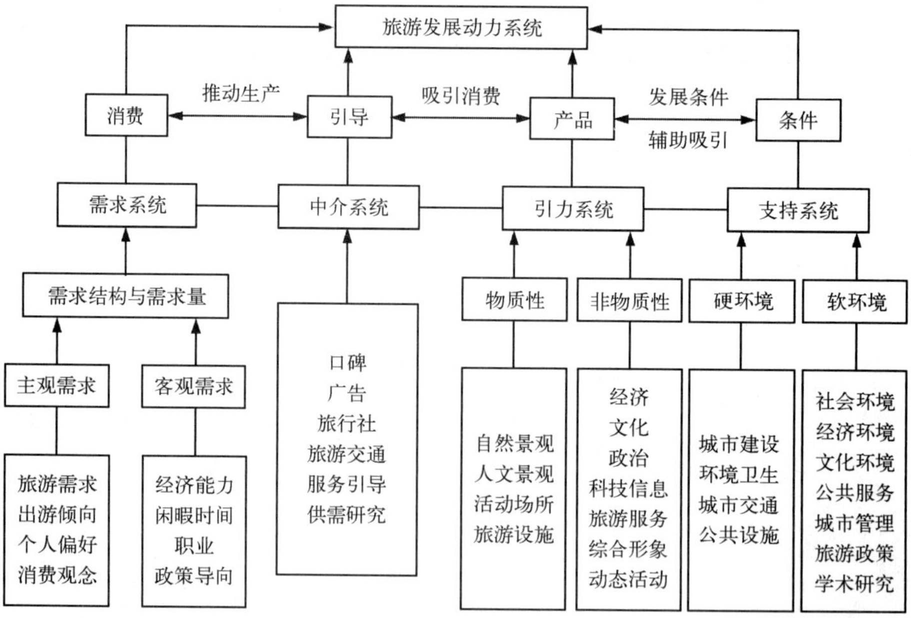

图2－5 旅游驱动系统

相对于一般旅游开发的市场需求拉动而言，很多小型海岛开发的动力源自于地方经济发展压力以及海岛高质量的旅游资源推动。海岛专注于旅游开发主要由海岛高质量的环境来推动，在世界旅游市场上，海岛构成了重要的吸引要素。然而，海岛旅游开发在给海岛社区带来经济效益的同时，也会导致环境的退化，具有或多或少的不可逆转的负面效应，这种负面效应包括拥挤效应和环境质量衰退，反过来又是导致旅游地客流下降的主要因素，并最终成为反对当地旅游发展的重要缘由，在很大程度上减少了海岛旅游开发的驱动力。海岛经济发展与海岛环境保护的双重压力共同构建了海岛旅游开发系统的矛盾与冲突，成为驱动海岛旅游持续健康发展的基础要素。

2.3.1.2 驱动类型

海岛旅游开发驱动模式与一般旅游开发类似，不同海岛区域旅游发展动力也有所不同，但根本推动要素是地方经济发展的需求和海岛游客旅游的需要，普遍受到海岛地方旅游资源、经济结构与社区文化传统的影响，表现出不同的驱动形式，如受到不同海岛旅游资源开发驱动的海岛文化旅游、海岛休闲旅游和海岛观光旅游等，以及受到海岛产业结构影响的海岛农业旅游、海岛休闲渔业与海岛第二房产等。此外，由于一些海岛旅游开发的决策权不属于海岛社区本身，相关决策制定也不在社区的控制和影响范围内，很多影响海岛旅游发展的决策由各级政府的相关产业政策来驱动，当地居民或社区成为开发的客体而非主体，从而也造成了不同类型的海岛旅游开发驱动类型，如由社区主导的海岛旅游、由地方政府主导的海岛旅游以及由行业主导的海岛旅游等。

有关海岛旅游驱动类型的分类研究并不多见，只有少数学者提出并探讨了几种海岛旅游发展驱动模式。学者郑向敏与饶品样从旅游开发驱动力角度，将我国沿海海岛旅游发展模式划分为资源驱动型、经济驱动型和资源与城市互动型三类。其中，资源驱动型主要依托独特的岛屿旅游资源开发来带动岛屿经济发展，适用于离中心城市较远、周边条件较差的岛屿；经济驱动型主要依托便利的交通或地理位置来吸引游客和开发商，一般适用于旅游资源相对欠缺，且不以旅游业为主导产业的岛屿；资源与城市互动型主要依托中心发达城市及其独特的资源来吸引客源，适用于地处经济开发区边沿或直属于经济开发区且资源禀赋高的岛屿。

从目前国内海岛旅游发展来看，海岛旅游开发的主要驱动力是海岛地方经济发展的需要，特别是随着海岛传统产业的停滞和衰退，海岛经济结构转变和海岛居民收入提升的压力推动了多数海岛旅游业的发展。同时，国家相关海岛开发与保护政策的实施以及海岛休闲旅游市场的需要对于海岛旅游开发也起到很大程度的推动作用。因此，可以将国内海岛旅游开发驱动类型划分为政府驱动型、市场驱动型和社区驱动型三类。其中，政府驱动型主要是海岛地方政府为地方经济发展需要而推动的海岛旅游开发，这种类型适用于面积较大、具有一定经济发展基础的岛屿，旅游资源丰富，适宜大众型旅游开发，旅游基础设施建设主要通过政府投入来进行，对地方经济发展具有较大的贡献；市场驱动型主要是由海岛游客需求推动的海岛旅游开发，适用于相对偏远、旅游资源独特、存在特定的“驴友”市场的小型有居民岛或无人岛，是生态旅游、探险旅游等特色替代旅游开发的主要对象，主要由专业旅游机构进行开发，对地方经济发展和居民收入贡献有限；社区驱动型介于政府驱动型和市场驱动型之间，适用于具有一定海岛社区人口规模和海岛空间，海岛旅游资源类型一般，但一般靠近大中城市等人口聚集区，适宜进行短距离的节假日休闲度假活动，地方经济贡献有限，但有助于增加海岛社区居民收入，符合海岛社区的小规模投资开发需要。

2.3.2 海岛旅游业发展一般模式

海岛类型多样，各个海岛的旅游资源、区位条件、经济和社会文化条件之间存在差异性，因而海岛旅游发展模式呈现出不同的类型。研究海岛旅游发展模式，探究其内在规律，对于海岛旅游持续、健康、稳定地发展具有重要意义。

2.3.2.1 依据驱动力划分

(1)资源型

该类海岛富含发展旅游所需要的资源，同时海岛所在区域经济发展状况良好，社会稳定开放，但区位条件不理想，地理位置较偏，远离客源市场，交通条件成为制约该类型海岛进一步发展的关键因素。如美国的夏威夷群岛拥有丰富而独特的旅游资源，包括火山、历史、民俗资源以及夏威夷人的热情、友善、诚挚等；同时，夏威夷有着良好的交通、通信等基础设施，拥有国际先进的服务和管理，在国际上享有很高的声誉(图2-6)。由于夏威夷远离大陆，虽然进岛交通便利，但由于距离太远，给游客增加了附加成本，这是造成夏威夷富贵的重要因素之一。

(2)客源型

该类型海岛的特点是缺乏旅游开发所需要的资源，但区位条件好，经济发达，社会开放。新加坡位于马来半岛南面，由新加坡岛及其附近小岛组成，地处太平洋与印度洋之间航运要道马六甲海峡的出入口，北与马来半岛隔1.2千米宽的柔佛海峡，有长堤相连，可通行汽车和火车，总面积为647.5平方千米。新加坡作为一个岛国，面积仅600多平方千米，拥有的旅游资源仅仅为阳光和海滩，却发展成为“亚洲旅游王

图 2－6　美国夏威夷群岛

国”，其中最主要的因素之一，就是其优越的区位条件，毗邻客源地(图 2－7)。

(3)资源客源型

该类型海岛不仅具有丰富的旅游资源，而且具有得天独厚的客源市场。这些地区通常具备发展旅游业所必需的丰富的“4S”资源(阳光、沙滩、大海、海鲜)，气候宜人，风光秀丽，远离闹市，人文旅游资源丰富。同时，它们毗邻经济发达国家，这些国家人均消费水平高，民众出游愿望强烈，因此客源市场广阔。在长期的开发过程中，区域内逐渐形成了良好的服务系统、便捷的交通网络、各种类型的宾馆酒店和众多的娱乐设施。与其他性质的海岛相比，该类海岛旅游接待人数多，游客停留时间长，人均旅游消费额度高，海岛旅游已逐渐形成了稳定的发展趋势。如地中海沿岸的西班牙、法国、意大利、美国南部的佛罗里达等沿海岛屿(图 2－8)。

图2-7　新加坡

图2-8　西班牙加那利群岛

2.3.2.2 依据投资主体划分

(1)政府主导型

所谓政府主导是指政府的“定向”和“导向”在旅游资源开发中的作用，即政府规划、指导、管理和调控资源，是对政府支持旅游发展模式的概括。作为投资方的政府，在跨区域旅游资源开发和旅游区基础设施的建设中起着决定性的作用，其投资的项目一般都是投资规模大、回收期长、风险大、涉及多方利益的大型公益性开发项目，如跨区域交通道路建设、能源基地建设、大型环保项目建设、机场的修建等，这些基础设施都是发展旅游业的必备条件。

该模式主要适用于旅游资源待开发地区以及经济欠发达地区，主要集中于铁路、高速公路、旅游专用公路、环保工程等旅游发展所必备的基础设施建设，资金主要来自中央和地方财政。在这一模式下，政府对具体的旅游开发项目不做干预，而通过开发规划和行政审批进行调控。

(2)企业主导型

该模式是指区域政府将自身所管辖的旅游资源的开发及经营转让给企业主体，吸引企业投资，政府只在宏观层面上发挥宏观调控作用，对开发主体进行监督管理。这一模式是充分利用市场竞争以及政府对投资领域开放扩大的结果。在资源开发初期，政府以招标的方式，将资源的开发及经营权拍卖，选择具有良好信誉和较强实力的企业来开发资源，突破过去以政府为主导的垄断地位，同时节约了政府财政，使得政府可以将资金用于其他市政设施的建设及改善。特别是对于那些拥有良好的旅游资源条件，但经济落后缺乏开发资本的地区来讲，企业投资发展旅游将是一剂良药。

随着我国政府职能从“全能型”到“有限型”的转变，以及国家宏观调控下的国内企业实力的不断增强，企业主导型开发模式将逐渐成为最主要和最优先考虑的开发模式。这种模式对于政府来讲，节约了财政而同时又增加了税收；对企业来讲，获得了利润；对社区来讲，促进了社区经济的发展，提供了就业机会，一举三得。

(3)民间投资型

该模式主要集中于风险较小、短期效益高、见效快的中小型项目，一般是民营企业或私人投资，如在旅游区内开办餐饮、住宿、购物等旅游服务设施。这类项目投资较少，而往往收益率较高，因此吸引了众多的民间资本，它们或是以独资，或是以集资的方式，承揽、建设旅游开发项目。民间投资虽然只是单体或几个旅游项目的资金投入，但对于关联性很强的旅游业来说，却有着非常重要的意义。按照“谁投资，谁受益”的发展旅游业原则，民间资本投资旅游的积极性正在不断提高。民间投资也成了旅游融资的一条重要渠道，对社区旅游投资开发可以起到添砖加瓦的作用，为旅游者提供便利的旅游消费条件，是地方旅游业发展不可缺少的部分。

在社区旅游业发展较为成熟，且取得了良好的经济效益的区域，或者是旅游业刚起步的待开发区域，可以选用这一模式，一方面可以扩大融资渠道，另一方面可以充分调动社区居民参与旅游发展的积极性，但是在开发过程中必须加以监督管理，注意加强投资者的环境保护意识。

(4)外资开发型

目前，在我国利用外资对海岛进行开发并不常见，不仅范围有限，主要集中于宾馆、饭店、旅行社行业，而且投资方式往往都以中外合资为主。不过，随着国家投资领域的不断扩大，这种状况得到了很大的改善；扩大旅游业利用外资能力，吸引外资进入旅游基础设施建设以及旅游资源开发，将是我国旅游业的重要工作点。

2.3.2.3 依据管理体制划分

(1)整体租赁开发模式

该模式实际上是一种分离式经营，即所有权与经营权的分离，体现在海岛旅游开发中就是政府出资源、企业出资金，政府拥有所有权、企业拥有经营权，并按照事先约定分享经营收益，最终使政企一并受益的一种开发模式，是一种市场化经营公共资源的方式。这种方式可以解决资源开发所需要的大笔资金，比较适合资源丰富、相对落后的地区。

(2)开发区式复合治理模式

这一开发模式，具体是指在一个特定的旅游景区设立拥有政府管理权限的景区管理机构，同时行使同级旅游行政管理部门的职权，对旅游景区实施一体化即只有一个管理主体、全方位管理的方式。该模式与整体租赁开发模式不同之处是，景区的所有权与经营权均属于景区管理机构，但景区的经营则采取两种方式：一是由景区管理机构的独资企业采取部分直接经营，二是部分与社会资本共同组建规范的股份公司经营。这种合资并不是针对整个景区，而是针对具体的项目，在这其中，控股权仍旧掌握在景区管理机构手中。

这种方式使旅游景区的经营权绝大部分控制在景区所有者——景区管理机构手中，少部分控制在合资公司手中。景区旅游资源的保护权主要控制在景区管理机构手中，景区经营企业主要负责旅游资源开发，但同时在资源开发过程中有保护资源的责任，是一个所有权与经营权、开发权与保护权部分分离的，采取市场化经营的开发管理模式。

实践篇(之一)

国内外海岛旅游业发展概况

3 世界海岛旅游发展研究与实践

海岛一直被认为是有别于陆地的具有神秘未知色彩的旅游目的地。现代海岛旅游从 18 世纪起源至今，已经历了几百年的发展历史，与日俱增的空中交通工具和海上交通工具使得海岛的可达性越来越高，人们对海岛休闲旅游的向往越来越强烈。随着有关海岛旅游相关研究的深化，从关注海岛旅游的环境影响到提出具体的环境保护措施，从海岛旅游的经济影响到海岛的经济发展和管理模式，不仅研究主题越来越细致，而且指导海岛旅游发展实践也越来越具体、有效。

3.1 世界海岛旅游相关研究

3.1.1 世界海岛旅游影响研究

3.1.1.1 海岛旅游的经济影响研究

大多数海岛都远离大陆，昂贵的交通费用使它们在国内消费市场和国际进出口领域都不占优势，在此条件下海岛旅游产业发展就起到了重要作用，特别是对于地理位置优越、气候环境舒适的海岛旅游成为了增加国家或地区外汇收入的重要来源。Riaz Shareef 研究了安提瓜岛、巴哈马群岛等 20 个岛屿旅游经济的特征，认为岛屿国家或地区的经济都具有相似性，最主要的特征是人口规模较小，生产水平较低。Scheyvens 和 Momsen 对世界典型小岛国家旅游发展的经济贡献度进行研究，发现旅游业是岛屿地区重要的经济发展支柱和外汇收入来源。同样，Briguglio 对马耳他和 Durbarry 对海岛旅游的经济贡献研究，Orflia – Sintes 对西班牙旅游经济贡献度的研究都得出了类似的结论。同时，还有对旅游业与其他产业之间相互关系的研究，Schittone 研究佛罗里达 Key West 和 Stock Island 旅游和渔业的空间竞争关系，发现由于垄断集团干涉和政府偏好，增强旅游业的市场竞争力，导致渔业从 Key West 向 Stock Island 转移。虽然这种竞争带有一定的不公平因素，但更有利于海岛的可持续发展。

3.1.1.2 海岛旅游的环境影响研究

自然环境是吸引海岛游客观光休闲的重要资源，清澈的海水、湛蓝的天空、金黄的沙滩、舒适的气候都能为游客的旅游体验满意度加分。同时，欣赏幽美的山景小屋、进行刺激的海上运动等都是环境可以赋予当地旅游的相关活动。而旅游作为一种经济活动，又会对海岛环境造成广泛影响，很多海岛旅游目的地获得的经济利益都被当地旅游环境破坏造成的损失所抵消，所以海岛旅游与环境相互间的关系研究越来越成为学者关注的焦点。起初对于这类研究较多学者是从定性的角度进行分析，因为他们认为环境中的影响因素是很难进行测量的，但近年来，随着研究的深入和精细化，学者们开始尝试用定量的手段去测量海岛旅游对环境影响的程度。Goessling 使用生态足迹分析法(EFA)评估了塞舌尔岛旅游产业的可持续发展，将研究要素集中在能源用地、建筑用地、食物和纤维消费和总体生态影响上，第一次将这种定量方法延伸至旅游目的地可持续发展研究中，提出要改善生态可以通过延长游客在同一地方旅行的时间或提高旅游的费用支出。Patterson 通过生态效益分析法对新西兰的旅游进行分析，研究每消耗一单位的环境能相应产生的经济效益，这些环境因素包括水资源消耗、土地消耗、能源消耗、废水排放、硝酸盐排放、磷排放、生物需氧量排放以及二氧化碳排放等。Nae - Wen Kuo 和 Pei - Hun Chen 以台湾澎湖列岛为例，运用生命周期研究法(LCA)研究能源使用、二氧化碳排放对当地海岛旅游环境的影响，得出每天每一位旅游者对当地环境造成的影响要大于本地居民对当地环境的影响。

3.1.1.3 海岛旅游的社会影响研究

海岛居民外迁成本较高，很少有人员的大量流动，所以在相对封闭的环境下形成了他们特有的岛屿文化环境和社会环境。大部分早期的旅游业文献均强调旅游业的经济和自然影响，却较少关注其产生的社会影响，但旅游因其高度的社会互动性，会对小岛屿社群产生广泛的社会影响。Gursoy 和 Rutherford 基于建构和社会交换理论，利用结构等模型来建立和检验新的理论支持模型，其研究发现具有更高表达意愿的居民可能更认可旅游的经济与社会双重有利性。有学者对海岛旅游业社会负荷能力进行研究，旅游地的社会负荷能力是指当地居民所能容忍的由当地社会所决定的最多游客数量。Marzetti 和 Mosetti 所进行的研究表明，当地居民的社会负荷能力要低于游客的社会负荷能力。还有学者研究影响力指数——(过夜数/人口数量 ×365) ×1000，表示每 1000 个当地永久居民所对应的游客数量，这一指数越高，便表明发展旅游业对当地居民的传统活动和文化造成的社会影响就越大。由于资源和利益分配的冲突，加上政府在制定旅游规划时没有充分考虑到社群的参与度，当地居民可能会对旅游业产生敌意情绪。Sonya Graci 和 Rechel Dodds 研究了洪都拉斯康肯纳群岛的旅游业发展，该地区的土著居民是加里富纳人，传统上依靠渔业为生，但为发展生态旅游，基金会对捕鱼进行了限制，这种缺乏对岛上当地社区考虑的做法造成了社区与基金会之间的不信任和不合作，也导致社区对当地旅游业的参与度不强。只有当地居民参与到旅游业的发展过程中并从中获利，才能实现旅游发展的社会可持续性。

3.1.2 世界海岛旅游开发研究

3.1.2.1 海岛旅游资源评价研究

海岛旅游资源包括当地的海水、沙滩、湿地、森林、珊瑚礁、动植物群以及娱乐设施等，旅游资源评价始终是海岛旅游资源研究的一个热点。目前资源评价已由过去单因子评价向综合因子评价发展，较多考虑了社会经济和文化等因素，致力于建立一系列的评价指标体系和模型。Williams 选择了自然、生物、人类利用与影响三类共 50 个因子，对美国和土耳其等国 265 个海滨(岛)旅游地进行了评价，该评价体系角度较全，但对自然和生物类因子考虑相对较少，分类也较混乱。Morgan 则选择海岛开发程度、自然、生物、人文四类共 50 个评价因子，对海岛的安全性、气候适宜性和风景美学质量进行评估，这种评估方法能够为游客提供较多的海岛旅游信息。近几年，学者们还广泛运用条件评估法(CVM)来评估海岛旅游资源的经济价值，该方法是直接调查人们愿意花多少钱来购买特定的环境服务，或者直接调查如果让其放弃某项特定的环境服务需要收取多少钱。Sukpil 通过条件评估法对座间味岛进行研究，结果显示，座间味岛游客愿意每次旅游支付 100 美元用于保护当地的沙滩和环境。联合国环境规划署(United Nations Environmental Programme)同样通过使用条件评估法对冲绳岛上的珊瑚礁价值进行了估算，结果显示，每平方千米珊瑚礁的年总价值为 10 万～90 万美元。

3.1.2.2 海岛旅游产品开发研究

旅游产品是旅游发展最为核心的内容，是吸引旅游者到访目的地的真正原因，随着热带、亚热带海岛旅游业的进一步发展，旅游产品的开发也成为竞争的焦点。一个地区的旅游产品设计并非一成不变，需要基于目的地原有的资源禀赋，再结合旅游发展的条件和趋势不断开发创新。岛屿的大小和隔离性对于海岛旅游地的旅游结构具有重要影响，面积较大的海岛可能适合开发多种海岛旅游产品，面积较小的海岛进行旅游开发的选择性较少，只能根据海岛特色进行有针对性的旅游产品开发。马康纳认为旅游产品涉及寺庙、雕塑、历史人物、古建筑、文化遗址以及“泛迪斯尼化和博物馆化”的人造景观系统。Carolyn Strange 探讨了美国旧金山的恶魔监狱岛和南非罗宾海岛的黑色旅游，这些区域将监狱作为海岛旅游特色产品，开发成博物馆供游客参观展览。F M Diaz - Perez 根据游客的消费支出情况运用市场分割法将加纳利群岛旅游市场进行分割，确定每一块细分市场所对应的市场需求，按照市场需求和环境要求有针对性地设计旅游产品。

3.1.3 世界海岛旅游利益相关者研究

3.1.3.1 海岛旅游者

旅游客源市场是旅游业研究的热点之一，只有针对不同旅行者个性需要，生产出适销对路的旅游产品，才能够在激烈的旅游市场中居于不败之地。通过近几年对旅游业的研究发现，人们都更多地关注游客对旅游业发展的态度，法帝拉·伊斯梅尔和布莱恩·金等以马来西亚的停泊岛、热浪岛和兰卡威岛为例，研究了当地人、马来西亚游客、中国游客和英国游客对这三个岛屿的旅游业影响认知。结果表明，正面认知与经济繁荣的关系更为密切，负面认知与社会和环境的关系密切相关，游客们都表达了对旅游业增长导致当地物价上升的担忧、环境的污染以及饮酒、卖淫等敏感问题对当地文化的破坏。

3.1.3.2 海岛旅游地居民

旅游地居民的态度是影响海滨旅游能否永续发展的重要因素。居民对海岛旅游的认知存在差异，从而导致了他们对海岛旅游发展也持有不同的态度。学者已经做了大量有关当地居民对发展旅游业认识的研究，研究表明，旅游业的发展水平与当地居民对发展旅游业的积极性是呈负相关关系的，中下等发展水平的旅游业似乎对当地人更为有益。对岛屿的可持续发展而言，取得当地社群的信任很重要，人们对旅游业的负面认识常常与较大的游客密度、游客逗留时间和当地的土著居民情况有关，但如果在旅游开发过程中注重环境保护和生态的可持续发展，当地居民对发展旅游业所造成的影响的总体认识也会趋于积极的方向。E Aguilo 认为，在旅游开发中关注社区的发展，提高整个社区的环境，有助于展现良好的旅游形象，实现旅游业和当地经济的可持续发展。

3.1.3.3 海岛旅游地政府管理

通常在极度依赖旅游业作为经济来源的岛屿上，政府都扮演着重要的角色。大部分关于海岛旅游开发、发展与保护的文献中都会涉及当地政府管理决策的内容。Richter宣称，政府的重要角色就是提供旅游产业所需基础设施。Parks研究了隶属于澳大利亚塔斯马尼亚州的麦夸里岛自然保护区和世界遗产保护区的管理计划，政府根据麦夸里岛制订的管理计划将岛分为服务区、限制进入区和海洋区三大区域，以保护该岛屿的价值、协调和整合科研、监测和管理岛上的活动，确保安全并对突发事件做出及时响应。乔瓦尼·鲁杰里研究了地中海岛屿的旅游业发展水平，发现地中海许多岛屿在过去几十年一直处于旅游业增长期，但是增长却只集中在每年几段时间，造成这一现象的原因是这些岛屿太依赖于本地市场和国内市场，旅游产品过于单一，政府应该要制定政策将海岛度假和文化旅游相结合并发展国际市场，而不是单靠现有的国内市场来加快旅游业的发展。Danny O' Brien采用定性访谈与实地观察的方法，探索了印度尼西亚明打威群岛有关冲浪的旅游休闲管理能力，研究表明当地政府更广泛地参与管理对冲浪的发展、社会承载能力、职业培训和文化交流有直接的好处。

3.1.4 世界海岛旅游的可持续旅游研究

随着海岛旅游开发所引发的环境问题持续出现，海岛可持续发展问题近年来已逐步成为研究的焦点，包括对海岛生态环境、本土文化、海洋资源、经济水平等多方面的研究。海岛旅游发展有其生命周期，不加以克制、规划而放任自流的发展流程会加速旅游业生命周期的完结。Abeyratne RIR认为，小岛地区必须充分考虑旅游开发带来的经济、社会文化和环境生态的影响，以及区域合作、海洋科技应用等诸多问题，保证旅游业的适度开发和可持续发展。Anguera，Ayuso等学者认为，运用可持续发展理念、通过提高可持续发展水平来改善公众形象的海岛旅游目的地会吸引到绿色消费者和有社会意识的投资者，延长和拓宽旅游发展的时间和空间性。在海岛旅游热中，很多学者对旅游引起的生态破坏、土地扩张、利益冲突等问题进行了冷静思考。西班牙巴利阿里群岛通过制定控制旅游发展的"POOT"政策(制定量化指标体系，划分保护区、旅游区、预留区等)，以期建立可持续发展的管理体系。M kent，R Newnham，S Essex研究了马略卡岛旅游可持续发展问题，指出水资源在环境的稳定性和旅游的可持续性上起着重要的作用。Nancy Swanger采用扎根理论的方法研究了三个太平洋岛国的旅游政策方向以及建立一套被称为旅游参与一致性的理论，强调可持续发展。

3.2 世界海岛旅游发展概况

根据2007年世界贸易组织的数据报告显示，旅游已经成为全世界最大的产业，总产出超过7万亿美元，就业人数达到2亿人。根据联合国世界旅游组织常务副秘书长戴维·德·威勒斯(David de Villiers)博士在联合国小岛发展问题会议上所述："旅游业已经成为许多小岛屿的主要经济活动，而且是小岛屿发展战略中首要考虑的因素，它们的经济增长均从旅游业发展中受益匪浅。"

3.2.1 世界海岛旅游空间分布和资源评价

地球表面积约为5.1×10^8平方千米，其中海洋面积约为3.61×10^8平方千米，占71.8%。由于世界各国统计标准、方法不同，所统计的数目也就不同，从已统计的情况看，在这茫茫的海洋中，散布着大大小小20多万个岛屿，总面积约996万平方千米，岛屿最多的国家是挪威，其次是印度尼西亚，海岛数目在一千个以上的国家还有菲律宾、中国、芬兰、英国、古巴等。从世界海岛旅游分布情况看，世界上著名的海岛旅游胜地主要分布在热带、亚热带等区域：地中海沿岸，如西班牙巴利阿里群岛、马耳他岛等；加勒比海地区，如墨西哥坎昆、巴哈马群岛等；太平洋区域，如美国夏威夷群岛、澳大利亚大堡礁等；东南亚岛屿，如新加坡、普吉岛、巴厘岛等。

3.2.1.1 地中海沿岸

地中海沿岸是西方文明的发祥地，也是世界经济发达的地区，这里的气候类型大部分为地中海气候，冬季温湿多雨，夏季晴朗干燥，发展旅游业优势明显，再加上旅游资源丰富、交通完善、文化历史悠久，很早就成为了世界著名的旅游胜地。地中海地区大多数国家都有可供旅游开发的海滩，众多的岛屿主要集中在爱琴海，西班牙的巴利阿里群岛、法国的科西嘉岛、希腊的罗得岛和克里特岛以及马耳他岛和塞浦路斯岛拥有丰富的自然和历史文化旅游资源，都已发展成为世界著名的海岛旅游目的地(表3-1)。

该地区是世界旅游"3S"产品(阳光、海水、沙滩)的发源地，旅游业发展的首要特征是以国际休闲旅游度假为主，国外游客在诸多海岛游客中占大部分比例，例如西班牙的巴利阿里群岛，国外游客总量占游客总量的78.4%，比重较大。游客在巴利阿里群岛的平均逗留时间在10天左右，休闲特征明显，在地中海的阳光沙滩

表 3-1　地中海主要国家海岛分布及旅游资源

国家或地区	主要旅游岛屿	旅游资源
意大利	西西里岛、撒丁岛、卡普里岛、普罗奇达岛、厄尔巴岛	海滨海岛资源、火山资源、奇异景观、宗教
希腊	克里特岛、米克诺斯岛、圣托里尼岛、卡美尼岛、罗得岛	文化资源、神话传说、历史建筑
巴利阿里群岛	马略卡岛、梅诺卡岛、伊维萨岛	海岸资源、历史建筑
加那利群岛	大加纳利岛、拉帕尔马岛、特内里费岛、耶罗岛、兰萨罗特岛	国家公园、潜水、海滨度假、自然景色
法国	科西嘉岛	名人文化、高山雪景、海滨度假
马耳他	马耳他岛、戈佐岛、科米诺岛、菲尔夫拉岛	神庙遗址、现代建筑
塞浦路斯	塞浦路斯岛	自然风光、文化历史

中享受闲暇时光。其次，航海旅游是地中海地区海岛旅游的主打旅游产品，包括游艇、帆船、邮轮等航海活动。欧洲人的航海知识和航海技术主要发源于地中海地区，航海历史久远，在地中海的旅游岛屿上随处可见林立的帆船，如织的游艇，这里也是国际邮轮旅游的重要目的地之一，航海旅游发展十分迅速。最后，地中海地区依托其悠久的历史和丰富的文化，发展文化旅游，西班牙共有43处历史古迹被联合国教科文组织列入“世界遗产名录”，西班牙的科西嘉岛是拿破仑的故乡，塞浦路斯岛是传说中爱神维纳斯的诞生地，希腊也打“文化牌”，雅典卫城博物馆、国家考古博物馆等是旅游者青睐的去处，这些都在吸引越来越多的国内外游客前来“访古”。

3.2.1.2　加勒比海地区

加勒比海位于大西洋西海岸的大小安的列斯群岛、南美大陆和中美洲之间，我们一般将大安的列斯群岛以北的巴哈马群岛以及孤悬美国东部的大西洋中的百慕大群岛都归属这一旅游地区。加勒比海沿岸旅游业繁荣发达，虽然都是一些小的海岛，但业绩斐然，28个国家中有16个国家的最大外汇收入来源都是旅游业。著名的海岛有墨西哥的坎昆、巴哈马群岛、百慕大群岛、格林纳达岛、波多黎各群岛等（表3-2）。

表 3－2　加勒比海主要国家海岛分布及旅游资源

国家或地区	主要旅游岛屿	旅游资源
美国	美属维尔京群岛、圣胡安岛、南塔克特岛、海峡群岛	动物观察、滨海度假、钟乳石探险
英国	百慕大群岛、英属维尔京群岛、开曼群岛	神秘探险、温泉地热资源、火山岩溶、珊瑚礁
墨西哥	坎昆岛、女人岛、娃娃岛	滨海度假、自然景色、历史建筑
巴哈马群岛	安德罗斯岛、伊鲁萨拉岛、大巴哈马岛、海港岛、拿骚、天堂岛	珊瑚礁、海岸资源、动物观察、海底潜水
格林纳达	格林纳达岛	滨海度假、海上活动
巴巴多斯	巴巴多斯岛	宗教建筑、历史遗址
圣基茨和尼维斯	圣基茨岛、尼维斯岛	国家公园、自然景色
牙买加	牙买加岛	历史建筑、滨海度假

该区与地中海地区相比，人文资源较为逊色，但自然资源稍胜一筹，热带海洋风情别具一格，美丽的珊瑚礁、漫长的海岸线、壮丽的地貌景观和未被污染的天然秀丽风光都为海上游乐和度假休闲提供了宝贵资源。百慕大群岛是著名的旅游胜地，不仅因为它怡人的风光、新鲜的水果和中世纪的古堡教堂，也是因为百慕大三角在历史上发生的种种奇异事件为它披上了神秘的色彩，引发了游客对这片区域的探知。墨西哥坎昆也是加勒比地区的旅游目的地代表之一，它是一个长 21 千米、宽仅 400 米的美丽的蛇形岛屿，三面环海或湖，风光旖旎，长 20 千米的白沙滩上，细沙由珊瑚风化而成，柔如毯，白如玉，分别冠以“白沙滩”“珍珠滩”“海龟滩”“龙虾滩”等名称。海滩上设有玛雅式凉亭和小屋，岛上有玛雅文化的圣米盖里托古迹废墟，距坎昆 130 千米还有一处反映玛雅人文化的图伦遗址，是墨西哥迄今保存得最好的一座玛雅和托尔特人的古城。巴拉德罗海滩是古巴最著名的海滨旅游胜地，沙滩平缓连绵，海水绿中带蓝，骄阳伴着微风，融大海、沙滩、阳光、蓝色为一体，令游客陶醉。

3.2.1.3　太平洋区域

太平洋地区幅员辽阔，是世界上珊瑚礁分布最多、最广、最美的地区。各群岛、岛屿之间相隔也很远，生态环境良好。澳大利亚的海岛旅游在世界旅游市场份额中占据较大的比例，这主要归功于世界七大天然奇景之一的大堡礁和邻近岛屿对全球各地游客的魅力和吸引力。闻名世界的自然奇观——大堡礁，可以海中观景，欣赏五彩斑斓的鱼儿和珊瑚，澳大利亚还有长达32千米的海岸地带，游客在沙滩边享受阳光、滑翔冲浪、品尝美食。夏威夷气候适宜，夏无酷暑，冬如仲春，降雨量丰富，阳光充足。优美的海湾、起伏的青山，组成一幅幅层次分明、景色秀丽的画卷，一年四季都可开展各种海上运动。风靡世界的草裙舞是夏威夷的传统舞蹈，极富热带海岛特色。斐济凭借丰富的旅游资源和便利的交通条件，自独立后就大力发展旅游业，历经40多年的发展，已成为大洋洲区域重要的旅游中心地(表3-3)。

表3-3　太平洋区域主要国家海岛分布及旅游资源

国家或地区	主要旅游岛屿	旅游资源
澳大利亚	大堡礁、豪勋爵群岛	珊瑚礁、潜水、徒步登山
美国	关岛、塞班岛，天宁岛	滨海度假、宗教建筑、主题公园
夏威夷群岛	夏威夷岛、毛伊岛、瓦胡岛、考爱岛、莫洛凯岛	自然景色、海上运动、国家公园、民俗特色
巴布亚新几内亚	俾斯麦群岛、布干维尔岛	自然景色、本地民俗文化
法国	法属波利尼西亚(大溪地)	海上活动、滨海度假、民俗文化
帕劳	巴伯尔图阿普岛、科罗尔岛、佩莱利乌岛、昂奥尔岛	潜水、滨海度假
汤加	汤加塔布岛	宗教建筑、自然景色
斐济	维提岛、瓦努阿岛	海上活动、蜜月游、民俗特色

但该地区的大部分岛国属于世界上较不发达地区，受资金短缺影响，大部分国家的基础设施相对落后，在一定程度上制约了岛国旅游业的发展。在2013年的太平洋能源峰会上，欧盟代表在会上表示，将向最偏远、最不发达的太平洋小岛国提供1000万欧元的资金援助。可见，虽然该区域的旅游资源较为丰富，但各岛屿之间发展还相当不平衡，差距较大。

3.2.1.4　东南亚岛屿

东南亚地区发展海岛旅游优势明显，星罗棋布的海岛、曲折的海岸线、优质的沙滩、壮丽的火山景观和多彩的民族风情吸引越来越多的游客。泰国、马来西亚、新加坡、印度尼西亚、菲律宾等都是典型的沿海国家或岛国，著名的海岛包括泰国的普吉岛、苏梅岛、芭提雅，马来西亚的兰卡威、热浪岛、沙巴岛，印度尼西亚的民丹岛、巴厘岛、龙目岛，菲律宾的长滩岛、宿务岛，新加坡的圣淘沙岛等(表3-4)。巴厘岛位于素有“千岛之国”之称的印度尼西亚，气候温和多雨，四季绿水青山，万花灿烂，有"花之岛"之称。巴厘岛的古典舞蹈典雅多姿，狮子舞与剑舞最具代表性。巴厘岛的雕刻(木雕、石雕)、绘画和手工艺品也以精湛的技艺、独特的风格闻名遐迩，因此，巴厘岛亦有"诗之岛""东方的希腊"的美称。马尔代夫是个群岛国家，由1000多个珊瑚岛屿组成。在200多个可住人的小岛中，近一半被开发为度假海岛，每一个小岛就是一家度假酒店。就连国际机场也在一个岛上，从机场到任何地方都要坐游艇或者水上飞机，被称为"印度洋中的翡翠"。

表3-4　东南亚区域主要国家海岛分布及旅游资源

国家或地区	主要旅游岛屿	旅游资源
印度尼西亚	巴厘岛、民丹岛、龙目岛	滨海度假、火山景观、本地民俗文化
新加坡	圣淘沙岛	主题公园、娱乐购物
泰国	龟岛、苏梅岛、普吉岛	滨海度假、佛教建筑
菲律宾	巴拉望岛、薄荷岛、爱妮岛、长滩岛	国家公园、珊瑚暗礁、碧水蓝天、潜水
马来西亚	兰卡威岛、热浪岛、停泊岛、幸福岛、海龟岛	自然景色、本地民俗文化
斯里兰卡	斯里兰卡	海上活动、滨海度假、民俗文化
马尔代夫	马尔代夫群岛	蜜月度假、海上活动

3.2.2　世界各区域海岛旅游发展状况

海洋旅游、海洋石油与海洋工程是21世纪海洋经济发展的三大新兴产业，而海岛旅游又是海洋旅游的重要组成部分，有别于传统的山水游、古迹游、风光民俗游等旅游项目，海岛旅游发展速度极为迅猛，对整个世界的影响十分重大。纵观全球的旅游业增长形势，我们会发现以旅游为特色的海岛旅游数量正在不断增加。从2005—2009年全球54个小岛屿国家及部分国家小岛屿海岛旅游统计来看，全球平均海岛旅游人数约8000万人次，约占全球旅游人数的8%，呈现较快发展态势(表3-5)。祖拜尔研究提出，在过去的20年里，以海岛为旅游目的地的旅游人数不断增长，该增长率超过了全球旅游人数的增长率。海岛旅游业对经济的贡献极大，世界银行最近的数据表明：世界上最依赖旅游业，且旅游收入占国内生产总值比重最高的10个国家中，除克罗地亚外，其余9个全部是小岛发展中国家，旅游业已经成为很多小岛国家的经济支柱。

表 3－5 小岛屿国家旅游业发展现状（2014）

国家	国家游客人数（万人）	旅游业收入（百万美元）	全球旅游竞争力排名	旅游业对 GDP 贡献排名
泰国	2489.9	72 201.9	35	38
巴巴多斯	53.6	1685.1	46	15
印度尼西亚	993.8	79 863.8	50	94
塞舌尔	22.9	767.0	54	7
波多黎各	341.0	7418.2	55	120
毛里求斯	104.8	3261.1	56	24
特立尼达拉岛和多巴哥岛	47.8	2032.5	69	106
菲律宾	486.1	31 782.1	74	69
牙买加	216.7	3857.7	76	22
佛得角	49.7	818.8	86	11
海地	40.3	856.5	133	90
英属维尔京群岛	43.3	824.4	—	3
马尔代夫	121.9	1928.7	—	4
巴哈马	152.6	3783.9	—	10
斐济	69.2	1567.4	—	14
美属维尔京群岛	60.1	1353.9	—	18
开曼群岛	39.6	1002.5	—	20
格林纳达	13.1	197.0	—	26
圣文森特和格林纳丁斯群岛	7.5	143.8	—	36
汤加	4.9	79.9	—	42
巴布亚新几内亚岛	17.2	340.1	—	184

资料来源：《世界海岛旅游发展报告（2015）》。

3.2.2.1 加勒比海区域

从世界海岛的发展历史看，加勒比海地区是海岛旅游发展较早的区域，也是世界热带、亚热带海滨旅游兴起的标志。2015 年，加勒比海地区的旅游总人数为 2360 万人，直接或间接从事旅游行业的人数达到了 2 255 000 个，占总就业人数的 13.3%。旅游业对 GDP 的直接贡献从 1988 年的 4.1 亿美元增长到了 16.8 亿美元，占 GDP 总量的 4.7%。在一些岛屿，例如安提瓜和巴布达岛、巴哈马群岛、圣卢西亚岛的旅游收入不断上涨。英属维尔京群岛旅游业的收入占 GDP 的 95%，依赖度极高，旅游业对 GDP 贡献排名中位列第三，这表明了旅游业对海岛经济发展的重要性。2015 年，巴哈马群岛的旅游人数达到了 150 万人，直接从事旅游行业人数有 55 700 人，占当地人口总数的 16%，国际游客在境内的消费达 2.5 亿美元，旅游业对 GDP 贡献为 1.8 亿美元，占 GDP 总量的 20.9%。根据世界旅游及旅行理事会(WTTC)统计，牙买加、巴巴多斯等岛屿的旅游业收入均高于出口收入，牙买加的旅游人数在 2015 年达到了 210 万，对 GDP 的贡献为 145.5 亿元，占 GDP 总量的 8.9%。百慕大群岛的旅游人数是当地居民人数的 3.5 倍，旅游和旅行行业直接或间接提供 5900 个工作岗位，占岗位总量的 17.4%。

3.2.2.2 南太平洋区域

南太平洋地区的海域面积占地球总面积的 1/6，旅游业是多数南太平洋岛国的支柱产业，在其社会经济发展中具有不容忽视的地位和政治延伸意义。越来越多的海岛特别是小型岛屿的经济发展也开始与旅游业产生密切的联系，以弥补其缺少自然资源、国内市场以及工业技术来进行出口贸易的短板。据南太平洋旅游组织(SPTO)统计，2013 年，南太平洋岛国接待国际旅游组织约 170 万人次，旅游收入 25 亿美元，年增长率约 6%。其中，斐济接待游客 60 万人次，约占南太平洋岛国接待游客总量的 35%，斐济旅游收入约 10 亿美元，占南太平洋岛国旅游总收入的 40%。澳大利亚在 2013 年旅游业的收入也达到了 37 亿美元，占 GDP 总量的 2.4%，旅游业为当地提供了 505 000 个工作岗位，占岗位总量的 4.3%。

3.2.2.3 地中海地区

地中海地区是世界上海岛旅游发展最早也是最发达的地区之一，众多岛屿都拥有丰富的自然资源和人文资源，每年的游客人数约 2.2 亿人次，例如马耳他岛、塞浦路斯岛、希腊圣托里尼岛、西班牙巴利阿里群岛等，都已经成为世界著名的海岛旅游目的地，旅游经济发达。西班牙旅游业居世界前列，2015 年西班牙旅游业对 GDP 的直接贡献为 62.1 亿欧元，占 GDP 的总量的 5.8%，其中入境游客 90% 集中在加泰罗尼亚、巴利阿里群岛、加那利群岛、安达卢西亚、瓦伦西亚和马德里。在巴利阿里群岛旅游业是其主要经济支柱，每年能接待游客 1300 多万人，旅游收入占 80% 以上，国际游客主要来自德国、英国、法国和意大利。希腊

2015 年旅游业收入为 13.3 亿欧元，占 GDP 总量的 7.6%，从事旅游业的人数有 401 000 人，占雇佣总量的 11.3%。希腊爱琴群岛是欧洲最大的岛屿复合体，也是地中海最重要的海岛旅游地之一，旅游业占海岛当地生产总值的比重为 50%～90%。马耳他国家统计局数据显示，2007 年共有 124.35 万名游客访问马耳他，旅游收入占 GDP 的比重达 23%。WTTC 统计数据显示，2014 年塞浦路斯旅游业收入占 GDP 的比重达到了 27.5%。

3.2.2.4 东南亚区域

东南亚区域的旅游业历经了起步、发展、调整阶段，从 2008 年以来，东南亚旅游业经过调整逐渐恢复，并出现新兴的海岛旅游地。2015 年，东南亚区域旅游业对 GDP 的直接贡献为 127 亿美元，与上年相比增长了 8.3%，旅游总人数 9990 万人，占 GDP 总量的 5%，旅游业提供了工作岗位 12 474 000 个，比上年增长 6.7%。游客在境内花费超过 100 亿美元，比 2014 年增加了 8.2%。根据 WTTC 统计，2014 年，泰国旅游业 GDP 达 72 亿美元，超过了采矿、教育、金融服务等领域，旅游业 GDP 已占到泰国 GDP 总量的 19.3%，并直接、间接地提供了 5 400 000 个工作岗位。新加坡旅游人数处于较稳定的状态，2015 年新加坡的游客人数为 1180 万人，与 2014 年相比增长幅度不高，旅游业对经济的直接贡献度为 13.9 亿美元，旅游业提供的直接和间接就业岗位是 310 300 个，占就业总人数的 8.5%，在全球竞争力排名中位列第 11。马来西亚旅游人数也达到 2550 万人，接近当地居民人数，但受马来西亚航空坠机等事件影响，旅游业对 GDP 的直接贡献从 2014 年的 17.2 亿美元下降到 2015 年的 13 亿美元，降低了 9.6%。

3.3 世界海岛旅游经济的影响因素

Pierce 提出旅游目的地有非常重要的五个影响因素，分别是吸引力、运输能力、住宿条件、配套设施和基础设施建设，吸引力让游客产生到此地一游的想法，交通服务水平帮助他们实现这一想法，住宿条件和配套服务设施能够使游客在旅游过程中有好的生活体验，延长他们停留的时间，而基础设施建设是实现以上四个方面的最基本保障。参照此，海岛旅游的影响因素概括起来可分为旅游资源、交通基础设施水平、配套服务设施建设和政府管理。

3.3.1 旅游资源

海岛旅游资源是指海岛及周边海域，所有能够吸引旅游者并激发其旅游动机，具备一定旅游价值，可以为旅游业开发利用，并能产生经济效益、社会效益和环境效益的物质和非物质因素。海岛旅游资源种类繁多，包括天然资源、人文历史资源、气候等，是各地旅游发展的基础性保证，也是吸引旅游者的原动力和首要条件。旅游资源类型和质量的高低往往表现出对旅游者的吸引强度，吸引力越强，旅游经济价值越大，对区域旅游业发展的贡献也就越高。海岛旅游资源往往跟海岛的地理空间位置有较大的关联，主要体现在气候、景观上，一般而言，地处热带或亚热带等低纬度暖水海域的岛屿旅游资源质量及游客吸引力普遍要高于处在温带或寒带高纬度冷水海域的岛屿，如东南亚、加勒比海及地中海地区，而寒冷的北方岛屿居民稀缺，旅游活动较为单一，如世界最大的格陵兰岛每年的游客数量只有3万人次左右。

3.3.2 基础设施

与海岛最密切相关的一个问题就是当地的基础设施建设是否完善。而基础设施中最重要的是交通建设，它是衡量旅游目的地可进入性基本指标，更是影响海岛旅游目的地经济发展的基础要素。交通基础设施建设包括陆与岛之间路桥的通达性，岛与岛之间的岛际交通，岛内的公路水路交通等。路桥的通达性，增加了旅游进入的途径，使得海岛旅游产品更具有吸引力和收获性。公路网密度，反映了游客到达岛内不同旅游景区间的便捷度，岛际交通的通达度能丰富和拓展旅游市场和空间，延长游客的观光时间，让游客领略更为多样的海岛风景。同时，供水供电、园林绿化、卫生事业等基础设施建设对海岛而言也不容忽视，这些基础设施是当地居民和游客生活质量的重要保障。

3.3.3 服务设施

旅游业提供的许多服务都是资源密集型的，良好的服务是吸引旅游者的重要原因，是海岛旅游业发展的主要影响因素之一。旅游的服务设施包括餐饮、住宿、娱乐、购物、旅游信息服务等，让游客玩得开心、住得开心、买得开心是提高旅游目的地吸引力的重要方面。服务设施中，酒店是旅游经营活动必不可少的物质条件，酒店的规模、级别都直接决定了其接待能力、服务质量以及吸引力，需重点关注。

建设完善的旅游信息服务系统能提供给游客全方位的旅游信息，方便游客在旅游之前通过系统对旅游目的地的景点、酒店、购物中心有全面的认识和了解；在旅游过程中，依靠旅游服务咨询站点和网络服务为游客答疑解惑，充分提升游客对旅游目的地的好感度和信任度。

3.3.4 政府管理

规划和管理是政府职能，规划设计中应充分考虑单一岛屿的整体性及与其他海岛的关联性。很多海岛城市因政府自身意识的局限性，对旅游业缺乏合理有效的规划而走向衰落，因此也是影响海岛旅游业发展的重要因素之一。例如泰国的皮皮岛、加勒比海的圣基茨岛都是缺乏对旅游业长远的规划和对可持续发展的坚持，旅游业开发之初往往追逐经济效益，经济增长优先于社会和环境因素，忽略了整体把握。政府对海岛旅游业做整体开发旅游规划，让企业、居民、游客共同参与到海岛旅游政策管理制定中，并形成有效的实行计划机制，这对平衡利益相关方之间的利益，正确处理经济、社会、环境三方的关系影响重大。若不注重规划的重要性，让海岛快速地、毫无规划地发展，不仅影响海岛的自然环境，也影响海岛的社会环境和人文环境，最终影响海岛经济的发展。

3.4 世界海岛旅游发展的限制因素和挑战

3.4.1 世界海岛旅游发展的限制因素

3.4.1.1 生态的脆弱性

海岛生态系统一般都比较脆弱，任何对生态系统和自然环境的干扰活动都会对其保持相当长时期的平衡局面带来极为不利的负面影响。对于海岛而言，旅游对环境的影响和破坏主要来自三个方面：第一方面是旅行交通运输工具对环境的影响，海岛受制于岛屿的边缘性和交通的不便性对航空运输的依赖度较高，而航空运输是二氧化碳排放的重要源头，在旅途过程中因乘坐的航空工具消耗大量燃油以及排放过多的二氧化碳导致的环境问题已经引起了政府的关注，政府间气候变化专门委员会(IPCC)评估航空产业矿物能源的使用量已经占到全球总使用量的2%～3%，这其中80%的消耗来源于民用航空；第二方面是游客在当地的居住造成的环境影响，包括电量的使用、二氧化碳的排放、对水资源的需求、固体废弃物的排放、废水污水处理等方面，旅游活动开展较早的地中海和加勒比海等地如今的水污染问题已经相当严重，东南亚等海岛地区地下水过度抽取已引起海水倒灌，严重威胁海岛地表动植物生存环境；第三方面是在当地的活动造成的环境影响，大规模基础设施项目的建设，如小船停靠泊位、高尔夫球场、船只码头、度假区等，都已对海岸线产生了影响，并破坏脆弱的生态环境，例如滩涂的退化、树木的破坏、生物多样性的消失等。

3.4.1.2 交通的不便性

众所周知，凡属岛国，或者是那些国家版图内的岛屿，均较偏远，与大陆相距较远，群岛更是由一组大的岛屿或许多分散的小岛屿构成，它们必须依靠空中交通、海上交通等来保持与其他国家或地区之间的联系，或连接各岛之间的关系，对交通的依赖度极高。人们对海岛旅游充满兴趣的部分原因正是海岛地理形态上的褊狭和边缘，这种偏僻、遥远的疏离感给人心理上一定的空间。但地理形态上的偏远也是阻碍海岛旅游发展的重要原因，现在除了像特纳利夫岛和加拿大格兰岛这类较大的岛屿能够提供足够的交通运输服务体系外，一般性的岛屿都尚未建立成熟的对外对内交通网络机制，并且由于海岛交通的运输距离远，运输规模小，运输量不确定等原因，交通运输成本较高。在太平洋各岛屿中，距离是影响各岛屿地理、经济、社会形态发展的主要因素，大西洋的加那利群岛在登岛的游客中，有90%是通过旅行社特许经营的不定期航班抵达的，游客到达海岛后，再通过群岛上各岛屿间的岛内航班在各岛屿之间游玩，保证从主要客源地到海岛旅游目的地足够的交通可进入性对海岛的旅游业发展至关重要。

3.4.1.3 季节的波动性

季节的波动性是海岛旅游普遍存在的问题，海岛本身的地理特征和区位特征较易受季节变化的影响。有些地处热带、亚热带季风性气候的岛屿，夏天会受到台风、飓风、海啸等自然灾害的影响，2004年伊万飓风对格林纳达造成的损失相当于这个国家年度预算的10倍；春秋季又会受重症急性呼吸综合征(SARS)、禽流感、猪流感等季节性传染病爆发的影响，2015年韩国中东呼吸综合征(MERS)病毒导致前往济州岛的多班邮轮航线取消，游客为保证自身安全，往往会避开事故发生的高峰期。

而像马尔维纳斯、加拿大的纽纳武特、南极洲大陆和格陵兰岛等冷水海岛上，由于冬季海风较大，气候寒冷，大部分海上娱乐项目受气候影响均不能开展，吸引能力下降，只能吸引很少的高收入游客，而绝非大众群体。因此，纵观世界大部分海岛的旅游高峰季节均集中在每年的5—10月份，淡旺季明显，在旺季时客流量较大，导致岛上交通压力、住宿压力、餐饮压力都集中增大，出现“一票难求”“一车难求”“一床难求”的供不应求局面，降低游客海岛旅游的质量；而到了旅游淡季，住宿率急剧下降，床位空缺率升高，部分娱乐设施闲置，市场推广难度加大。

3.4.1.4 资源的短缺性

海岛环境封闭，岛上水资源、电力资源、土地资源、海岸内陆森林资源以及能源短缺。联合国世界旅游组织《关于小岛屿发展中国家旅游发展机遇与挑战》的报告中指出，淡水资源对小岛屿发展中国家旅游业发展至关重要，调查显示，游客人均淡水使用量相当于当地居民人均淡水使用量的3倍多。如西班牙的马略卡岛，地中海气候的季节性温暖和低降水量是其吸引游客的主要原因，但也引起了旅游高峰期淡水资源供应不足、海水入侵等问题。土地也是海岛地区较为缺少的资源，海岛可供开发的土地面积直接决定着一个海岛旅游地接待能力的大小。有些海岛在与其他旅游目的地竞争的过程中，建造了很多四星级、五星级酒店，虽然这可能让每个房间每晚带来更多的收益，但这些设施对土地面积的需求更大，消耗更多的水和能源。因此，随着海岛人口数量的增加以及旅游业发展所带来的外来游客的增加，资源不足制约海岛旅游业发展的问题将会更加突出。

3.4.2 世界海岛旅游发展的若干挑战

3.4.2.1 全球气候变化明显

气候变化已经成为21世纪可持续发展面临的最大挑战之一，对很多岛屿国家和地区产生影响。在太平洋岛国，受制于资金、人力资源、自然资源的有限性，小岛屿发展中国家成为气候变化影响最大的群体，水温变暖造成生态环境的破坏，海啸摧毁旅游基础设施。在亚南极群岛上，气温上升为外来物种加快生存和繁殖创造了条件，而外来物种一旦进入就会破坏当地岛屿原本的生态体系和环境，造成生态系统的紊乱，从而破坏海岛生态的完整性，危害岛上的生物景观资源，而某些海岛的生物景观是海岛旅游体验不可或缺的部分，一旦这些资源遭到破坏，将大大降低该海岛旅游的吸引力和观光能力。最近研究显示，由于全球气候变暖，大量珊瑚白化，冲绳岛上近1/3的珊瑚消失了，而且预计到2030年，岛上60%的珊瑚都将会消失。政府间气候变化专门委员会(IPCC)预测：至21世纪末期，全球海平面将平均升高0.19～0.58米，气温回暖导致海平面上升将对四周环水的海岛城市带来巨大的威胁，例如世界著名的海岛旅游目的地马尔代夫。伍德沃斯指出，在21世纪马尔代夫的海平面将大约上升50厘米，其80%的陆地面积海拔均低于1米，气温变暖使海水温度升高、海平面上升进而带来海岸侵蚀、土地流失、珊瑚白化等危害，甚至会淹没部分岛屿，因此气候变化对马尔代夫而言至关重要，此外，马尔代夫对旅游业的依赖程度较高，旅游业大约占当地国民生产总值比重的1/3，所以气候变化对当地海岛旅游的发展也起着决定性作用。为有效防止气候变暖，减少二氧化碳的排放量，很多国家实施了提高旅游运输成本的政策，削弱了海岛游客旅游的热情。

3.4.2.2　市场推广难度变大

由于海岛的自然和社会资源有限，与大陆比起来，更容易受到市场的影响，客源国及地区的经济波动会直接影响海岛旅游目的地的客源数量、消费水平和收入情况。当海岛旅游的市场客源结构过于单一时，需求的高弹性已成为一个问题，就会对当地的旅游业产生较大的风险。马来西亚拥有数百个岛屿，旅游业是马来西亚的第三大经济支柱、第二大外汇收入来源，但马来西亚主要的客源市场一直是东盟国家，其中新加坡是马来西亚最主要的国际客源国，约占马来西亚游客总量的60%，其次是日本及中国台湾地区，基本上都是周边国家的短途客源市场，市场集中化程度较高，给旅游业带来的经济作用较低，风险较大。泰国皮皮岛的游客主要来自美国和瑞典，本国游客则很少访问该岛。而日本冲绳岛的客源市场格局恰恰相反，95%的游客都来自日本大陆，消费者的行为、意识和习惯都极具相似性，短期、短途的旅游方式导致游客数量增长却没有带动旅游收入的增长，想要争取市场多样化却受制于交通网络、酒店网络的限制，市场推广和拓展遇到瓶颈。

3.4.2.3　经济变化敏感性增强

世界海岛旅游与世界经济具有较强的相关性，即世界经济增长率上升或下降，必然引起海岛旅游增长也发生相应的变化趋势。海岛的经济利益过度依赖于客源国及地区的经济状况，且有些海岛的客源市场单一，旅游模式僵化，一旦游客来源国的经济产生波动，就会相应地影响海岛旅游目的地的游客数量。自 2007 年以来，美国次贷危机引发的全球金融危机使世界经济增长率逐渐变缓，最终到 2009 年进入负增长。全球国际入境旅游人数和国际旅游收入增长率也从 2007 年以后开始下降，2009 年进入负增长，其增长率下降幅度超过了世界经济增长率的下降幅度，并且这种相关性和对经济变化的敏感性还在进一步增强，是海岛旅游发展的挑战因素之一。

3.4.2.4 文化兼容矛盾突显

岛屿的环境相对封闭，岛上居民有自己鲜明的岛屿文化环境和建筑特色，海岛与大陆思想意识并不合拍，例如马来西亚拥有数百个岛屿，岛上民众由马来族、华裔、土著族、印度族等不同的民族构成，宗教信仰众多，有伊斯兰教、佛教、道教、印度教、基督教和锡克教，文化较为多元。而进入岛屿的游客特别是国际游客与当地居民具有明显的文化差异。特别是在小型岛屿环境下，当地居民和游客之间必然会产生较为频繁的接触、互动和交流，游客与当地居民之间不同的文化会产生各种影响。一方面，岛屿的居民忠于自己的风俗习惯和文化建筑，当游客能够理解甚至融入当地文化时，对该海岛旅游目的地的印象和喜爱程度会更加深入，也会进一步影响游客旅行的认知、习惯和内容，巴厘岛就十分注重土著文化和未来文化的兼容。另一方面，大量游客涌入和停留时间延长会对当地居民产生负面影响，大众旅游过于僵化和单一的发展模式，对本土文化也是一种冲击，既要保持当地土著的文化特色，又要融入现代的文化元素，两者很难兼得。所以让游客接触到当地文化和风俗的活动，注重与当地人相处的经历，将外来文化与本地文化进行共存和融合也是海岛旅游发展的挑战之一。

3.5 世界海岛旅游业发展趋势

旅游业发展为海岛国家或地区带来的有利方面是增加了就业、拉动了经济发展、提升了知名度，不利方面在于生态系统遭到破坏、环境造成污染、文化遭受侵蚀。

3.5.1 海岛旅游热点转向亚太地区

到目前为止，世界上已经形成了地中海沿岸、加勒比海沿岸、大洋洲区域、东南亚区域四大著名海岛旅游区域，其中，地中海和加勒比海的旅游开发较早，旅游发展和管理都较为成熟。但近年来，世界海岛旅游的热点逐步由欧美转向亚太地区，东南亚许多海岛旅游发展迅速。这主要是由于发达经济体国家的经济增长速度趋缓，加上国际重大事件和特大自然灾害的影响，传统旅游发展区域的国际旅游特别是入境旅游增长速度呈现“低速增长”的发展态势。2000—2010 年，欧洲区域国际入境旅游增长率仅达到2.1%，美洲区域国际入境旅游人数增长率仅有1.6%。而亚太地区的繁荣稳定以及人们可支配收入的不断增加，使旅游增长速度不断提高，在2000—2010 年这 10 年中，亚太区域国际入境旅游人数比重从 16.8% 上升到 21.8%，提高了 5%，并超过美洲区域跃居全球国际入境旅游第二位。从 2011—2013 年国际各区域入境游人数和增长率看(表 3-6)，虽然亚太区域的入境游的增速有所放缓，但增长率依然保持在 6% 以上，游客人数占比也依旧保持在第二位。

表 3-6　2013 年全球及各区域国际入境旅游人数和增长率

各区域	2011 年			2012 年			2013 年		
	总人数（万人次）	增长率（%）	份额（%）	总人数（万人次）	增长率（%）	份额（%）	总人数（万人次）	增长率（%）	份额（%）
全世界	99 510	4.8	100	103540	4.0	100	108 740	5.0	100
发达经济体	53 000	4.8	53.3	55 100	4.0	53.2	58 000	5.3	53.3
新兴经济体	46 510	4.9	46.7	48 440	4.1	46.8	50 740	4.8	46.7
欧洲区域	51 610	6.4	51.9	53 390	3.4	51.5	56 280	5.4	51.8
亚太区域	21 860	6.6	21.9	23 360	6.8	22.6	24 770	6.0	22.8
美洲区域	15 600	3.6	15.7	16 300	4.5	15.8	16 890	3.6	15.5
非洲区域	4970	-0.5	5.0	5310	6.8	5.1	5610	5.6	5.1
中东区域	5470	-6.1	5.5	5180	-5.3	5.0	5190	0.2	4.8

资料来源：UNWTO. World Tourism Barometer, Volume 12, Madrid, Spain, January 2014.

3.5.2　大众海岛旅游模式消退

历史证明，大众旅游开发会带来各种严重影响，许多海岛都以近乎相同的“阳光、大海和沙滩”模式快速发展旅游业，这种模式是依赖于海岛最原始的资源来吸引游客，对季节的限制性较大，若不进行转型发掘，旅游资源的相似性会导致岛屿之间的竞争加剧，也会导致游客对这种模式产生审美疲劳，这种“吃老本”而不加强管理和走创新的道路，最终会导致对历史、环境、文化等方面的疏忽，带来资本的殆尽，使旅游目的地发展处于停滞阶段，所以海岛规划者现在都在努力脱离大众旅游典型的模式。地中海传统的大众海岛旅游地出现了一种反大众旅游的趋势，英国维尔京群岛、开曼群岛等海岛也通过发展其他营利性活动，来避免大众旅游和过度开发。毛里求斯政府通过重点建设四星级和五星级酒店，允许外商购买豪华别墅、建设游船码头和高尔夫球场等政策来开发“高尔夫旅游市场”“养生旅游市场”“会议会展旅游市场”等，重点关注高端旅游市场的开发和发展，采取多种政策摆脱“阳光、沙滩、海洋”这种典型的大众旅游模式。

3.5.3 生态海岛旅游兴起

海岛生态旅游发展不仅源自于环境保护主义，还受到成熟的海岛旅游地发展停滞与衰退的驱动。生态旅游是未来海岛旅游业的重要发展趋势，它与传统的旅游有所不同。一方面生态旅游是环境友好型旅游模式，以保护当地环境为前提，努力探寻确保游客不破坏自然环境、动植物种群的方法，最终达到可持续旅游发展；另一方面，生态旅游是满足少数游客规避大众，寻求小规模、教育性、个性化和独特的自然体验的需求，大多发生在偏远地区，而海岛本身就具有偏远性，这也赋予其天然的生态旅游开发优势。生态旅游的基础是高质量的自然生态环境与传统的文化遗产，其目的是地方经济发展的同时，维持旅游地自然生态环境与文化遗产的完整性。海岛生态旅游作为一类新兴的海岛旅游开发形式，吸引了一大批热爱自然、专注环保的新生代游客参与，对生态旅游产品开发、市场变化等领域不断关注，旅游生态标签认证在海岛旅游开发中引起重视。

3.6 世界著名海岛旅游发展成功经验

3.6.1 注重生态环境和容量

杰佛里·沃尔和辛西娅·赖特认为，旅游容量就是指一个地区在资源没有受到不可接受的破坏水平时所能维持的旅客水平。印尼巴厘杜阿岛、墨西哥坎昆等海岛旅游在制定旅游规划时，均有明确的旅游容量指标作为旅游地开发的基本依据。巴厘岛为了保证岛屿土著建筑的风格，规定岛内所有的建筑高度不得超过4层。普吉岛，曾经以锡矿开采作为当地发展的支柱产业，但为了促进旅游业的发展和对当地环境的保护，当地政府关闭了岛上所有的锡矿厂。印度尼西亚的吉利特拉旺岸岛开始征收生态税，以消除个人成本与社会成本之间的分歧。马尔代夫在进行旅游开发时始终将生态环境保护作为政府工作的一项重要日程，注重周边生态环境的保护。采用低建筑层、低密度开发、低容量利用、高绿化率的“三高一低”原则，尽可能避免对环境造成影响，同时也提高了游客欣赏自然的舒适感。夏威夷群岛也非常重视环境保护，注重引导“清洁”产业发展，重视金融服务产业，发展海洋科学，鼓励水产养殖等。

3.6.2 注重政府引导和科学规划

国外海岛旅游开发所取得的成功，与当地政府的支持和重视密不可分，国外国际旅游岛很多都由政府或政府代表机构出面，进行科学而详尽的规划，并且由政府提供启动资金搞好基础设施，待投资环境初步形成后，再将土地转让给投资者。新加坡把旅游作为国民经济的支柱产业，全国旅游促进会是政府的旅游咨询机构，由11个政府部门和行业团体组成，全面负责国家的旅游事业。旅游促进局是执行机构和行政管理部门，在全球各大城市都设有办事处。马尔代夫十分重视发展规划，每5年制定一次，任何海岛开发都必须遵循国家发展规划中提出的要求，以指引马尔代夫经济、社会和环境发展的方向。韩国济州岛的发展中，政府通过在区域选定、投资引导、税收和资本优惠上的政策牵头，完成战略转型。

3.6.3 注重多方利益的和谐

海岛旅游的利益相关者众多，包括政府、居民、游客、旅游运营商等，特别是游客和居民之间的主客关系和谐十分重要。发展旅游业可以给岛上居民带来许多利益，同时由于岛上空间狭小，资源有限，不适当的开发和游客的不当行为都会给当地的社会、环境、文化带来不良影响，激发游客和当地人的矛盾。很多成功岛屿在海岛旅游业发展中都十分注重公众的参与和多方利益的协调。加勒比海地区的坎昆政府在做景区规划过程中让技术人员深入调查研究，发动专家讨论，对重要建筑或基础设施的修建，除规划部门把关外，还要进行公民表决，听取公众的建议并满足绝大多数人的要求。西班牙马略卡岛卡尔维亚通过制定的“21世纪地方议程”旅游方案，主要参与机构包括理事会管理委员会、专家组、公民论坛、人民咨询，咨询结束后又展开家庭民意调查，让整个制作方案全程都有居民和游客的积极参与并提出意见，最终实施后使当地旅游业取得巨大成功。澳大利亚的布鲁尼岛和磁岛也是如此，通过节日庆典、话剧演出、艺术品展览、音乐会或运动会等，为岛上居民提供社交的机会，同时吸引游客，加强了主客之间的互动。

3.6.4 注重特色发展和营销宣传

传统的海岛旅游产品大多较为单一，但随着游客需求多样化的出现，在海岛旅游的发展过程中，我们要注意满足风格各异的品位需求，满足不同档次的消费需求，注重海岛旅游市场的多元化发展，注重海岛建设的个性化发展。海岛旅游建设和发展取得成功的国家或地区，往往紧跟旅游市场的变化需求，适时地开发出适销对路的旅游产品，这些产品具有地方性、民族性和独创性。夏威夷、马尔代夫、普吉岛的求婚蜜月度假游就是最好的例子之一，巴厘岛也发挥了自身除库塔海滩、努沙杜瓦海滩之外的吸引人的宗教文化特色，让游客们感受古老神圣的佛教与印度教文化。地中海伊德拉岛依山建造了密密麻麻的蓝白两色房子，构成了希腊民居的色彩，岛上用驴子做交通工具，适应起伏的地形、阶梯和狭窄的巷道，让游客恍若进入童话世界。同时，特色旅游产品还需要积极推广宣传，世界上很多著名的海岛旅游胜地都是通过精心策划和积极宣传为世人所知的，这其中政府起了核心的作用，一方面，政府会拨出专项资金，亲自做旅游宣传；另一方面，政府会组织和引导各旅游企业做广告宣传。在夏威夷，州旅游署每年都要投入2000万美元的促销费用，派遣专业团队在伦敦、东京、香港等国际大都市全方位宣传推广。2008年，马尔代夫提出了“马尔代夫——让生活充满阳光”的营销口号，马尔代夫政府及企业非常重视参加各国的旅游活动，将马尔代夫旅游业与文化推向国际市场。

专栏3－1　毛里求斯岛：成功从改变开始

1. 毛里求斯基本简介

毛里求斯由毛里求斯岛和其他小岛组成，面积2040平方千米，属亚热带海洋性气候，以自然景观闻名，美国作家马克·吐温在其个人游记作品《赤道漫游记》中提到："有人说上帝创造天堂之前先创造毛里求斯，而那个天堂其实是依照毛里求斯创造出来的。"16世纪以前，毛里求斯还是一座荒无人烟的孤岛，1507年，葡萄牙人踏上了毛里求斯的土地，但很显然他们对这个人迹罕至的地方并不感兴趣，很快就撤走了。直至1598年，荷兰人才开始殖民毛里求斯，至此，毛里求斯正式走进世界舞台。直至今日，早已自治的毛里求斯，已然成为了一个多国文化相融的岛国，首都路易港更被人称为"万国城"。

2. 毛里求斯旅游业发展历经阶段

毛里求斯的旅游发展经历了三个时期，从旅游目的地的生命周期看，分为探索、发展、巩固和停滞这几个阶段。第一发展时期为1980—1989年，毛里求斯以"阳光、沙滩、海洋"为主要的旅游发展特色，10年里，毛里求斯建起了越来越多的高级度假村，政府通过固定设备进口关税豁免、企业税收优惠、所得税减免等激励政策鼓励开发商进行酒店开发，到20世纪80年代中期，岛上的酒店入住率已达到80%，旅游业收入持续增长，服务业快速发展，实现了经济形态的多元化。第二发展阶段为1990—1999年，这一阶段的旅游发展进入了巩固期，酒店扩张率开始下降，1992年，酒店房间开始供过于求，尽管旅游业收入的同比增长率比较乐观，但游客数量的同比增长率很不稳定，游客真正意义上的消费也一直呈下降趋势。第三发展阶段为2000—2009年，这一阶段的旅游发展进入了停滞期，在长达6年的时间，毛里求斯的平均游客增长率低于4%，岛屿现有的旅游产品不能继续满足游客的需求，游客数量和旅游业收入的增长率很不稳定，旅游业发展正在逼近倒退阶段。

3. 毛里求斯旅游业发展经验借鉴

①改变旅游市场环境。旅游业在经过探索、发展和巩固阶段之后，出现了停滞甚至倒退状况，当地政府不得不重新审视旅游地的发展情况，采用市场集中化战略来逐步改变当前旅游发展出现的问题。市场集中化主要是指重视现存市场的营销宣传和政策激励，提高游客到访的便捷度、重复率、消费水平以及停留时间。毛里求斯的传统的游客来源主要来自欧洲国家，为了增加游客数量，当地政府发起了"无护

照旅游”的行动，主要针对的国家是法国和意大利，在2008年，毛里求斯允许法国人和意大利人可以不持护照来岛，所以，在2008年1—10月，来自法国市场的国际游客数量增加了10.5%，这一政策取得了一定效果。同时，毛里求斯政府也加大了对亚洲、大洋洲市场的广告促销和投入，多年来，毛里求斯和中国、印度等国越来越多良好的贸易合作也促进了旅游业的发展，来自亚洲和大洋洲游客数量的增长率慢慢高于来自欧洲市场的游客数量增长率。

②实现旅游产品多样化。毛里求斯开始将传统意义上“阳光、沙滩、海洋”模式向更多样化、高端化的经济可持续发展模式转变。这几年来，对于高端市场的重点开发，使越来越多的人了解到毛里求斯岛核心旅游产品和高档度假村的卓越品质。当地政府酒店发展应该把重心全部放在建设四星级和五星级酒店上，并制定综合度假村方案，外商在岛上购买地产，则其总投资不得低于50万美元，并允许购买豪华别墅的外商来建设游船码头和高尔夫球场。该方案促进了其他小众旅游市场，例如，“文化旅游市场”“高尔夫旅游市场”“探险旅游市场”“养生旅游市场”“医疗旅游市场”以及“会议会展旅游市场”的开发，摆脱了传统意义上的大众旅游模式，实现了旅游产品多样化的承诺。

③注重旅游可持续发展。毛里求斯的可持续发展主要体现在环境的可持续和社会的可持续，最终实现经济的可持续。由于无计划的城市扩张、大量的采砂工程、对岛上红树林的破坏以及海平面的不断上升，岛上有许多海滩度假村受到了威胁，当地的植物物种也濒临灭绝。2008年，毛里求斯发起了“永远的毛里求斯”政府计划来促进可持续发展，致力于实现自然资源的可持续发展，实现废物回收利用、能源高效利用和可再生资源的应用。在社会可持续发展方面，2006年，毛里求斯颁布了《旅游基金法规》，让酒店开发者资助旅游项目施工地的基础设施和其他有利于施工地居民生活的服务建设，从而降低能够直接从旅游业获益的人们和并不能经常享受到旅游业所带来福利的当地居民之间的不平等性。

总体来说，毛里求斯的旅游业发展取得了阶段性成功后进入停滞阶段时，政府通过放宽市场环境、丰富旅游产品、改变发展模式等诸多手段，引导企业、运营商、游客等旅游业参与主体改变行为和投资运作方向，最终实现毛里求斯经济的可持续增长。

专栏3－2 马耳他：融合与多元化发展

1. 马耳他的基本简介

欧洲马耳他共和国由马耳他岛、戈佐、科米诺和菲尔夫拉岛等五个小岛组成，其中最大的岛就是马耳他岛。自古以来，马耳他就是地中海的战略要地，一直被称为“地中海的心脏”，是典型的地中海式气候，年降雨量约500毫米，这种较少的降雨量使该地区常年阳光充足，特别是旱季可以让游客几乎每天都享受到热情的太阳、清澈的海水和美丽的沙滩。根据马耳他国家统计局的数据显示，在这个人口仅有40万的小国，2007年就有124万名游客到访，其成功的海岛旅游发展，有很多值得我们学习和探讨的地方。

2. 马耳他旅游地的风情面貌

①古城建筑。马耳他曾经陆续被多个民族占领，历经了500多年历史的古城瓦莱塔就是战争风云最好的见证。这座城市是16世纪中期时的首领为了抵御土耳其的再次入侵而建立的，正是这种战争背景下建立起的新城，在如今看来更有特色和韵味，淡黄色的城墙、古老的门楼、古旧的石头房子显得极具特色。同样，姆迪纳古城也走过了多年的岁月，这座古城最具特色的是鳞次栉比的阿拉伯风情建筑，还有马耳他最古老的教堂——圣保罗主教堂也坐落于此。此种古朴建筑让马耳他古风犹存，可以说马耳他岛的每个角落都有历史，这也成为吸引游客的重要资源。

②神庙遗址。从1902年至今，人们在马耳他已经发现了30多处巨石神庙的遗址。它们都用石灰石建成，有的琢磨光滑，有的雕琢粗糙，有的建筑物的墙上有粉饰，有的则精雕细刻，各具特色。这些神庙有的建造于石器时代，历史悠久，如哈加琴姆，有些保存得相当完好，如建造于4500年前的穆那德利亚庙宇，还有一些神秘莫测，如蒙娜亚德拉神庙。这些古老的神庙遗址为这个国家增添了神秘的色彩和历史的厚重感，让游客带着探寻的心情访问这些古迹。

③滨海风光。马耳他岛有一个名为斯维特哈文的童话村庄，人们亲切地称它为“大力水手村”，这就是大力水手真人版动画片的拍摄地，这个渔村背靠青山，面临大海，风光无限。在马耳他岛的西南部海域，有无数的断崖奇峰和水下岩洞，乘着游艇可以看到晶莹剔透的海水、清晰可见的珊瑚岩石、繁盛的水下植物，滨海风光无限。在科米诺等一些岛屿上，人们能欣赏到清澈见底的蓝绿色海水，可以在沙滩上沐浴阳光，玩水上活动，坐游艇帆船，欣赏美丽海景。

3. 马耳他旅游业发展经验借鉴

①注重配套的软硬环境建设。高效、直达、便捷是海岛休闲度假的首要条件，任何一个好去处，必须保证进得去，出得来，才有吸引力。马耳他作为一个岛国，对交通设施的建设十分重视，有效地建立了四通八达的交通运输网络。在海港方面，兴建了邮轮码头，靠码头时游客登陆观光旅游，邮轮经济已发展到十分成熟的阶段。在航空方面，马耳他与欧洲和北非主要城市有直达航班，特别是到欧洲的大多数城市只需几个小时，降低了游客的时间成本。另外，服务质量也是衡量一个地区旅游业竞争力的重要因素，马耳他政府在提高旅游服务质量上也大下工夫，从相关行业规范、从业人员培训、旅游投诉管理等方面着手，为游客创造一个温馨舒适的环境。

②注重文化与旅游的融合。马耳他岛上历史文物古迹众多并且遗产保护措施有效，岛上保留了史上腓尼基人、罗马人、拜占庭人、诺曼底人、法国人、英国人等文化遗迹，人们常常通过沿袭的节庆日举办各种具有浓郁文化特色的活动，将文化旅游发扬光大。例如每年 2 月 21—24 日前后举行的狂欢节，各种色彩夸张、装饰华丽的彩车，巨大的卡通人物，盛装打扮的孩子们都形成了街头亮丽的风景，这是民族文化的展示，已融入当地风俗、历史传说和文化传承。马耳他政府非常重视对文化遗产的保护，提高人们对保护文化遗产的认识，为了减少人为活动对文化遗产的破坏，政府还对各种工程都进行科学、严格的规划和论证，防止一些工程对文化遗产造成损害。

③注重市场的多元化发展。马耳他的旅游市场多元化主要表现在两个方面。第一是市场客源开发的多元化。马耳他在旅游业发展初期过分依赖英国客源市场，市场结构较为单一，存在着较高的风险。针对这一问题，政府制定了欧洲客源市场多元化的政策，在海外，主要是欧美国家，设立了 2 个办公室和 15 个代表机构，致力于吸引德国、意大利、法国和荷兰等欧洲国家的游客，用以市场客源多元化来稳定和增加其旅游业收入。第二是市场旅游产品开发的多元化。马耳他意识到依靠自然优势发展传统休闲度假游的竞争优势正在减弱，因此，在旅游品种的开发上，除了继续重视传统旅游市场的培育外，还确定了会议旅游、潜水和语言学习 3 个细分市场作为开发重点，这也使得市场结构更为丰富多样，有效地促进了马耳他海岛旅游业的二次腾飞。

4 中国海岛旅游业发展实践

中国旅游经济经过20多年的快速发展，已经成为国民经济的重要组成部分和主要增长极之一。海岛旅游作为一种魅力独特的专项旅游产品备受大众青睐，岛屿旅游活动渐次兴起，成为旅游产业中发展速度最快的业态。20世纪70年代末，中国开始大规模开发海岛旅游，上海横沙岛的度假旅游、海南岛的观光度假旅游、浙江舟山群岛的观光旅游以及沿海的一些小型岛屿都在积极地进行旅游开发建设。中国海岛旅游起步虽晚，但发展势头强劲，2014年全国旅游及相关产业增加值27 524亿元，其中滨海旅游全年实现增加值8882亿元，占比32.27%，这其中就有海岛旅游的独特贡献。

中国是世界上海岛最多的国家之一，四大海域有面积大于500平方米的岛屿约6900多个，岛群和列岛约50个，岛屿总面积72 800多平方千米，岛屿岸线长14 000千米，其中有人居住的岛屿约450个，仍有近94%的岛屿无人居住。按照成因分类，我国有如下四类海岛：①与大陆和大陆架的地质构造有直接关系的大陆基岩岛；②由入海河流的大量泥沙在河口附近不断淤积而成的冲积岛；③在热带海洋中，由腔肠动物珊瑚及其残骸堆积而成的珊瑚礁岛；④由海底火山喷发而形成的火山岛。我国的沿海岛屿以基岩岛为主，约占海岛总数的90%以上。我国沿海岸线曲折，岬湾交错，岛屿星罗棋布，且海域跨越温带、亚热带和热带，气候条件多种多样，具备发展海岛旅游的天然优势。海岛旅游是未来我国沿海地区尤其是海岛产业结构调整的重点战略选择，已经得到沿海各级地方政府的普遍重视，并已纳入地方海洋经济发展规划中。

4.1 中国海岛旅游业发展现状

4.1.1 中国海岛旅游业发展政策

海岛旅游作为海洋旅游的重要组成部分，其发展必然与国家海洋旅游政策的实施有着密切联系，可以说，国家海洋旅游政策是海岛旅游发展的重要政策依据，因此对于中国海岛旅游业政策的分析要从研究国家海洋旅游政策出发。随着改革开放力度的加大，海洋旅游开发的政策性支持逐渐增多，国家颁布了多部有关海洋旅游发展的纲领性文件，全力支持滨海旅游、海岛旅游、游艇旅游等海洋旅游产业多元化发展，为海洋旅游的健康发展保驾护航。

4.1.1.1 国家对海洋旅游的资源支持

海岛旅游是海洋旅游一个独特的地貌单元，有着广阔的发展空间。国家在《全国海洋经济发展规划纲要》(国发〔2003〕13 号)海岛及邻近海域板块中，就提出要发展海岛休闲、观光和生态特色旅游。同时，《关于为扩大内需促进经济平稳较快发展做好服务保障工作的通知》(国海发〔2008〕29 号)中也提出要加快推动以无居民海岛为主的海岛开发和建设，不仅要加强相关政策支持，还要发展特色经济。两份国家政策文件都明确了海岛旅游开发和发展的必要性和重要性。

《中华人民共和国海岛保护法》是最高立法机关首次为保护海岛生态系统而启动的国家层面的立法工作，这是对海岛地区社会、经济、生态等综合系统的保护法规。此外，国家还积极鼓励引进国际海洋旅游资源。2009 年交通运输部《关于外国籍邮轮在华特许开展多点挂靠业务的公告》的发布为海外邮轮在中国拓展了业务空间，有利于吸引更多的邮轮到中国港口靠泊。国家在《关于加快发展旅游业的意见》中指出要大力推进邮轮游艇旅游，把邮轮游艇、邮轮游艇旅游作为新消费热点来培育。邮轮旅游这一独具魅力的消费热点将会在未来引领海洋旅游发展潮流。

4.1.1.2 国家对海洋旅游的产业支持

改革开放以来，党中央、国务院先后批准在沿海地区设立一批经济特区、沿海开放城市和经济技术开发区，地方政府也纷纷筹建各类开发区、度假区等，国家不断赋予沿海地区一些特殊优惠的政策和灵活措施，使沿海地区形成了多层次、全方位的开放格局。海洋旅游产业在 1984 年国家提出旅游建设方针后得以全面发展。2002 年国务院批准并实施《全国海洋功能区划》、2003 年国务院印发《全国海洋经济发展规划纲要》，对合理发展海洋旅游提出了战略安排。2009 年“滨海度假”被确定为我国首批 12 条国家旅游线路之一，2010 年国务院《关于推进海南国际旅游岛建设发展的若干意见》正式出台，发展“国际旅游岛”，建设休闲度假基地，区域战略上升为国家战略。这是对全国其他海岛地区经济社会发展的一个极大鼓舞，凸显出国家对海岛地区政策的优化升级。可见，从中央到沿海地区各级政府都为海洋旅游发展提供了优越的发展环境和政策支持，在相关政策引领下，中国海洋旅游业将步入发展快车道，极具发展前景。

4.1.1.3 国家对海洋旅游的经济支持

作为海洋产业的重要经济支柱，长期以来国家对海洋旅游行业给予了大量经济支持，海洋旅游作为近几年流行的行业之一，其发展能极大地带动海洋经济和国民经济的发展。为了保证海洋旅游长远健康发展，国家进行了大量的经济投入。《全国海洋经济发展纲要》中明确阐述了发展海洋经济的原则和目标，包括突出重点、扩大并提高滨海旅游业等支柱产业的规模、质量和效益等。作为自然环境旅游类目，海洋旅游在发展过程中，尤其要注重资源的有效开发和可持续利用。《全国海洋经济发展纲要》中明确指出：在海洋经济发展过程中，要注重滨海资源和海洋文化等方面的建设，集中力量大力发展海洋旅游文化，但同时也要注重环境保护，只有走可持续发展的道路，才能保证海洋旅游的长久发展，推动我国社会主义现代化的建设；此外，还要进一步推动海岛旅游等远海旅游的发展，带动海岛经济的发展，促进其与外界的经济文化交流与合作。《关于金融支持旅游业加快发展的若干意见》(银发〔2012〕32 号)从旅游业宏观层面上，提出要抓住旅游业加快发展的战略机遇期，支持和推进旅游业科学发展和转型升级，把旅游业建设成国民经济的战略性支柱产业和人民群众更加满意的现代服务业，间接促进海洋旅游经济的发展。

4.1.2 中国海岛旅游业产业结构

4.1.2.1 中国海岛旅游资源空间结构

我国岛屿众多，海岛旅游区也较多，根据海岸旅游分区，并考虑到人们已熟知的海区名称，中国海岸可划分为渤海海洋旅游区、黄海海洋旅游区、东海海洋旅游区和南海海洋旅游区四个一级旅游区。

渤海海洋旅游区岛屿众多，形态各异，风光绮丽，充分具备以“阳光、海水、沙滩、绿色、动物”为主题的温带海滨旅游度假资源条件，其岛屿资源主要散布在渤海海域的龙山群岛和庙岛列岛，以及黄海海域上的长山群岛三大群岛。南长山岛、砣矶岛、钦岛和皇城岛等，总称庙岛群岛或庙岛列岛。长山群岛有岛屿 50 多座，是我国最北方的群岛，以气象万千的海蚀、海积地貌形成的奇礁异石为基本特征。此外，大连的三山岛、蛇岛、威海的刘公岛和石岛等岛屿都具有较高的旅游开发价值。该旅游区主要岛屿有庙岛群岛、长兴岛、西中岛、菊花岛等(图 4－1)。

黄海海洋旅游区海岸线平直，除了山东半岛、江苏连云港形成淤泥质平原海岸，其余区域不易形成地貌类奇观胜景及优质沙滩，因此，旅游资源主要集中在山东半岛

图 4－1　山东烟台庙岛列岛

以及江苏连云港等地。江苏南通的湿地景观也有一定的旅游价值，南通作为长江入海口的第一个河口港，因其拥有世界最大的丹顶鹤越冬地及麋鹿自然保护区而出名。南黄海岛屿多为基岩岛，面积较小，开发程度低，且数量较少，仅 150 多个，可利用价值小。

东海海洋旅游区有大小岛屿 3700 多个，约占全国海岛总数的 1/2，主要沿近海集中分布，绝大部分为基岩岛，且多大岛、群岛，既有我国第一大岛屿——台湾岛，又有我国最大的群岛——舟山群岛，以及崇明岛、金门岛、钓鱼岛、澎湖列岛等（图 4－2）。此外，本区冲积岛较多，以长江河口段和苏北沿岸的沙岛为最。台湾的四周分布有火山岛，如澎湖列岛沟尾屿、火烧岛、兰屿等。东海海洋沿岸景观资源丰富，风光旖旎，滨海、海岛旅游城市众多，知名度高且经济发达。

南海海洋旅游区岛屿约占我国海岛总数的 1/4，仅次于东海海域，其中绝大部分靠近大陆，主要大岛和群岛有海南岛、东海岛、上川岛、大濠岛、香港岛、海陵岛、南澳岛、涠洲岛及万山群岛等（图 4－3）。南海北部群岛主要有万山岛和川山群岛，绝大部分为基岩岛，岛屿数占南海岛屿数量的 87.3%。南海深海区域内我国所属的岛屿主要包括海南省所辖的西沙群岛、中沙群岛和南沙群岛等岛屿，以及广东省所辖东沙群岛的东沙岛，这些岛屿均为风光秀丽的珊瑚岛，但面积较小。

为了更直观地了解我国海岛的分布概况，本书着重整理了14个海岛县的基本信息，海岛县是以有人岛群为主体，把我国沿海的群岛、列岛或独立海岛以及包括邻近分散的无人岛，按县级行政单位要求组成的一个整体(表4-1)。

图4-2 浙江舟山群岛

图4-3 广西涠洲岛五彩滩

表4-1 我国主要海岛市、县(区)概况(包括台湾地区)

海岛市、县	所在省市	岛屿概况	备注
长海县	辽宁省大连市	由长山群岛142个岛、坨、礁组成，陆域面积119平方千米，海域面积7720平方千米	1949年设长山县，1953年改长海县。东北地区唯一的海岛县，全国唯一的海岛边境县
长岛县	山东省烟台市	全县由庙岛群岛32个岛屿组成，其中有居民岛10个，岛陆面积56平方千米，海域面积8700平方千米	1949年设长山岛特区，1956年改长岛县。山东省唯一的海岛县，“中国十大最美海岛”
崇明县	上海市	由崇明、长兴、横沙三岛组成，总面积1411平方千米，其中崇明岛是世界上最大的河口冲积岛	2005年5月，经国务院正式批复划归崇明县管辖
嵊泗县	浙江省舟山市	全县由404个岛屿(包括住人岛16个)组成，陆域面积86平方千米，海域面积8747平方千米	1949年置嵊泗县，我国唯一的列岛型国家风景名胜区
岱山县	浙江省舟山市	陆地面积326.83平方千米	1949年岱山置县，自古以来素有“蓬莱仙岛”之美誉，为省级风景旅游名胜区
舟山市	浙江省	我国最大的群岛，主要指所辖的两个区(定海区、普陀区)	全国唯一以群岛设市的地理行政区划
洞头县	浙江省温州市	由103个岛屿和259个礁组成，全县总面积892.3平方千米，其中陆域面积100.3平方千米	1953年分置洞头县，被誉为“百岛之县”“东海明珠”
玉环县	浙江省台州市	由玉环岛及附近岛屿组成，陆域面积378平方千米	1912年改玉环县
平潭县	福建省福州市	由126个岛屿和702个礁岩组成，陆地面积371.91平方千米，海域面积6064平方千米	清代设平潭厅，1913年改平潭县，全国第五大岛、福建省第一大岛
金门县	台湾省	由金门本岛(大金门)、烈屿(小金门)、大担、二担等12个大小岛屿组成	原隶属于福建省晋江县，1915年独立设县。现为台湾当局实际控制
澎湖县	台湾省	由100个大小岛屿所组成的澎湖列岛	1946年设县
东山县	福建省漳州市	由东山岛主岛和周边67个小岛组成，总面积248.34平方千米	全国第六、全省第二大海岛
南澳县	广东省汕头市	由南澳岛及其附近的22个小岛组成，海域面积4600平方千米	1912年设县
万山区	广东省珠海市	由担杆列岛、佳蓬列岛、三门列岛等106个大小岛屿组成，岛屿总面积80.582平方千米	1988年设立万山管理区，是中国第一个地方性海洋综合开发试验区

资料来源：各海岛县政府网站。

4.1.2.2 中国海岛旅游业行业结构

为便于计算，本书选取了14个有统计数据的主要海岛县(区)作为研究对象(表4－2)。我国海岛旅游经济收入主要分布在浙江省，2012—2014年每年海岛旅游经济收入均超过100亿元的仅舟山市普陀区，2014年14个海岛县(区)共实现旅游收入486.35亿元，舟山市普陀区的旅游收入就达143亿元，占14个海岛县(区)旅游收入的30%，遥遥领先于其他海岛县(区)。

表4－2 2014年主要海岛县(区)旅游收入规模分类

规模	海岛县(区)个数	收入份额	海岛县(区)及其收入份额
较大	3	53.84%	普陀(29.40%)、定海(14.22%)、玉环(10.22%)
中等	5	37.32%	海陵岛(8.73%)、东山(8.22%)、嵊泗(7.36%)、岱山(6.78%)、长岛(6.23%)
较小	6	8.84%	洞头(3.70%)、长海(2.04%)、崇明(1.44%)、南澳(0.82%)、平潭(0.42%)、万山(0.41%)

资料来源：各海岛县统计局。

一般而言，一个地区旅游业的发展规模及其在全国旅游业的地位往往能够通过该地区旅游收入占全国旅游收入的比重来反映，以此类推，海岛地区旅游收入占全国海岛旅游收入的比重通常能反映该地区海岛旅游业发展的规模及其在全国的地位。表4－2中的海岛县(区)，如果分别以旅游收入份额10%和5%为界，大体可以将各地海岛县(区)分为三大类：①旅游业规模较大的海岛县(区)，其旅游收入占全国海岛旅游的份额10%以上；②旅游业规模中等的海岛县(区)，其旅游收入在全国海岛旅游的份额为5%～10%；③旅游业规模较小的海岛县(区)，其旅游收入占全国海岛旅游的份额5%以下。

表4－2显示，2014年海岛旅游规模较大的县(区)仅3个，且集中在长三角经济区，其收入份额占全国主要海岛县(区)的53.84%；规模中等的县(区)有5个，其收入份额占全国的37.32%；规模较小的县(区)有6个，其收入份额占全国的8.84%。数据结果反映出区域海岛旅游业发展差异的基本特征：长三角经济区海岛县(区)海岛旅游较为发达，其他海岛县(区)相对落后。因本书未将厦门及广东沿海的部分海岛旅游纳入到全国海岛县(区)旅游统计中来，故而在一定程度上影响了数据的全面性。

衡量一个产业是否达到支柱产业标准的指标主要包括增加值占GDP的比重(一般应5%以上)以及需求收入弹性(旅游贡献弹性指数应大于1)。考虑到各海岛县(区)的差异性，将旅游收入占 GDP 比重的划分标准提升为 12%，经计算，有 9 个海岛县(区)的旅游业可划分为产业成熟型和产业潜力型。产业成熟型包括普陀区、嵊泗县、长岛县、洞头县，在产业结构上都是以第三产业为主导，旅游业收入占 GDP 比重均过 12%，这表明旅游业是这些海岛县(区)的支柱产业。产业潜力型包括岱山县、定海区、玉环县、长海县、东山县、海陵岛经济开发试验区，这 6 个海岛县(区)的旅游收入占 GDP 比重虽达到支柱产业的标准，但距离产业成熟型的标准仍有差距，但这些海岛县(区)具有各自的资源特色和发展潜力，其旅游业属于潜力型产业。

此外，作为国际旅游岛打造的海南省虽未纳入海岛县(区)中，但作为一个独立的海岛省在 2014 年完成国内外游客接待 4789.08 万人次，全年旅游业增加值 258.1 亿元，实现旅游总收入 506.5 亿元，占 GDP 的比重为 14.46%，海岛旅游产业已趋于成熟阶段，旅游总收入和总人次均居全国各岛屿首位，是我国海岛旅游发展的佼佼者。

4.1.2.3 中国海岛旅游业市场结构

(1) 中国海岛旅游产品市场结构

海岛旅游资源的丰富度直接影响着海岛旅游需求。海岛特殊的景色、自然资源、地貌地形、文化民俗以及特殊的交通情况反映了不同资源对海岛旅游需求的影响，海岛旅游资源的吸引力越强，旅游需求越大，反之亦然。目前市场上的海岛旅游产品主要有海岛生态观光、海岛休闲度假、海岛康体运动、海岛会议会展、海岛文化体验、海岛专项旅游、海岛主题旅游等 7 大类，但在实际开发中却有一种趋同现象，无法适应日益细分的市场需求，尤其是海岛度假产品，这种度假需求极为细化，不仅是单纯的“60 后”“70 后”“80 后”“90 后”“00 后”的年龄层概念，而是相同年龄层也会有不同需求，这就要求即使针对同种旅游资源，也要根据不同市场进行不同设计。

相关研究表明，52.02% 的游客对生态观光的旅游产品感兴趣，60.61% 的游客对与休闲度假相关的产品更感兴趣，有 31.82% 的游客对海岛运动类产品感兴趣，而 14.14% 的游客对与海岛文化体验相关产品感兴趣，总体而言，神秘感、新鲜感、环境舒适感是吸引游客的主要动因。这需要我们整合资源，根据目标群体进行精准定位，有针对性地开发一批海岛文化旅游、邮轮游艇旅游、海上运动旅游产品，积极打造具有教育性、知识性、体验性的创意文化旅游产品，在提升海岛旅游城市形象，完善海岛旅游产品体系，引领海岛旅游消费升级方面做足文章。

(2) 中国海岛旅游客源市场结构

旅游目的地的可进入性是影响海岛旅游客流量的首要因素，这就基本形成海岛旅游地区以本省为第一客源市场，辐射周边附近省市为第二客源市场的分布规律。旅游客源市场是旅游地发展的动力源泉，影响游客出游目的地选择因素主要有三大类：①旅游目的地状况，包括旅游资源与旅游景观水平、旅游地消费水平、旅游地服务质量等；②旅游客源地状况，包括客源地经济发达程度、城镇类型(省会、大城市等)、居民素质与文化修养、职业结构等；③客源地与旅游目的地间的状况，包括交通可进入性和便利性、景观风格差异程度、旅游地美誉度等。

作为旅游活动主体的旅游者，他们的旅游消费动机各不相同，再加上传统习惯、价值观念等的差异，往往对旅游有着不同的需求，旅游目的地的选择又不尽相同。

从海岛旅游客源一、二级市场构成来看，客源地受旅游地旅游资源和景观水平的影响也较明显，海岛旅游资源品质优越、旅游美誉度高，客源市场分布广度就大，如莆田湄洲岛、舟山普陀和定海以优越旅游资源和景观水平使得二级客源市场广泛深入内陆(表4－3)。温州洞头县、漳州东山县、汕头南澳县等旅游美誉度和旅游资源优越性相对不足，其客源市场以周边城市的游客为主，远地游客相对较少。

从海岛旅游第一客源市场状况来看，客源地经济发达，背靠直辖市和省会城市，居民素质、职业水平高，其客源市场相对单一，市场广度较窄，但市场充裕度高，如上海崇明县、舟山嵊泗县和岱山县等。随着沿海地区城市化进程加快，城市数量和城市规模进一步扩大，京津冀、长三角、珠三角、山东半岛、辽中南等沿海城市群体系不断完善，沿海地区国内旅游消费需求不断增长、消费结构不断优化，对我国海岛旅游消费的拉动作用日益突出。

表4－3　主要海岛县(区)旅游地客源市场构成

海岛旅游地	第一客源市场	第二客源市场
大连长海县	辽宁省54%，其中沈阳22.2%、大连14.8%	吉林34.8%、山东26.1%、黑龙江17.4%
烟台长岛县	山东30%；河北、河南40%	北京、天津15%；山西、江苏、上海、广东15%
威海刘公岛旅游区	北京42.03%	天津15.22%、山东13.77%、河北10.14%、辽宁6.52%
上海崇明县	上海90%以上	江苏5.78%、浙江2.12%
舟山岱山县 舟山嵊泗县	上海50%	浙江48%，以杭州、宁波为主
舟山定海区 舟山普陀区	浙江40.63%	上海13.21%、江苏8.7%、福建4.28%、安徽4.15%

续表

海岛旅游地	第一客源市场	第二客源市场
温州洞头县	浙江90%以上，其中温州80%以上	—
福州平潭实验区	福建90%以上，其中福州80%以上	—
莆田湄洲岛旅游区	福建89.3%，其中，莆田、漳州、厦门、泉州、福州78.3%；三明、龙岩、宁德、南平11%	北京、江苏、浙江、湖南、湖北10.7%
漳州市东山县	福建90%，以厦门、漳州、泉州为主	广东7.5%
汕头南澳县	广东88%，其中汕头58%	—
北海涠洲岛旅游区	广西80%以上	湖南7.63%、云南5.32%、贵州3.65%

资料来源：根据海岛旅游网站统计整理。

4.1.3 中国海岛旅游业建设内容

海岛旅游业在构建产品体系上包括三大方面内容：一是对未建设利用的潜在旅游资源进行开发，构建能产生经济效益、社会效益和环境效益的旅游产品。二是对存量的旅游资源进行再生性开发，进行深度发掘、整合、提升，延长生命周期，提高综合效益。三是凭借经济实力和技术条件，人为开发新的旅游产品。其目的是通过开发、改造、提高和创新旅游资源，使旅游资源发挥最佳效应。我国的海岛旅游开发建设主要围绕以下几方面内容进行。

4.1.3.1 旅游基础设施建设

旅游基础设施是旅游者进行基本生活、活动与获得安全的保障，包括供水、排污系统、供电、交通与医疗等设施。海岛旅游地一般缺乏淡水资源，因此供水设施既要满足游客和居民的用水要求，又要保证海岛旅游的景观需求。供电工程要求安全可靠，不能对旅游资源和环境造成破坏。海岛旅游交通主要是海(航运)、陆(公路车运)、空(飞机)运输，高效、安全、快捷、便利、经济、舒适是海岛旅游交通的基本要求。同时为了保障游客的生命与卫生安全，医疗保健设施建设也是海岛旅游开发建设的重点。

4.1.3.2 旅游吸引设施建设

海岛旅游吸引设施是海岛旅游的核心吸引力，主要包括海岛旅游观光、海岛休闲度假、海岛娱乐康体等设施，其配置建设应根据海岛旅游性质、目标、市场需求等建设。海滨度假，滑水、游泳、帆船、冲浪、潜水、垂钓等应是重点建设项目，其建设要充分考虑海岛特点、客源规模、竞争状况等要素。

4.1.3.3 旅游服务设施建设

海岛旅游服务设施包括海岛旅游住宿、餐饮、购物、会议室等，是为游客提供规范化服务的配套项目。海岛旅游服务设施的建设既要根据海岛特点，针对各级目标市场特征来确定配套标准，还要根据客流量、停留时间、客源结构及消费水平来确定各种住宿设施的数量。餐饮设施是海岛旅游发展不可或缺的重要组成部分，好的餐饮设施往往与景区融为一体，体现海岛风情，例如舟山群岛沈家门渔港的夜排档，展现了万舟云集的渔港景观和人声鼎沸的夜排档的完美融合。购物、会议等辅助设施则能大幅增加游客的留岛时间和消费金额，增加海岛的旅游功能。

4.1.3.4 旅游市场产品定位

为了解海岛旅游未来市场的发展速度及方向，及时把握未来市场动态，制定市场营销策略，我国在发展海岛旅游业时，通常会进行市场预测，适时根据需求调整海岛旅游供给。我国的成熟海岛如海南岛、舟山群岛等通常会对当前的旅游市场进行分析，根据客源市场经济发展趋势、人均收入、消费习惯以及海岛旅游产品类型、数量与规模等制约因素进行预测，主要包括：游客数量、年均增量、停留时间和日均消费等。这种市场预测能较好地掌握市场信息，进而为市场定位、营销策略提供准确参考，被我国众多海岛所采用。

目前，我国开发海岛旅游会根据资源类型、交通条件、经济发展水平及旅游产品的吸引力，定位分成一级、二级、三级三个层级。一级市场是市场开发的首要目标，主要分布在海岛旅游目的地的周边区域；二级市场是客源开拓的发展市场，主要分布在一级市场的边缘，这类市场是海岛旅游增量市场的主体；三级市场是机会市场，所占份额较小。对于客群市场的划分越细，就越便于海岛旅游开发主体进行精准定位，从而形成独具竞争优势的产品体系。

4.2 中国海岛旅游业发展面临的机遇与挑战

4.2.1 中国海岛旅游业所面临的机遇

4.2.1.1 国家海洋战略为海洋海岛旅游开发提供了坚实保障

从资源禀赋看，我国是一个海洋大国，但长期以来，我国一直以陆权为主。随着全球经济一体化的不断深入，特别是在西方大国崛起理论和“海权论”的影响下，世界主要国家的海权意识日益增强，对海洋资源的争夺日益激烈，我国海洋权益面临严峻挑战。从 2008 年 7 月中国海事部门第一次编队对中越北部湾分界线巡航执法，到国家海洋局“海十条”的出台，再到山东蓝色经济区，江苏、辽宁沿海经济带规划等国家区域发展战略的制定，处处彰显着我国政府海权意识的回归。十七届五中全会通过的《中共中央关于制定国民经济和社会发展第十二个五年规划的建议》，明确提出坚持陆海统筹，制定和实施海洋发展战略，发展海洋经济。国家海洋战略的确立为我国海洋海岛旅游发展提供了坚实的政策保障。海洋海岛旅游是海洋产业的重要组成部分，同时海洋海岛旅游开发也是国家制定和实施海洋战略的具体体现。国家海洋战略的实施和政策支持为海洋海岛旅游的开发和发展提供了空前的机遇，我国的海洋海岛旅游开发正处于历史最好的机遇期。

4.1.4.2 海岛旅游开发与发展适应旅游业转型升级的需要

海岛地区大多自然条件独特、生态系统脆弱，是发展生态旅游和低碳旅游的最佳区域，同时，海岛旅游产品属于参与性、体验性较强、旅游消费层次较高的高端旅游产品，适应了目前客源市场对旅游产品的独特需求。我国旅游业正处于转型升级的关键期，发展方式转变和产品体系丰富完善的要求十分迫切。从发展方式转变的角度而言，要走可持续发展道路，低碳方式是海岛旅游发展的天然属性，也是内生性的要求。海岛自然条件的独特性和脆弱性，决定了海岛经济只能走资源节约型发展道路，而低碳方式正是海岛旅游可持续发展的根本保障。旅游作为人类长存的生活方式，是对高品质生活的追求，只有那些环境优美、生态良好的地区才能够对游客和市场产生持久的吸引力，如澳大利亚的袋鼠岛、大堡礁。从满足消费需求的角度而言，完善旅游产品体系，一方面要继续夯实基础，即深化巩固和创新观光产品，另一方面要加快开发度假休闲旅游产品，积极发展新型产品和专项产品。“上山下海”是世界度假旅游的主要趋势，当前我国旅游以陆上为主，涉海旅游也主要集中于滨海这一近岸海域，下一步必然要在广度和深度两方面进行拓展。广度方面即不断向洋，发展近海和远洋旅游；深度方面即向立体化方向，自近海面至海面乃至海底全方位、复合型的旅游产品发展。按照旅游者出游由近及远的普遍规律，在滨海旅游向远洋旅游拓展的过程中，海岛旅游必然是一个重要的缓冲和过渡地带。因而，海洋海岛旅游开发既是旅游产品转型升级的必然要求，又是旅游业转型升级的应有之义。

4.1.4.3 海岛旅游开发具备了坚实的物质基础和充足的客源市场

海岛旅游的发展对物质基础要求比较高，特别是交通和一些参与体验性的海岛旅游产品，对设施设备的要求尤其高，比如邮轮游艇、海钓设备、海上体育竞技设备等。目前，在陆海统筹原则下，伴随着我国沿海地区经济的日益强盛，沿海经济带战略的制定实施以及我国高端装备制造的战略性新兴产业的培育，海岛旅游开发具备了坚实的物质基础。

市场是海岛旅游持续健康发展的关键。就目前来看，海岛旅游是层次较高的旅游消费，海岛旅游开发热潮之所以没能持续下去，一方面是源于供给不足，多数海岛难以支撑包含六要素的庞大旅游供给体系，而更重要的原因是缺乏大量稳定的客源市场。海岛往往远离陆地，是个十分特殊的地理单元，特别是一些面积较小的海岛，生活、生产资料基本无法自给自足，属于需求和供给双重输入并相互影响的经济领域。此外，如果没有稳定充足的客源支持，海岛旅游的发展也是难以为继的。随着我国综合经济实力跃居世界第二，人均可支配收入不断增加以及立体化交通网络体系的构建，旅游需求不断激发，并为海岛旅游开发提供了充足的客源市场。

4.1.4.4 中国旅游市场逐步成熟为海岛旅游发展创造了优越环境

经过近几十年的发展，中国旅游市场日渐成熟和开放，在行业管理、开发模式、市场营销等方面积累了丰富的经验，游客对于不同新奇旅游产品的接受认可程度也大幅提高。这一方面为海岛旅游的发展提供了经验借鉴，有利于充分发挥后发优势；另一方面在客观上为海岛旅游的发展提供了公平竞争、轻松开放的优越环境，市场化程度不断提高；除此之外，更为重要的是培育了一批能够接受海岛旅游这种涉海性旅游产品的广大客群。

4.2.2 中国海岛旅游业所面临的挑战

4.2.2.1 前期投资大，进入成本高

海岛旅游的前期开发投资大，进入成本较高。我国的海岛旅游尚处于起步阶段，市场体量较小，缺乏成熟的机构运作和充足的资金保障，且海岛旅游项目和基础设施的建设、开办业务手续办理、经营管理等成本都要比陆上项目多得多，难度也大得多，如前期修建旅游港口、开辟海上旅游航线和购置游船等，除少数较大海岛已经通过海底管道与大陆通水、通电外，大部分海岛交通设施短缺，电力、淡水供应困难，需要投入大量的资金开展海岛基础设施建设，资金短缺已经成为海岛发展的主要瓶颈之一。大额资金投入、高难度项目审批使许多投资主体对发展海岛旅游望而却步，导致我国的海岛旅游开发进度较慢，更高层次的旅游度假概念仍未形成。

4.2.2.2 适游期短，季节性强

我国沿海的海岛旅游资源，除海南岛外，多分布于亚热带和温带地区，冬季气温低，夏季气温高，四季温差大，一年的旅游旺季往往集中在夏季的几个月时间内，旅游季节性较强，全年适游期较短，我国海岛旅游呈现淡旺季明显、客源不稳定的特点。相比世界优质海岛旅游，我国的海岛旅游通常出现“冰火两重天”的情况，旺季人满为患，淡季人迹罕至，这两种极端使得旺季旅游设施过度使用，超负荷运转，而淡季旅游设施利用率严重不足，旅游资源利用极度不均衡，大大增加了海岛旅游业发展的经营成本。如何开发反季旅游产品，降低旅游季节性是海洋海岛旅游发展面临的重要挑战。

4.2.2.3 海洋环境恶化，海岛生态破坏

与20世纪80年代初相比，我国的海洋生态环境问题无论是在规模、类型、结构，还是在性质上都发生了变化，不仅排污总量增加、生态环境破坏范围扩大，而且问题变得更加复杂，威胁和风险更加巨大，极大地影响了海岛区域的健康发展。由于盲目开发利用海岛，海岛开发秩序混乱，海岛资源被掠夺性地利用，海岛数量也发生了巨大变化，一些地区出现了海岛数量减少的严峻问题。同时，海岛建设过程中，由于缺乏明确的政策指导和成功发展经验的借鉴，盲目性和随意性比较突出，海岛生态系统和自然景观破坏情况屡见不鲜，如肆意地破坏海岛生态，炸岛、炸礁，滥采、滥挖海岛资源等。

4.2.2.4 国外海岛门槛低，冲击力巨大

由于越来越多的海岛国家对中国游客执行免签或者落地签政策，中国出境游的人次一下子就出现了井喷。无论是东南亚的海岛还是太平洋上的海岛，普遍比国内海岛的性价比要高，尤其是泰国、马来西亚的海岛旅游性价比非常高，对国内旅游者具有更大的吸引力。海岛游作为休闲度假的首选旅游方式，相对于其他旅游类型，更方便轻松，适合家庭一同出游。国外的优质岛屿普遍位于低纬度范围，四季常温，优良的环境、合理的价格、丰富的产品、高品质的服务，完全满足了中国游客休闲度假的需求，对国内海岛旅游构成了巨大冲击力。

4.2.3 中国海岛旅游业所存在的问题

虽然从20世纪70年代中期开始，中国的一些海岛得到了大规模开发，但由于开发政策、资金、区域经济发展水平等多方面因素制约，丰富的海岛旅游资源未得到充分

开发，某些海岛至今仍处于未开发状态，旅游开发尚处在资源驱动阶段。我国有近万个面积在500平方米以下的小岛礁，由于受到经济水平、政策法规、投资回报、技术难度、生态环境等众多因素的制约，有94%未得到充分开发。

4.2.3.1 海上交通及岛上基础设施建设力度不够

海岛旅游开发的关键是要解决好交通和岛上接待问题，要使游人进得去，出得来，玩得开心。我国的海岛风景资源虽然丰富，但大都比较分散，岛间交通方式主要为轮船，速度慢，抗灾害能力较差，景区可进入能力有限；农家饭店数量虽多，但缺乏高规格的旅游接待设施，接待能力尚需进一步扩大。针对青岛的海上交通及岛上基础设施建设，就曾有学者提出其海上交通建设要突出中心，以中心带动两翼，点线开发，构建青岛海上大旅游网络，即以前海海滨为中心，向东北和西南两个方向延伸，同时在现有航线基础上，东翼开通前海至崂山、田横岛航线，西翼开通前海至竹岔岛、灵山岛、斋堂岛、琅琊台航线，并将沿途海岛串联起来，尤其是能与陆上旅游相结合形成回路。我国在海岛旅游开发中，往往出现诸如供水、供电、道路和码头基础设施等无法满足游客需求的现象，导致游客重游率低，严重损坏了海岛旅游景区的整体形象。

4.2.3.2 海岛旅游产品开发深度不够

旅游行为一般分为三个层次：一是观光旅游，单纯地享受自然及人文景观；二是娱乐旅游，以娱乐为主来提高和丰富旅游活动的内容，属于旅游行为的层次提高；三是专业旅游，如休养疗养、出席会议、宗教朝拜、考察调查等。目前，绝大部分海岛游客选择节假日去海岛享受一下阳光沙滩，领略美丽的海岛风光。因此，旅游活动层次基本上局限在第一层次的观光游览，逗留时间短，旅游经济效益低。虽然我国海岛海滨地区自然景观、人文景观丰富多样，但由于受交通、资金、国内客源消费水平等因素制约，旅游开发缺乏深度和广度，许多地区还是尚待开发的处女地。如作为我国海滨旅游发达地区的大连，其可供开发的旅游资源分布广，但到访大连海滨旅游的游客大多都集中在市内的星海公园、老虎滩公园、金石滩等区域，使得这些区域人潮涌动；而距大连市区有一定距离、资源品位较高的海王九岛、长山岛群等岛屿，虽然资源潜力巨大，但因开发不足或尚待开发而游客稀少。如果能加速这些地区的开发，把这些地区建成海上观光、海上运动、海滨度假中心，则能大大疏散游人，大幅减轻大连市区内主要景区客流量过于密集的压力。此外，就旅游项目类型而言，也较单调，除少数开发较早的著名海滨创建了游艇俱乐部、海洋娱乐中心、高尔夫球场、度假别墅及海上运动等外，多数海滨的旅游开发仍停留在海水浴阶段，主要依靠阳光、海水、沙滩等传统的旅游产品吸引游客。

4.2.3.3 空间开发竞合机制不健全

各涉海部门的协调体制不健全、法律不完善是我国海岛旅游发展的突出问题。如一些地方海洋资源开发管理机构不协调，基本上是以行业为主，部门之间没有一个统一规划、协调的管理机构，出现多头管理，秩序混乱的情况，从而使海洋资源开发和保护不协调，导致环境污染和资源浪费，严重影响了海岛旅游业的开发潜力和空间。海岛旅游业所涉及的领域非常广泛，对综合型人才素质要求较高，而目前由于没有建立起有效的人才管理体制，海岛旅游业的从业人员素质远远达不到要求，这也是海岛旅游业发展滞后的一个重要因素。

全国各省所辖岛屿的旅游资源大都雷同，海岛居民大部分仍靠海以渔为生，捕捞、养殖各自为政，导致海滨滩涂资源广域开发，低效利用，滩涂生态环境堪忧，渔业生产空间管制势在必行。此外，各个岛屿旅游开发方向类似，都是基于“4S”资源发展的阳光、沙滩、海水、海鲜旅游，各岛仍以渔户为单位，自立门户，自主经营，彼此之间无序竞争，产品档次低，旅游效益差。这种方向类似、产品雷同、重复建设导致了新问题的出现，在海洋战略的政策推动下，各沿海地区开发海洋海岛旅游热情高涨，为抢占发展先机，只考虑解决“有和无”的关系，而不思考“好与不好”的问题，使得海岛旅游产品几乎没有个性可言，最终丧失了市场竞争力。同时，全国的海岛旅游开发缺少统一的思想和统一的行动，空间整体协调性不足，缺乏宏观的竞争与合作的协调管理机制，这势必带来无序竞争与环境破坏。

4.2.3.4 生态环境不可持续利用

近年来，受气候变化引起的冰川融化、海平面上升、海洋生态破坏和自然灾害等问题的影响，生态环境本来就很脆弱的海岛环境雪上加霜。陆岛通道和围海工程改变了海岛及其周围海域的自然环境状况，海岛淡水资源紧张，周围海域污染严重，旅游资源保护不力，环境污染严重。此外，还有很多其他的人为因素造成海岛生态环境的破坏，例如，盲目和过度开发利用海岛资源，在海岛上炸山取石，随意堆放垃圾，砍伐树木、垦殖草地，滥捕滥杀珍稀动物，排放工业废水和生活废水等。以上行为严重地威胁到了海岛正确有效的利用，成为海岛旅游业发展路上的绊脚石。

海岛稀缺的资源和脆弱的生态环境正在受到过度开发的威胁，海滨浴场环境遭到破坏，滩涂资源不合理开发，破坏严重，海岛生物多样性逐步丧失。如何缓解过度开发带来的环境问题，解决海岛生活和资源短缺，成为海岛旅游可持续发展亟待解决的问题。

4.3 中国海岛旅游业发展趋势

4.3.1 海岛旅游需求发展趋势

4.3.1.1 世界旅游中心转移，中国将成为海岛旅游重要客源地

随着全球经济的增长和消费者可支配收入的增加，以及消费者出游经验的积累，国际旅游市场结构发生变化。海岛旅游市场变化分为旅游目的地市场变化和旅游客源地市场变化。就旅游目的地市场变化而言，世界旅游将不再被欧洲和北美主导，旅游中心将进一步向亚太地区移动，亚太地区将出现更多高质量的海岛旅游目的地，也更加受到国际游客喜爱。但是亚太区域间旅游发展不平衡，海岛旅游目的地仍以东南亚为主。就旅游客源市场而言，金砖四国(巴西、俄罗斯、印度、中国)作为新兴市场将越来越重要，亚洲市场也会因经济发展迅猛而越来越受关注。其中，根据世界旅游组织预测，到2020年中国有望成为世界上第四大旅游客源国，将持续领头出境海岛旅游市场，而各大海岛旅游目的地也开始越来越重视中国市场，纷纷在中国设立旅游发展宣传办公室，并开设中文旅游网站，以期争夺这一人口众多、消费能力强的市场。

4.3.1.2 旅游市场两极分化加剧，市场分层愈加明显

未来我国的旅游增长将发生在市场的两个极端，即奢华旅游和经济型旅游，两极分化现象将持续加剧。一方面，高端旅游游客消费水平高，停留时间长，经济效益好，是众多著名海岛旅游目的地所重点发展的客户群；另一方面，来自新兴市场的经济型游客数量较多、要求相对较低，适合某些资源受限或新发展起来的海岛旅游目的地。这两种截然不同的海岛旅游市场，使得不少国内旅行社在设计线路时都做了“两手准备”，同一线路推出普通团和品质团，高端客户将无购物、高价位的品质旅游作为首选，而短线旅游的市民却越来越追求“低价实惠”的高性价比旅游路线。同时高端旅游从单一的高价向重视定制化转变，越来越强调体验的独特性和唯一性，奢华定制旅游成消费风潮，通过消费体验彰显社会身份的炫富旅游休闲消费；而经济型旅游则从单一的低价向特色化转变，强调服务的标准性，体验的舒适度以及高性价比，一些自助

旅游者借助旅游信息搜索渠道，会选择构造特色主题、形成旅游故事的有意义的差异化消费。

4.3.1.3 短途旅游市场广阔，出游团队呈“小型化”

国内消费者基于成本效用考虑，整体的旅游距离将缩短，受惠于旅游交通时间的缩减，游客停留一地的休闲时间将拉长。由于我国可用旅游假期的时间限制，在旅游地选择上，呈现出游距离长短相结合的特点，十一黄金周和春节长假的出境游等长途旅游居多，这种远程市场仍以休闲度假旅游和商务旅行为主。全年五个小长假和周末则以周边区域内的短途观光旅游为主，邻近主要城市圈的海岛旅游目的地将持续火爆，如位于长三角经济圈辐射范围的“海天佛国”普陀山，其短线旅游呈持续增长趋势，很多香客趁着周末到普陀山感受悠远的佛教文化和美丽的海岛风光。

在旅游消费行动单位上，政府机关和企事业单位的大型团队旅游大幅下降，而“家庭、小团体、个人”等“小型化”和“灵活化”的出游行动单位逐渐增多。散客旅游市场成为旅游消费市场的主力军，散客拼团形式的团队将会大幅增加，主题俱乐部和兴趣爱好组织团队及车队等团队形式会不断涌现，但此类团队大多采取自由行的方式，有别于传统旅行社组织的团队旅游。在出游时间上，受出游频次显著提高和出游人群职业层次全覆盖影响，旅游者出游时间碎片化趋势成为必然。

4.3.1.4 营销方式不断创新，强化了新媒体的应用

社交媒体作为一种给予用户极大参与空间的新型在线媒体，日益成为人们彼此之间分享意见、经验和观点的重要工具和平台，已迅速融入当代社会人们的生活中，成为信息扩散与传播最有效快速的渠道之一，而且在很大程度上构建了人们对事物的感知，并对现代社会舆论发挥起了引导作用。大量的实践证明，社交媒体对于目的地的形象塑造和品牌推广起着至关重要的作用。目前，基于 Facebook、Twitter、YouTube 的社交媒体营销已经成为国外旅游目的地推广和营销的重要手段，而国内许多旅游机构及企业也均已在微博、微信等社交网络平台建立起了自己的信息发布平台和营销渠道。通过交互方式将社交网络传播的营销信息嵌入消费者的意识中，从而深层次影响消费者的行为。

这种趋势下，我国海岛旅游目的地将持续创新营销方式，在互联网和智能手机技术进步的推动下，新技术将持续被用于实现营销、促销和销售目标，旅游电子商务则会越来越重要。虽然传统旅游营销方式对长距离旅游市场来说依然很重要，但是越来越多的游客将乐于通过线上旅游平台和手机程序来安排自己的旅行。近年来，

国内的海岛旅游目的地开始重视新技术营销，如海南岛、舟山群岛等国内热门海岛旅游目的地都已在微信、微博等社交媒体上开设了公众平台，关注游客动态并推送营销讯息。

4.3.2 海岛旅游产品发展趋势

4.3.2.1 低碳与可持续发展成为众多旅游产品的设计理念

海岛与陆地隔绝，特别是一些面积较小的海岛，依靠内陆供给，生产生活成本较高，加上海岛地理环境独特，生态环境较为脆弱，自我修复机制弱等特点，决定了海岛经济必须走资源节约型的低碳可持续发展道路。同时，随着受教育水平的提高，旅游者对环保低碳的重视度越来越高，这些有环保意识的旅游者只会选择对环境负责的旅游目的地，尤其是会展会议业。这使得生态环境保护理念和举措成为海岛旅游目的地的竞争力，只有生态环境优美的海岛才能对游客产生吸引力。低碳与可持续发展是海岛旅游发展的内生性要求，也是未来海岛旅游发展的趋势。

4.3.2.2 体验式海岛旅游产品备受青睐

海岛旅游者需求持续变化，旅游消费者日益跨越传统旅游藩篱，旅游偏好已经从传统的观光旅游向休闲度假转变，体验式消费受到游客青睐。体验式旅游追求一种独有的、有内涵的行程，终极目的是实现梦想，拓展心灵空间，这种旅游方式更加注重游客的参与性、亲历性，追求过程的内涵性，其中包括精神内涵与文化内涵。在体验旅游时代，旅游者越来越向往个性化或者特定的旅游产品，也越来越喜欢自由的出游形式。独特体验或者小众目的地将会吸引大量现代旅游者。旅游者开始向往打破常规的旅游体验和更深层次地融入旅游目的地，追求当地特色和文化旅游，对目的地旅游形象要求全方位感触。

为了满足旅游者不同的需求，旅游目的地在旅游消费内容和体验领域方面将不断创新，开发更丰富的活动项目让游客参与其中。海岛旅游目的地开始进一步完善旅游产品层次，发展多种旅游产品，比如文化旅游产品、生态旅游产品、海岛高尔夫旅游产品、海岛婚礼蜜月旅游产品、海岛探险猎奇旅游产品、海岛寻古旅游产品等，以满足不同消费者的个性化需求。只有不断进行市场调研，根据市场变化源源不断地更新旅游产品，才能在日益激烈的竞争中长久不衰。

4.3.2.3 健康养生旅游产品备受追捧

随着世界旅游业的不断发展，旅游者的消费理念和消费行为逐渐趋于理性，健康养生越来越成为旅游者的追求，因此安全健康的旅游成为现代旅游新形式。阳光、沙滩、海洋、宜人的气候以及新鲜的空气是海岛的自然特色，正是这种象征着健康养生的地方慢慢成为游客旅游的首选之地。旅游者的需求进而决定了海岛开发的新理念，即健康理念。为了最大限度、最大优势开发海岛旅游，很多地方都做出了相应措施来吸引游客。各国海岛开始主打“健康岛”牌，倡导活水养生，合理利用当地资源推广休闲健身，再将其和娱乐相结合，不仅利用海岛疗养、健康养生满足游客初心，而且愉悦了游客身心。

未来的海岛养生旅游产品会呈现出产品主题式、市场细化性、发展模式集团化等特点，以满足不同人群、不同时期的养生需求，海岛养生旅游产品将趋于稳定和成熟，消费者也将逐渐养成科学有效的养生习惯，二者在不断的相互监督、相互促进中发展。当然，只有在海岛最初的开发中就包含健康理念，才有后续的发展，任何开发项目都应结合当地实际情况及游客需求。

4.3.2.4 邮轮旅游产品成为海岛旅游的重要形态

邮轮旅游可以满足旅游者追求丰富而又简单的体验的需求，因其时间价值高，越来越受到游客喜爱。而海岛是邮轮停靠的重要口岸，邮轮游客占15个小岛屿发展中国家总游客到达数的50%以上。全球邮轮旅游是世界旅游发展最快的一部分，平均每年增长7%～8%，总游客需求已经从2000年的961万人次增长到2010年的1880万人次。国际邮轮协会数据表明，根据国际邮轮旅游游客人口统计特征概况，邮轮旅游是追求相对高消费群体目的地的理想之选。未来邮轮旅游将向短途、大容量和海上豪华度假区发展。

尤其是在亲子游市场，带有“休闲”标签的邮轮产品将日渐受到旅游者的青睐。选择邮轮产品的亲子游用户数量正迅猛增长，海岛旅游的游客中有很多愿意带着孩子乘坐邮轮前往目的地，邮轮产品之所以受到家庭用户的青睐，正是在于这种旅游方式对亲子旅游市场需求的高度契合以及对原有亲子游产品短板的克服。

21世纪的现代旅游者更向往的是能彰显个性、挑战自我的特色旅游产品和体验性的旅游项目，海洋旅游资源正是由于其自身的独特性而成为现代旅游者追逐的聚焦点之一。这使得与“海”有关的特色旅游项目开发成为21世纪休闲旅游发展的一大新热点，同时也预示着以海洋旅游为主题的旅游时代的到来。

4.3.3 海岛旅游产业发展趋势

4.3.3.1 中国海岛旅游产业将出现区域集中分布的形态

中国具有漫长的海岸线，且沿海岛屿分布广泛，是世界上海岛最多的国家之一，但现实可供利用的海岛旅游资源却集中分布在东海海域和南海海域。中国的海岛旅游产业受开发条件、区位因素、市场半径等因素影响，呈现出区域集中分布的态势，主要形成东海海洋旅游区和南海海洋旅游区两大海岛旅游集群区域。中国的海岛旅游发展至今，已初步集聚形成了以大连胶东半岛旅游带、江浙沪旅游带、福建旅游带、珠江三角洲旅游带、海南岛旅游带为代表的五大滨海海岛旅游区域，它们基本构成了我国海岛旅游产业的发展格局，无论是海岛旅游配套设施完善、发展规划制定，还是客源市场开拓、特色产品开发，五大区域都已经形成了自己的发展体系，拥有各自的产业模式，而未来我国海岛旅游产业的资源要素还会进一步向这些区域集聚。

4.3.3.2 中国海岛旅游产业将向综合性旅游产业发展

目前，中国的海岛旅游基础设施还处于进一步完善阶段，旅游开发深度不足、旅游形式较为单一，绝大部分地区的旅游内容仍以自然观光为主。而随着中国海岛地区经济发展方式转变以及产业结构的全面升级，海洋旅游综合体开发水平逐渐提高，海洋旅游装备制造业日益崛起，航运产业集群和旅游产业集群的日趋融合以及大型滨海游客集散中心、游艇码头、国际邮轮港等设施的逐步完善，我国的海岛旅游将由最初的海洋景观观光，发展成为集自然观光、海滨度假、文化体验、邮轮游艇、餐饮美食、海滨房产等于一体的综合性旅游产业。

此外，我国的高端海岛休闲旅游产品开发已经具备较好基础，尤其是休闲渔业通过对渔业资源、旅游资源和环境资源的优化配置，实现了旅游观光、休闲娱乐、餐饮、健身、科普等与渔业的有机结合，成为观光型旅游向体验型、竞技型、休闲型旅游转变的有效形式。

4.3.3.3 中国海岛旅游产业将朝着智慧化发展道路前进

移动智能终端使得消费和游览便民化，旅游消费者可以将门票、交通、餐饮住宿等消费内容直接装进口袋，随时随地查询行程规划、信息定向搜索、定制旅游路线、在线支付、点评和分享等。游客在出游前，通过体验平台足不出户就能实现信息咨询、预订付费；到达景点后，通过智能终端进行身份认证，动态了解旅游信息并获得帮助；游玩结束后，还可以通过智能终端反馈有效信息。智慧旅游为传统旅游业带来了颠覆性影响，它融合通信与信息技术，以游客互动体验为中心。游客出游前、出游中和出游后的全过程智能化和自主化特征日趋增强，作为未来数字居民的新生代游客将更大比例地借助在线和移动终端实现自主互助旅游消费。

随着大数据平台的迅速发展，游客通过智能传感技术构成智慧网络，实现景区、酒店、交通和社区等的互联互通，进而搭建信息服务公共云平台，在信息资源富集的同时，通过云计算等技术，对信息进行整合分析，从而增强游客、旅游资源、旅游企业和旅游主管部门之间的互动，通过旅游资源的高效整合，提升产品和服务竞争力，推动旅游产业整体发展。

4.3.3.4 中国海岛旅游产业将呈现“需求外溢”的态势

受到签证放宽、航班航线增加、消费环境改善等因素的推动，出境游逐渐成为国人旅游的热门选择，而在选择出境游的国内旅游者中，有近1/4选择了海岛游，其中巴厘岛、普吉岛、马尔代夫等成熟路线持续热销，对毛里求斯、斐济等小众海岛目的地关注度也日益提升，2015年1月至8月，中国赴毛里求斯游客达62 185人次，同比增长38.6%。随着中国旅游者出游观念的渐趋成熟，休闲度假的品质感及出游体验的舒适度，已经成为旅游者出游最为关注的因素，而海岛旅游产品在“休闲”主题上，高度吻合旅游者出游观，因此伴随着出境游的火热，这些具备优质的海洋旅游资源、丰富的旅游产品体系、完善的服务配套设施的境外岛屿成为国人出游的首选。

2014年中国向世界海岛旅游目的地输送游客2400万人次，2015年则增至3000万人次，而一项针对“中国公民最喜爱的世界海岛旅游目的地”的问卷调查活动中，选出的前20个海岛名单里，中国海岛仅有5个。可以预计，中国公民出境旅游意愿将会持续增强，自助出境游的方式将更受年轻游客的追捧，参与团队和定制出境游的人群也将显著增多，中国海岛旅游产业将呈“需求外溢”的现象，国人将会更多地选择发展成熟的国外海岛旅游目的地。

4.4 中国海岛旅游业发展成功经验

我国海岛旅游业发展取得了瞩目成绩，也积累了丰富的经验；不同的区域其资源和区位条件各不相同、经济社会基础也不一致，其发展之路径及模式也不尽相同。为此，我们特别选择了区位、优势和特色各不相同的海南岛、广东海陵岛、浙江普陀山岛为例，以专栏形式来介绍这些典型海岛的旅游业发展成功经验，以一斑而窥全豹。

专栏4-1　海南岛旅游发展成功案例

1. 海南岛基本情况

海南岛是我国最大的经济特区，也是中国唯一的热带岛屿省份，地处热带北缘，属热带季风气候，素来有“天然大温室”之美誉。这里长夏无冬，年平均气温22～27℃，拥有天然的旅游资源禀赋、一流的宜居生态环境和独特的历史人文风情，凭借独特的资源、区域优势，以生态文明和绿色发展为总体思路，将旅游和文化相融合，初步实现文化产业后发地区的跨越式发展，成为当前中国境内最受欢迎的热带滨海旅游度假胜地。

2. 海南岛主要成绩

海南旅游一直以滨海蓝色旅游领跑中国休闲度假旅游市场，面临国家“一带一路”倡议的重大历史机遇，积极推动文化产业成为全省国民经济发展的支柱性产业，建设生态旅游特区。通过“上山下海”战略，推动绿色生态旅游，“上山”凭借一流的热带雨林资源，先后推出呀诺达生态旅游区、亚龙湾热带天堂森林公园等一批绿色旅游项目；“下海”将海南海洋旅游从滨海向更广阔的海洋推进，推出的三沙邮轮旅游，初步形成蓝绿共赢的旅游发展格局。截至2015年，海南岛旅游规模和效益得到“双提升”，5年来，全省累计接待游客超过2亿人次，年均增长11.7%；实现旅游总收入2210.74亿元，年均增长16.1%；旅游业直接实现就业37.28万人，带动相关产业就业约140万人。

3. 海南岛旅游发展经验借鉴

(1)超前参与国际市场竞争，提高国际旅游市场占有率

海南在1993年年初颁布的《海南省旅游发展规划大纲》中，明确了海外旅游市场开发的方针、战略重点和目标。1994年，中国(海南)改革发展研究院和美国斯坦福国际研究院合作完成了《海南旅游业战略行动纲领》，在考察美国夏威夷的基础上，通过对同纬度两地的比较分析，形成“海南发展绿色道路”的调查报告，为海南旅游业超前参与国际市场竞争打下了理论基础。当前，海南正在加紧深化国际旅游岛建设成果，打造国际旅游特区升级版。在国际旅游岛和旅游特区的战略框架中，旅游海南是岛之“用”，是海南发展的目标定位；生态海南是岛之“体”，是海南发展的本体所在；绿色海南则是岛之“色”，是海南岛的生态标签；而贯穿其中的文化海南，则是这个旅游岛、生态岛、绿色岛的“魂”之所在，也是海南岛经济与社会全面协调发展的根之所系、脉之所维。随着“十三五”规划的开局和21

世纪"海上丝绸之路"国家倡议的全面推进、实施，海南省委省政府提出"打造中国的旅游特区，打造世界一流精品旅游目的地，打造国际旅游岛升级版"目标，开启了建设国际旅游岛升级版的新征程，也将为海南文化产业发展带来新机遇。

(2)按国际惯例办事，实行政府主导型战略

海南旅游业的发展，是在政府宏观指导，以市场为导向，在规划、开发、投资、经营、管理以及和国际旅游市场接轨的基础上逐步发展起来的。海南省政府颁布实施了若干地方性法规、条例来促进旅游业的发展，如《海南省旅游发展战略及风景区域规划》《海南省旅游发展规划大纲》《海南省旅游管理条例》《海南省旅游企业和从业人员违规处罚规定》等。"以法治旅"，坚持先规划后开发的原则，是海南旅游业在发展过程中用巨大代价换来的经验。海南省政府还专门出台《关于加强假日旅游管理的意见》，将节假日旅游市场整治作为市场整治的重中之重，专门成立省假日旅游管理领导小组，成员单位包括省旅游委、省外宣办等22个部门，统筹协调全省假日旅游市场环境管理工作。开放政策方面，在已有21国免签基础上，将芬兰、丹麦、挪威、乌克兰、哈萨克斯坦等5国增加为入境免签证国家。在加强专项整治的同时，一批相关的管理规定和举措相继出台，对旅游企业及导游实行诚信公示制度，将旅游咨询与旅游投诉合二为一，推动旅行社退出机制，更好地规范旅游市场秩序。三亚还成立了国内首支旅游警察队伍，切实维护市民和游客的正当权益，旅游警察与三亚市其他监管部门已经建立了快速高效的联勤联动工作机制。旅游警察支队成立后，2015年11月份三亚每天的旅游投诉量与往年相比下降近50%。

(3)精准定位，实施差异化发展

海南省下辖19个市县，自然、历史、人文等地方性文化资源差异较大，各有千秋。海南文化产业繁荣和发展，紧密依托各个地方的特色资源，实行差异化建设、错位发展。其中，三亚素有"东方夏威夷"之美称，因此主打文化旅游产业，延伸发展影视传媒、文化创意、文化会展、旅游演艺、休闲疗养等文化产业；保亭、陵水均为黎苗聚居地，且在三亚辐射半径之内，因而着力发展槟榔谷、呀诺达等富有黎苗特色的文化旅游业，与三亚形成良好的区位支撑与错位竞争格局。以海南话"呀诺达"命名的呀诺达雨林文化旅游区(图4－4)，彰显海南本土文化特色，并嵌入雨林文化、生态文化、民俗文化、黎苗文化、南药文化等多种元素，通过融合热带雨林自然景观、特色景点、旅游活动等打造文化旅游精品项目，6年

时间就迅速成为家喻户晓的国家5A级旅游区。海南还大力发展以邮轮为核心的海洋旅游，2015年11月，海南加盟了“亚洲邮轮专案”，将充分利用这一合作平台，开发更多邮轮旅游产品，努力推动环海南岛邮轮旅游和“中国－东盟”邮轮旅游产品，为推进中国－东盟海洋旅游经济圈的建设发挥积极作用。海南岛直面于自身的资源优势与存在问题，融合“国际旅游岛”国家战略的政策资源，使其文化产业走上了一条跨越式的发展道路。海南结合自身的蓝色海洋文化、绿色生态文化、红色文化以及本土本色文化，按照“一区三带九重点”的产业发展布局，形成了包括文化旅游、文化创意、出版发行、影视制作、演艺娱乐、文化会展、动漫旅游、体育健身、休闲疗养等一系列特色鲜明的文化产业板块。

图4－4　海南呀诺达雨林文化旅游区

(4)采用双生态交互驱动模式，推进国际生态旅游岛建设

海南逐步确立以文化产业为支柱、以生态文明与绿色崛起为基本战略的总体发展思路，强调生态优先为经济发展的基础，以维护生态平衡为终极目标，逐步探索出一条生态驱动的产业发展之路。2003年开始草创的亚龙湾云天热带森林公园，在不破坏自然生态环境的情况下，由一个山顶公园快速成长为年收入4亿元、上缴税收7500万元，蜚声海内外的旅游景区，景区从创业设计到市场化经营发展

一直倡导“极尽生态”的理念，整个项目开发为维护生态不遭破坏而一再提高建设成本，严格做到了“在开发中保护，在保护中开发”。保亭槟榔谷项目则是人文生态与自然生态完美结合的典范之作。槟榔谷将野生槟榔林、黎族传统建筑——船形屋、雨林苗寨等自然景观与非物质文化遗产黎锦、打柴舞、舂米舞等黎苗文化融为一体。特别是景区内被喻为“海南岛的敦煌壁画”活化石——绣面文身的黎族阿婆与大型原生态黎苗歌舞《槟榔·古韵》，将历史人文情怀与自然生态环境，诠释得淋漓尽致，形成“自然—人文”“物质—精神”双向互动的结构，体现对民俗文化传承、生态式发展。今后，在自然生态与人文生态交互驱动下，海南旅游文化产业将有更为长足的发展。

(5)实施全社会共办大旅游，外引内联

海南在全国范围内，最早提出并大力推行全社会共办大旅游的发展方针，通过创造宽松的投资环境，提供高效优质服务，积极引导和扶持海内外和岛内外各种经济成分及各行各业介入海南的旅游业。十年间，海南累计外商直接投资54亿美元，国外贷款等间接利用外资20亿美元。海南狠抓基础设施与公共服务，着力完善包括交通设施、大众娱乐等在内的各类基础设施，尽量为大众提供优质的公共服务；特别是花大力气完善各类文化基础设施建设，满足人民精神文化需求。这些致力于“服务大众、保障民生”的举措，客观上促进了海南文化产业的繁荣兴旺和快速发展。海南文化产业发展遵循了“1+3+N”的产业架构①，由政府部门因地制宜制定相关引导政策，给予政策和财政上的扶持；由发展商结合市场需求制定规划、发展项目，投资商注入资金确保项目的实施，项目完工以后，面向广大消费者，将文化旅游产品投入市场，通过运营商进行销售。可以预见，“1+3+N”的产业发展架构将有力地促进后发地区文化产业的跨越式发展。

① “1+3+N”产业架构：“1”是政府，“3”是企业，“N”是广大消费者。

专栏4－2　海陵岛旅游发展成功案例

1. 海陵岛基本情况

地处亚热带海洋区域的海陵岛，素有“东方夏威夷”之美誉，岛的南岸，点缀着大角湾、十里银滩等12处风景各异、世界一流的天然海滩，水碧沙净，各具特色，总面积达20平方千米，约占全岛陆地面积的1/5。岛上年均气温22.3℃，夏无酷暑，冬无严寒，四季如春，年晴天310天，海水浴时长达8个月。近年来，海陵岛遵循“生态优先，保护环境，从容开发”的发展理念，大手笔美化旅游环境，基础设施日臻完善，旅游要素逐步齐全，旅游服务文明周到，日益散发出迷人的魅力。

2. 海陵岛主要成绩

经过20多年的旅游开发建设，海陵岛基础设施日益完善，食、住、行、游、购、娱等功能配套齐全。据统计，海陵岛2014年共接待国内外游客624万人次，比2013年同期增长26%；实现旅游收入约42亿元，同比上年增长25%。

2015年10月15日，全国旅游资源规划开发质量评定委员会发布公告，阳江市海陵岛大角湾海上丝路旅游区等14家景区达到国家5A级旅游景区标准的要求，批准为国家5A级旅游景区。这意味着海陵岛成为广东第11个、粤西首家5A级景区，并且是目前全国范围内唯一一家以海上丝路为主题的5A级景区。国家5A级景区的成功创建，使海陵岛知名度进一步提升，越来越多的外省游客慕名而来，春节期间经湖南、重庆、四川等省份的外省自驾游客最多，河南、陕西、山西等北方省份城市的家庭游客也大幅增长。

3. 海陵岛旅游发展经验借鉴

(1)拓宽旅游客源市场

海陵岛采取“走出去，请进来”的方法开展旅游推介，通过“走出去”连续参加广东国际旅游产业博览会、广东21世纪海上丝绸之路国际博览会等大型博览会，通过“请进来”接连举办香港中国旅游协会海陵岛线路考察活动、中国棋文化(阳江·海陵岛)峰会等大型活动，既提高了海陵岛的知名度，拓宽了潜在的客源市场，又加强了海陵岛与省内外、港澳地区的交流与合作。在客源市场上，明确区域划分，有步骤地进行市场开拓，积极巩固珠三角市场，努力拓展粤西南区域市场，渗透我国中部、西南地区客源，抢占东北三省养老客源，有效地扩大了全国市场辐射范围。同时，充分利用“中国十大宝岛”和“南海Ⅰ号”的品牌效应，创新营销方式，增强旅游影响力，推动旅游经济产业繁荣；充分发挥海陵岛特色的旅游标志、形象口号和形象标志的宣传推介作用，引导游客了解海陵岛的旅游资源，并在具有重要影响力的电视媒体、报纸杂志、知名网站、微博微信平台等进行广告投放和旅游营销，建立集电视、网络、报刊和户外广告等于一体的立体化推介网络，全方位提升海陵岛旅游形象。

(2)强化旅游市场管理

海陵岛不断强化旅游环境整治，全力加强旅游市场监管力度，建设了“旅游市场管理系统三大平台和五个统一”①的新型旅游市场服务管理模式，通过业主约谈、上门核查、巡回宣传、巡逻监控等手段，加大整治力度，打击各种违法违纪行为，维护旅游市场秩序，重点打击扰乱旅游市场秩序、销售假冒伪劣旅游商品及欺客宰客等行为，快速妥善处理游客投诉的做法得到了市12345热线中心的高度肯定和广大游客的好评，在全省乃至全国旅游行业系统中树立了品牌。海陵岛积极打造了国内首个“智慧旅游”，实现对当地旅游信息的了解，旅游产品、旅游服务的在线购买支付，为入岛游客派发近30万份旅游指南、旅游地图，全方位提供旅游信息咨询受到了游客的广泛好评。此外，海陵岛通过饮食业协会、旅游行业协会，充分发挥行业组织的自律、监控和协调作用，对旅游、文化从业人员进行培训，不断提高旅游、文化服务水平和服务质量，确保旅游、文化市场的有序运行，促进全区旅游业和文化产业的持续健康快速发展。

(3)增加旅游体验元素

海陵岛全力推进重点景区的升级改造，举全区之力推进核心景区创建国家5A级景区，实现旅游产业的转型升级，以培育和发展旅游新项目、新产品为重点，促进海陵岛从以传统观光旅游为主向旅游观光、休闲度假、会议商务、文化体育娱乐体验等高端综合型旅游产业方向发展。为了丰富海陵岛的旅游元素，让游客玩得开心尽兴，海陵岛进一步增加岛内的旅游产品，引进有品牌、有理念、有实力的企业来开发建设，推动温泉度假、综合购物、休闲养生等旅游项目上马，打造了红树林湿地公园、天麓山顶公园、敏捷山顶公园、恒大海滨公园等一批集休闲、环保、生态于一体的旅游项目，确保旅游业可持续发展。重点培育传统民俗、休闲观光农业(农家乐)、古村(风情村)、渔家乐、新农村、乡村节庆、历史旅游、生态循环、乡村博物馆等九大类乡村旅游产品。海陵岛充分规划淡旺季旅游发展思路，旺季做好旅游节庆促销活动，淡季以各类活动活跃旅游市场，通过整合旅游资源，全力打造精品旅游品牌，举办国际摩托艇比赛、垂钓比赛和大角湾东浴场“沙滩音乐会”等一系列

① “三大平台”指电子点菜平台、信息公开平台、政府监管平台；“五个统一”指统一使用合格的电子秤、统一悬挂投诉电话牌匾、统一悬挂诚信承诺牌匾、统一商品标识牌、统一菜单确认。

活动，筹备全国沙滩排球赛、全国帆板大赛、第三届全国棋文化峰会等具有全国影响力的文体赛事，增强群众和游客的参与性、体验性与互动性，吸引全国各地游客，延长海陵岛旅游旺季，使淡季不淡，形成旅游产业良性发展环境。

图 4－5　海陵岛红树林湿地公园

(4)推动旅游设施升级

快速便捷的立体交通体系是海岛旅游发展的关键，海陵岛积极谋划大交通体系，狠抓硬件建设升级旅游环境。截至 2015 年，海陵岛试验区累计投入 1 亿多元，对岛内旅游大道、海滨路东段、海滨路步行街、东风路等进行升级改造，岛内快捷、畅通、安全的旅游交通网络基本形成。海陵岛还充分利用岛内的闲置土地，将未开发利用的土地改造成为临时的停车场，增加旅游旺季岛内的停车位，重新设置停车指引牌、划分明显的停车分区，对道路两边乱停乱放车辆的现象进行专项整治，规范停车场管理。海陵岛积极建设旅游服务综合体，按照国家 5A 级旅游景区游客中心标准新建旅游服务管理中心，形成集旅游信息、咨询、游程安排、讲解、宣传、休息、购物、茶饮等旅游服务功能于一体的综合性旅游服务场所。

同时，2015 年年底开工建设的海陵岛大桥建成后，海陵岛将实现两条道路与外界连通，有效降低恶劣天气的影响，而连接珠三角核心城市与粤西阳江、茂名、湛江的第一条快速铁路——深茂铁路的建设，将加快海陵岛实现快速接驳珠三角的目标。阳江合山机场正在改扩建，邮轮码头、游艇基地也在建设中，这些海陆空项目打造完成后，海陵岛将形成一个立体交通网络，正式踏入珠三角一小时生活圈。

专栏4－3　舟山市普陀山风景名胜区旅游发展成功案例

1. 普陀山基本情况

普陀山是舟山群岛1390个岛屿中的一个小岛，面积约12.5平方千米，位于杭州湾以东，与上海、宁波隔海相望，是中国佛教四大名山之一，国务院首批公布的44个国家级重点风景名胜区，国家5A级旅游景区，浙江省唯一的ISO 4000国家示范区，素有“海天佛国”“南海圣境”之美誉，是全国最著名、最灵异的观音道场，与九华山、峨眉山、五台山合称“中国佛教四大名山”。

普陀山四面环海，风光旖旎，幽幻独特，山上寺院林立，佛教氛围浓郁，鼎盛时期，全山共有3大寺、88庵、128茅棚，4000余僧侣，史称“震旦第一佛国”。金沙、奇石、洞壑、潮音、幻景浑然一体，形成普陀山水天一色、山海兼胜的独特景观，凭借特有的山海风光与神秘幽邃的佛教文化，吸引众多文人雅士来山隐居、修炼、游览。近年来，面对旅游业发展呈现的新形势、新变化、新要求，普陀山全面推进景区提升工作，全力建设全国精品旅游景区。

2. 普陀山主要成绩

普陀山是舟山乃至中国的金字招牌，不仅仅表现在对旅游发展的推动上，还表现在对经济、政治、社会、文化、生态整体性的促进作用上，是佛教文化之宝、浙江旅游之宝、舟山发展之宝。经过30多年的保护与发展，普陀山的知名度、美誉度和影响力不断提升。2015年上半年普陀山景区接待香游客375.67万人次，实现旅游经济收入26.09亿元，分别同比上年增长6.1%和13.1%。根据当年浙江省游客满意度调查报告，普陀山景区游客满意度在全省11个5A级景区中位居前列，第一、第二季度分别列第一、第二名。普陀山作为舟山市的“金名片”、海洋旅游的核心品牌，在未来，将努力实现政府依法监管、企业守法经营、游客文明旅游、景区经济效益社会效益和生态效益相统一，全力建成全国精品旅游景区。

3. 普陀山旅游发展经验借鉴

(1)精准把握定位，明确发展目标

普陀山作为我国的佛教四大名山之一，往来游客中有1/3是纯佛教徒，有1/3是观光游客，还有1/3既是游客又是香客，这说明来普陀山旅游的人群中到寺院进香的香客要多于观赏自然景观的游客。因此，普陀山的旅游业离不开佛教，离开了佛教就意味着失去了主要客群。此外，普陀山旅游作为舟山海洋休闲旅游的一个组成部分，其发展既要立足佛教文化，还要跳出普陀山对接舟山新区，将文化优势、区位优势转化为旅游经济优势，实现旅游产业由单一的观光游向多元化的休闲度假游发展转型，做好“舟山旅游”大文章。早在几年前，普陀山就因地制宜根据自身发展特色提出“打造世界佛教名山、建设国际旅游胜地”的中期目标。“打造世界佛教名山”是对普陀山精神内涵的诠释，“建设国际旅游胜地”则是对管理服务标准的定义，要求普陀山与世界接轨，用国际化的通用标准来规范自身的管理服务。

此外，对于普陀山的长远发展，早在明代便有了终极定位，虽历经沧桑，却亘古不变，只是现如今要建立的是一个现代的“海天佛国”，代表着自然景观与人文景观的完美结合，这个目标激励着一代又一代的普陀山人。

(2)创新体制机制，推动区域协同

为推进普陀山朱家尖的全面发展，优化功能布局、推进转型升级，实现强强联合、优势互补，2015年，舟山新区正式启动了普陀山朱家尖经济功能区一体化管理的体制机制创新工作，普陀山－朱家尖管委会和普陀山风景名胜区管委会进行了机构整合，成立普陀山－朱家尖管委会(普陀山风景名胜区管委会)作为新区管委会直属机构，实行“两块牌子、一套班子”合署办公，对普陀山朱家尖实行“统一领导、统一规划、统一建设、统一管理”的一体化管理。普陀山－朱家尖作为一个有机体，两者在功能上进行了差异定位，普陀山以保护提升为主，突出“静”的主题，讲究深度、深层、深刻的精神体验；朱家尖则以开发建设为主，突出“动”的主题，重点打造活力四射的“自在岛”、国际旅游岛，既是普陀山的外延，又是普陀山的补充。普陀山、朱家尖两者实现动静结合、优势互补、联动发展，前者寻找净化和升华，后者寻求自在和快乐，一体化协同发展的模式将成为合力打造世界观音文化圣地和国际海岛休闲度假胜地，推动区域经济社会健康发展的有力抓手。

(3)优化游客体验，提升服务品质

普陀山景区切实转变服务理念，从游客所需所想出发，牢固树立“人人都是服务员、个个都是监管者”意识，加大旅游服务标准化创建，强化标准化和个性化的有机结合，推动旅游服务向优质服务转变。建立志愿服务常态机制，完善景区各类志愿者服务队伍，鼓励机关企事业单位干部职工、在校大学生利用假期参与志愿服务。邀请相关人大代表、政协委员、业内专家开展常态化监管督查，保障景区服务品质。整合景区票务并优化票价结构，启动景区门票及相关票务一票制整合工作，完善手机购票、网上售票、自助购票等各类智能购检票、通关系统，实行淡旺季差异票价。

协调推进水陆客运体制改革，优化水陆运营班次，不断完善交通服务体系。推进“智慧普陀山”建设，完善“一云多屏”多媒体信息发布、移动智能终端导览、游客统计分析与疏导系统和综合管理服务等平台，实现网络、短信、移动微端、电子屏、多媒体多端互动，深化推进信息咨询服务建设。完善信息发布、导览机制整合景区投诉平台，实现统一平台受理、部门分理、多方联动的快速响应机制。

(4)发掘产品内涵，深化业态布局

围绕“文化兴旅”主线，紧扣“观音文化”特色，抓好文化精品和文化体裁建设，整合提升普陀山观音文化节、千人斋等精品文化节庆，加快文化研究与文化产业的发展双赢，成功举办首届世界佛教论坛。深化文化“五个一”工程①，《观世音》剧、《不肯去观音》电影等推陈出新，不断以小现场大媒体营造大声势大影响使景区的文化氛围更丰满、更多元。借势借力，抢抓上海迪斯尼乐园开园、舟山邮轮港开港契机，做好产品设计开发和宣传营销，推出契合普陀山实际的主题旅游，并通过与知名电商合作建立散客自由行产品销售专区，吸引众多中外香客、游客到普陀山朝圣旅游。紧扣旅游六要素不断完善景区业态布局，编制经营网点布局规划，布局建设中低档宾馆，积极培育引进一批名优特品牌。深挖佛教文化，为佛教信徒和游客提供法师开示、坐禅、听经、抄经、早课等体验项目，让信众更好地体验感悟佛教文化。推进“依法治旅”，深化《普陀山景区“禅修行”旅游管理办法》落实，推进旅游新业态发展，加强旅游新形象推广。

图4-6　舟山普陀山观音文化节

① “五个一”工程：指围绕一部电影、一出戏、一幅画、一套书、一首歌而进行的文化产品生产。

实践篇(之二)

浙江海岛旅游业发展实践与探索

5 浙江海岛旅游业发展现状分析

浙江海岛旅游雏形最早形成于沿海渔民向大海讨生活的过程中。但真正意义上的海岛旅游则是在我国改革开放之后，伴随着时代步伐不断发展壮大。对于生活在船上、海上的浙江先辈渔民们，推门见海，每天跟海打交道。出海就是旅行，生活注定漂泊。或为躲避风浪，或为祈祷平安，他们不经意间成了无人岛屿的第一批探险者、开拓者，有时也会被优美的海岛自然景色所吸引，一边品尝着捕获的海鲜美味，一边欣赏着优美的海岛风光。在生产力低下的农业社会时代，这可以算是最原生态、最淳朴的海岛旅游。

5.1 浙江海岛旅游业发展概述

5.1.1 浙江海岛旅游业发展历程

现代意义上浙江海岛旅游业发展历史并不长，总体上可分为三个阶段：初级起步阶段、快速发展阶段、优化提升阶段。

5.1.1.1 初级起步阶段(1979—2002 年)

1979 年，舟山市普陀山景区重新开放，标志着浙江海岛旅游开始兴起。舟山普陀山、嵊泗列岛、桃花岛、岱山、温州洞头列岛、海滨 - 玉苍山、台州桃渚等海岛景区相继被评为国家、省级风景名胜区，观光旅游成为这一期间的主要旅游方式。

5.1.1.2 快速发展阶段(2003—2010 年)

2003 年 8 月浙江省召开首次海洋经济工作会议，会上省委、省政府明确提出了建设海洋经济强省的奋斗目标并把海洋旅游业列为建设海洋经济强省的五大重点产业之一。海岛旅游走上加速发展的快车道，经济社会发展的带动和促进作用越来越明显、越来越强劲，普陀山、朱家尖、桃花岛等相继被评为国家 5A 级和 4A 级旅游景区。到 2010 年，全省海岛地区接待游客达到 1. 18 亿人次，海洋旅游收入超过 1500 亿元。

5.1.1.3 优化提升阶段(2011 年—今)

2011 年浙江省在国内率先启动了舟山群岛海洋旅游综合改革发展试验区建设。2011 年 12 月，国家旅游局正式批复舟山市为国家旅游综合改革试点城市。随后，温州洞头县被列入省级旅游综合改革试点县。全省海岛旅游业正式从大众观光阶段向休闲度假阶段转变。

5.1.2 浙江海岛旅游业发展成果

近五年以来，浙江海岛旅游业发展取得了令人瞩目的成果，主要体现在以下四大方面。

一是海岛旅游综合经济实力全国领先。海岛旅游发展速度高于全省旅游业的平均速度，海岛地区旅游经济总量保持稳健增长势头。2015 年宁波、舟山、台州、温州共接待境内外游客 27 071.61 万人次，实现旅游总收入 3339.26 亿元，整体海洋旅游实力稳步增强，成为旅游业发展的新突破口，浙江省海洋海岛旅游经济的综合实力处于全国领先水平。

2015 年舟山市共接待境内外游客 3876.22 万人次，同比上年增长 14.08%，实现旅游总收入 552.18 亿元，同比上年增长 15.71%。

2015 年宁波实现旅游总收入 1233.3 亿元，比 2014 年增长 15.5%。接待国内游客 7920.3 万人次，比 2014 年增长 15.2%；实现国内旅游收入 1183.9 亿元，比 2014 年增长 16.0%。接待入境游客 157.5 万人次，比 2014 年增长 12.7%。

2015 年温州接待海内外游客 7681.56 万人次，实现旅游总收入 804.53 亿元，分别比 2014 年增长 16.8% 和 18.1%。其中接待国内旅游人数 7575.75 万人次，比 2014 年增长 16.8%，国内旅游收入 770.32 亿元，比 2014 年增长 18.3%；接待入境游客 105.81 万人次，比 2014 年增长 17.5%，国际旅游外汇收入 5.49 亿美元，比 2014 年增长 14.5%。

2015 年台州全年共接待旅游总人数 7436.03 万人次，比 2014 年增长 22.0%，其中接待国内游客 7419.17 万人次，增长 22.0%；实现旅游总收入 749.25 亿元，比 2014 年增长 28.4%，其中国内旅游收入 745.63 亿元，增长 28.4%。

以上数据来源于各地 2015 年国民经济和社会发展统计公报，其中接待量和总收入进行了合并。

二是海岛旅游产品业态创新全国领先，海岛旅游产品丰富多彩，旅游新产品和新业态不断引入海洋旅游领域，邮轮、游艇、直升机和水上飞机旅游、海钓旅游和海洋文化娱乐等方面走在全国前列。

三是海岛休闲旅游产业基础取得突破，海岛旅游已成为海洋旅游的新亮点，目前全省海岛地区已有2个省级旅游度假区、8个国家、省级风景名胜区、1个国家级5A景区，10个国家4A级景区，一批海岛旅游综合体项目建设取得实质性成效，一批有特色、成规模、有影响的旅游区点、旅游线路、旅游节事活动已经或正在形成。

四是海岛旅游业的社会贡献取得新突破，海岛休闲旅游对海洋生态环境保护的反哺作用加强，对美丽海岛建设的促进作用更加明显，对滨海和海岛渔农民就业增收的带动作用更加明显，海岛旅游已成为保护和改善生态环境的绿色产业、富民惠民的民生产业。

5.1.3 浙江海岛旅游业发展趋势

5.1.3.1 多样化发展

海岛旅游产品有着多样化发展的内在趋势与要求。随着浙江海洋经济发展示范区和舟山群岛新区建设上升为国家战略，突出做强海岛旅游新产品和新业态，是旅游供给侧结构性改革的新要求。浙江将充分利用强大的民营经济和发达的市场机制等有利条件，优先开发邮轮游艇、水上飞机、超大型主题公园和私人度假岛等休闲度假旅游，以及荒岛探险、狩猎、生存拓展等特种旅游，抢占国内海岛旅游市场的制高点。还将利用岛群优势，积极开拓远岸岛屿及其海域空间，通过多样化的海洋船舶、水上直升机和地面直升机，增强海陆之间岛屿之间的交通联系，形成滨海旅游、岛屿旅游、海面旅游与海空观光相结合的海洋旅游产品体系，成为全国海岛旅游高端产品的先发地。

5.1.3.2 生态化发展

新鲜的空气、优良的生态环境对海岛旅游至关重要。浙江海岛旅游必须走绿色发展道路，把海洋生态环境保护作为首要任务。要让保护海岛生态环境成为一种普遍的社会公德，增强全体居民和旅游者的保护意识。加强陆岸和海岛污染源的治理，防止新污染源的产生。海产品养殖注意合理布局，科学管理，尽可能减少或避免对海岛自然生态环境的污染，预防海水富营养化和赤潮的发生。在岛屿上应尽量使用环保型交通工具，如电瓶车、自行车、天然气汽车等，杜绝废气，降低噪音，保持清新空气和幽静的环境。通过科学的规划、合理的投资建设以及对旅游活动和经营活动的严格控制，把旅游的负面影响控制在不会对海岛生态环境造成破坏、不会因此而降低环境质量的程度。景区内不宜进行过多的公路、管道、电缆、索道、宾馆等工程的建设，以防旅游景区城市化、商业化和人工化的“三化”现象，破坏景区环境，同时影响旅游者的体验及满意度。在海岛酒店、民宿或餐饮等接待设施的设计建造应秉承环保绿色的理念，减少从外地采购时所产生的运输能源和碳排放，推崇“减少排放、低碳环保”的商业经营宗旨，把旅游对生态环境的不良影响限制在环境承载力范围之内。节约资源，即开发中采用“消耗最小”准则，节约自然资源，提倡充分利用太阳能、风能等可再生资源。

5.1.3.3 融合化发展

群岛马拉松和环岛自行车赛的成功举办，为海岛旅游注入了新鲜元素与生机活力，以体育赛事延长海岛旅游黄金季，促进了旅游业与体育休闲运动业的融合发展。

5.2 浙江海岛旅游业发展条件分析

5.2.1 地理区位条件

浙江海域面积26万平方千米，为陆域面积的2.6倍；海岸线长(大陆海岸线和海岛岸线)6500千米，占全国海岸线总长的20.3%，居全国第一位；全省面积500平方米以上的岛屿3061个，占全国的44%，岛屿数量居全国之首；海岛面积为1940平方千米，岛屿岸线总长4797千米；全省面积大于500平方米的无人岛有2883个。浙江海岛地区是长江三角洲的重要组成部分，北邻上海和江苏，南接福建，西近安徽黄山，与台湾的最近距离也只有100多海里，具备开拓境内外客源市场的区位优势。

5.2.2 旅游资源条件

浙江海岛气候温和湿润、地貌形态多样、人类活动历史悠久、文化积淀深厚，自然禀赋与人类活动的叠加，形成了丰富多彩的自然和人文旅游资源。据浙江省旅游资源普查结果，沿海地区的旅游资源单体数、优良级旅游资源单体数和五级旅游资源单体数占全省的比重均接近40%，旅游开发潜力巨大。

5.2.3 经济条件

浙江海岛地区整体上属于经济发达地区，特别是强大的民营经济构成了浙江发展海洋旅游的巨大动力，而这一优势恰恰是不少其他沿海省份所不具备的。近30年来，在浙江省旅游产业持续快速增长的过程中，海岛旅游也日益受到重视，海岛地区接待的国内外游客和获得的旅游收入在全省旅游中的份额逐年提高，发展势头越来越好。

5.2.4 空间格局条件

全国12个海岛县(市、区)，浙江占6个(定海区、普陀区、岱山县、嵊泗县、玉环县、洞头县)。目前，全省11个市90个县(市、区)中，有7个沿海市、37个沿海县(市、区)具备发展海岛旅游的条件。

5.2.5 政策条件

为冲破现有海岛旅游发展的政策制约，解决影响海洋旅游发展的突出问题，浙江省率先探索和创新一系列海洋旅游政策，为海洋旅游发展提供了经验积累。2010年在国内率先启动了舟山群岛海洋旅游综合改革发展试验区建设，成立舟山群岛海洋旅游综合改革试验区管理委员会。建设海洋旅游综合改革试验区，是推进海洋旅游改革与发展的有效路径，其核心任务之一就是要大胆探索、先行先试，找到适应浙江省海岛旅游发展实际的政策。

5.2.6 配套要素条件

目前，浙江省已基本形成了全要素配套的海岛旅游产业体系，为海岛旅游的加快发展奠定了较强的产业基础。海岛旅游的交通瓶颈明显缓解，沪杭甬高速公路、甬台温高速公路、金丽温高速公路、沪杭甬铁路、金温铁路等构成了进入海洋旅游区的陆上交通网；宁波、舟山、路桥、温州等机场则构成了海洋旅游的航空交通网；宁波—舟山、舟山—上海、上海—慈溪、椒江—大陈、温州—洞头、温州—南麂都已开通快速海运航线，海岛旅游区与大陆之间的交通以及海岛交通条件都得到了改善，海岛旅游的可进入性不断增强。公共服务设施和接待服务设施建设进一步加快，旅行社、宾馆饭店、购物和娱乐场所、旅游汽车服务公司等都在不断增加，全社会提供的旅游接待服务设施不断完善细化，海岛旅游综合接待能力已经得到大幅度提高。

5.3 浙江海岛旅游业发展市场分析

5.3.1 浙江海岛旅游业市场现状

5.3.1.1 国内市场

(1)国内客源构成

近几年，浙江海岛旅游市场快速发展，且不断规范，消费水平逐年提高(表5-1)。根据针对浙江省嘉兴、宁波、舟山、台州、温州五个主要沿海城市旅游市场的调查数据显示，2015年，到访嘉兴、宁波、舟山、台州、温州的省内游客占比最高，在外省游客中，以华东地区为重点，其中以长三角尤为突出。从近3年数据来看，国内客源市场结构比较稳定，江苏、上海、安徽等长三角地区是浙江海岛旅游城市国内旅游最大的客源市场。

表5-1 浙江海岛旅游城市国内游客主要客源地构成

(单位:%)

客源地城市	嘉兴	宁波	舟山	台州	温州
北京	1.8	1.4	1.9	1.8	0.7
天津	1.0	0.2	0.4	0.3	0.2
河北	1.0	0.7	0.5	0.6	0.4
山西	0.4	0.5	0.5	0.3	0.1
上海	16	8.1	8.8	7.3	3.5
江苏	13.1	10.6	9.0	7.6	6.8
浙江	36.1	47.3	53.2	52.1	68.3
安徽	4.8	4.9	4.3	3.8	1.9
福建	2.4	3.7	2.2	3.9	5.6
江西	2.7	2.7	1.7	2.6	2.5
山东	2.8	2.3	2.6	1.3	0.6
河南	2.2	2.5	2.7	1.3	0.9

(2)旅游目的构成

根据调查，如果按照到访旅游者的旅游目的分类，2015年到访浙江海岛旅游城市旅游的国内游客中观光游览占54.6%，休闲度假占23.4%，探亲访友占8.9%，商务会展占4.34%。出于休闲度假目的的海岛旅游者相比前几年有了大幅度的增长。而游客到访嘉兴、宁波、舟山、台州、温州的旅游目的基本上也是集中在观光游览和休闲度假，如表5-2所示。

表5-2 浙江海岛旅游城市国内游客旅游目的构成

（单位:%）

旅游目的	观光游览	休闲度假	探亲访友	商务会展	会议培训	健康疗养	文化/体育科技交流	宗教朝拜	购物	其他
浙江	54.6	23.4	8.9	4.34	3.38	0.54	0	0.66	0.64	3.54
嘉兴	56.0	21.1	7.1	6.1	5.4	0.7	0	0.4	1.2	2.0
宁波	50.2	25.7	11.0	4.9	3.0	0.5	0	0.9	0.5	3.3
舟山	58.2	27.6	7.0	2.3	1.9	0.1	0	0.4	0.5	2.0
台州	49.4	19.8	13.1	5.5	3.7	0.8	0	1.0	0.6	6.1
温州	59.2	22.8	6.3	2.9	2.9	0.6	0	0.6	0.4	4.3

5.3.1.2 境外市场

随着浙江省对入境市场营销力度和资金投入的加大，浙江海岛旅游的知名度进一步提升，推动了浙江海岛旅游入境市场的快速发展。到访浙江的入境旅游者除杭州等必选城市外，逐步向沿海城市延伸。在入境旅游客源构成上，主要分为外国市场和港澳台市场两大部分，港澳台市场主要是基于地缘优势。即便如此，浙江省的入境旅游外国市场所占的比重一直高于港澳台市场，其中亚洲市场是外国市场的主力，主要客源国有德国、法国、意大利、日本、韩国、泰国等。随着全球经济一体化的发展和各国文化交流的逐渐频繁，浙江海岛旅游入境客源地必将在大环境的带动下更加多元。

表5-3 2015年浙江海岛旅游城市接待入境游客情况

旅游城市	入境游客（万人次）
浙江	385
嘉兴	72.6
宁波	157.5
舟山	32.2
台州	16.9
温州	105.8

5.3.2 浙江海岛旅游业市场发展趋势

进入21世纪以来，海岛旅游已经成为世界旅游业发展最快的领域之一；同时，海岛旅游是浙江旅游业的重要组成部分，是最受游客欢迎的旅游形式之一。

随着社会和经济的发展，消费者可自由支配的收入增加，以及消费者出游经验的积累，海岛旅游市场结构将会发生一系列变化，主要表现在以下几个方面。

(1)海岛旅游市场细分化、两极化

浙江海岛旅游游客抽样调查统计结果显示，观光游占比54.6%，依然拥有最大的市场份额，但是从每位游客游览景点的平均数目看下降趋势明显。海岛旅游是最能够体现休闲意义的旅游形式。海岛旅游业的核心竞争力在于海岛以其特定的封闭地域空间带给游客的“与世隔绝”的旅游体验，满足游客的逃逸动机并使其身心放松。旅游者对于海岛旅游不再满足于单纯的观光游览，而趋于追求海岛旅游的休闲性和深入体验海岛静谧生活的独特性，因此出现了市场细分化趋势。这一市场变化趋势要求对海岛旅游目的地深入发掘，根据消费者年龄、职业、爱好等不同情况组织各具特色的旅游产品来面向不同细分市场。同时，海岛旅游市场还出现高端旅游和经济型旅游两极分化现象。一方面，高端旅游消费水平高，停留时间长，经济效益好，是许多海岛旅游目的地重点关注的市场部分，但高端旅游越来越强调体验的独特性和唯一性，重视旅游的定制化，对海岛旅游目的地提出了新的挑战。另一方面，来自新兴市场的经济型游客数量多、要求相对较低，比较适合某些资源受限或新发展起来的海岛旅游目的地。

(2)游客旅游方式更偏向于自由行

随着“80后”“90后”消费能力的逐渐提高，日益成长为旅游大军的中坚力量，游客群体呈现出年轻化的特点，旅游市场散客化自由行趋势更加明显。同时，自由行产品对年轻人有着天然的吸引力，更容易满足年轻人对旅游多样化的需求。根据相关统计数据显示，近年我国旅游市场每年都在高速增长，其中自由行人数每年增长达30%，而传统组团游增长速度15%，且有增速放缓趋势。游客通过单独前往，或者自发组织，包括亲朋好友结伴、驴友同行、徒步旅游、自驾旅游等，已经成为浙江海岛旅游的大趋势，也表明大众海岛游时代的到来。

此外，自由行的发展将有可能带来私人订制模式的火爆。私人订制具有“自由、深度、私人化”的特点，能够充分考虑到旅游消费者的需求，是对自由行的进一步升级。私人订制模式不仅能让游客感受到海岛旅行当中更多的乐趣，同时也能对旅游行业本身起到推动和促进的作用。

(3)线上旅游消费将继续渗透

在“互联网+”的影响下，传统产业互联网化的趋势日益明显。在线旅游作为旅游行业互联网化的先锋队，近年来保持着强势的发展势头。根据业内相关数据显示，2015年上半年，我国在线旅游总交易规模为1654.8亿元，同比增长35.6%。2015年上半年在线旅游渗透率为8.9%，互联网旅游产业仍有较大的发展空间。

在线旅行商携程的数据显示，通过其平台预订的海岛线游客量占总出境人数的30%，自由行产品购买率达到七成(即传统的机加酒打包产品)，自由行产品的销售同比增长了20%。

海岛旅游消费者对线上购买线下体验模式的认同越来越高，而且线上平台还能记录、分享消费者的旅游体验。旅游产业加速线上线下融合的趋势，将对海岛旅游产业的服务品质的提升有促进作用。

(4)二级市场发展潜力大

据2015年浙江海岛旅游国内客源市场数据统计，除江苏、上海、安徽等长三角地区以外，天津、河北、山西、江西、山东、河南等二级市场游客人数也呈上升趋势。海岛旅游特色明显，已越来越受到二级市场游客的青睐。

5.3.3 浙江海岛旅游业市场定位与营销策略

海岛旅游是一项综合性很强的服务行业。在竞争日益激烈的大环境下，浙江海岛旅游市场需细分研究，明确市场定位，并制定有针对性的营销策略，构建高效的营销平台。同时，加强市场营销效果的监测、评估，加强与重要客源地政府、旅行社等合作，把市场营销有效延伸到消费者终端。

(1)树立良好的海岛旅游形象，加强品牌营销

旅游目的地形象是公众对旅游地总体的、抽象的、概况的认识和评价，是对区域内在和外在精神价值进行提升的无形价值，是旅游地现实的一种理性再现。在海岛旅游资源开发规划过程中，海岛旅游目的地形象塑造具有举足轻重的作用。因此，浙江海岛旅游资源开发规划中需要增强品牌意识，做精做足品牌营销的工夫，全力塑造“大东海”区域海岛旅游整体品牌形象。结合浙江的区位、资源优势和发展规划，制订切实可行的营销计划，通过举办各种节庆活动、比赛，邀请国内外知名媒体、记者来浙开展采访考察活动，提高浙江海岛旅游知名度。利用国际海岛旅游大会举办的契机，向

与会的国内外代表进行推介和宣传，进一步提升浙江海岛旅游在海内外的影响力和竞争力，打响浙江海岛旅游品牌。

(2)调动区域合作，进行整合营销

海岛旅游的发展不是孤立的，海岛旅游不仅是浙江社会经济的重要组成部分，还是沿海地区旅游产品的重要组成部分。浙江海岛旅游发展需要依靠海洋资源和内陆供给，应积极引导创新旅游合作机制，充分调动建立海岛旅游城市合作交流机制，加强海岛旅游城市间的市场共享和资源整合，突出特点，优势互补，提升整体旅游质量，增强海岛旅游综合竞争力。此外，可以整合各地旅游资源，推出精品海岛旅游线路，进行包装策划推广。培训浙江海岛旅游营销队伍，提高专业化营销宣传水平。积极参加国内外各类旅游交易会和博览会，展现浙江海岛旅游特色。同时与各海岛旅游城市及相关企业举办重大活动、节庆活动，吸引更多客源。与携程、同程、百度、优酷等网站合作，开设浙江海岛旅游销售专区，建立线上、线下的立体营销系统，提升浙江海岛旅游影响力。

(3)创新营销方式，开展全媒体营销

充分利用报纸、广播、电视和网络四大媒体广告合力营销。加大对自媒体营销的投入，精熟对微博、微信、微视频等自媒体平台的应用，通过官方微信公众号和官方微博发布旅游资讯，通过提供在线咨询、投诉、建议等服务项目提高互动性，并通过举办针对网络用户偏好的专题互动活动扩大粉丝群。借助电商企业的大数据、云计算和网络平台，开展具有针对性的市场营销活动。

(4)迎合游客需求，提升体验营销

海岛旅游者需求持续变化，游客偏好已经从传统的观光旅游向休闲度假转变，体验式消费得到游客青睐。在体验经济时代，旅游者向往个性化和特定的旅游产品。因此，浙江海岛旅游应进一步完善旅游产品层次，发展多种旅游产品，如文化旅游产品、生态旅游产品、户外运动产品、蜜月旅游产品等，满足不同消费者需求。同时，可适当开发高端市场，以游艇游轮为载体，开发海岛高尔夫、海钓、海上美食、海港夜游、游艇晚会等产品，引导深度体验。还可通过旅游舆情监控和数据分析，发掘旅游热点和游客兴趣点，引导旅游企业策划对应的旅游产品，制定相应的营销策略。通过量化分析判断营销渠道，筛选效果明显，可以长期合作的营销渠道。

5.4 浙江海岛旅游产品分析

得益于其得天独厚、千姿百态的地理特性，每一个海岛都具有独特的个性和迷人的风貌，同时也产生了丰富多样的海岛旅游产品。从目前浙江省现有的海岛旅游产品开发情况分析，大致可以分为观光游览型、休闲度假型、康体运动型以及其他类型等，部分旅游产品开发现状较为成熟，海岛上景点数量较多，在市场上也具有一定的影响力。然而，随着国内外旅游市场需求的变化和游客品位的提高，这些开发较早的旅游产品面临着产品老化、吸引力下降等问题，现有产品与市场需求脱节，开发深度、特色发掘不够，且周边区域雷同产品较多，市场竞争优势不突出；许多观光游览和休闲度假类的产品开发过于粗糙，文化类产品开发浮于表面，旅游产品缺乏规范化经营，淡旺季明显，旺季时超负荷接待的现象严重等问题。

总体来看，现有的旅游产品尚处于粗放式的开发状态，设施陈旧、服务落后，吸引力逐渐下降，同时缺少对资源环境的保护意识，迫切需要优化提升和转型升级。

5.4.1 观光游览型旅游产品

5.4.1.1 观光游览型旅游产品解析

观光游览型旅游产品是海岛旅游的传统旅游产品，从现状来看，海岛的人文资源丰富，自然景观优美，具有开发观光游览产品的天然优势，这类产品主要可分为自然景观游览和人文景观游览两大类。然而，目前观光游览类型的产品存在着产品老化、内容单一、品质低下、吸引力减弱的问题。海岛旅游目的地应通过加强规划、发掘文化内涵和加强基础设施建设来丰富和优化旅游产品，提升旅游产品的质量已经刻不容缓。在多元化、精品化建设的同时，还要注重以成熟景区为龙头，带动周边景区的开发建设，形成规模化的旅游景区，在开发传统观光类旅游产品的同时，还要注意与康疗保健、生态旅游、文化修学、科普教育等其他类型的产品相结合，通过旅游产品的延伸开发，丰富旅游内容、增加游览时间，提升景区效益。

5.4.1.2 典型案例

(1)舟山朱家尖大青山

朱家尖大青山位于浙江省舟山群岛东南部，是舟山群岛的第五大岛，与海天佛国普陀山、金庸笔下的桃花岛隔水相依，构成独特的“舟山旅游金三角”，有大青山海岛生态公园、乌石砾滩、里沙生态园、箬箕湾、千步沙等景点。

朱家尖大青山国家公园是国家4A级景区、朱家尖的核心景区，青山峰为大青山主峰，是朱家尖岛的最高峰主体，10平方千米的区域面积和30多千米的海岸线、18千米的环岛旅游大道，集聚了阳光、海浪、沙滩、礁石、峭壁、渔村、千岛海景等一系列优质的旅游观光资源。乌石砾滩位于樟州湾西岸，这里晶莹圆润的乌石是大自然的杰作，山石在海浪和潮汐长年累月的冲刷下，原有的棱角逐渐被打磨殆尽，形成一颗颗光滑乌亮的鹅卵石，堆积成蔚为壮观的乌石砾滩。里沙又名“西莲花池大沙滩”，滩长约800米，宽170米，呈弦月形，滩面平缓，沙质金黄，沙滩旁的树冠一起向背对大海的方向伸展，状若篷帆，形成“古老沙成林，绿树攀青藤”的独特风景，良好的生态环境让这里素有“天然氧吧”之称，游客还可以在这里体验“露天象棋”“原木攀爬”“竹林迷宫”等户外休闲娱乐项目。箬箕湾是一处天然的港湾，位于大青山西麓山脚，三面环山，腹地平坦，因地形酷似渔家淘米用的箬箕而得名，这里是朱家尖岛最早的海边人家安居之所，是目前浙东沿海地区保存最为完整的原生态渔村。千步沙长约1200米，宽约170米，横亘于姆岭山和癞头山之间，南北两侧礁石险峻，惊涛拍岸，金沙沿碧海布地，观远海孤帆，云光天影，令游客心旷神怡，由谢晋导演的《鸦片战争》曾在这里拍摄。

(2)石塘镇

石塘镇为浙江省温岭市辖镇，是一个古老的渔村集镇，旧称石塘山，地处浙江东南，由原石塘、箬山、钓浜三镇合并而成，这里三面环海，具有旖旎的海滨风光。石塘镇融合了天工之巧和人工之妙的秀丽景色，素有“画中镇”之称，吸引着中外游客前来观光游览，特别是中央电视台在此拍摄《渔村小叙》并向全国播放后，画家、诗人、摄影家更是纷至沓来，被人们誉为“东方巴黎圣母院”。全镇都由灰色的巨石构成，在方圆四五平方千米的山岙里，都是“屋咬山，山抱屋”的石砌建筑，靠海的道路、老屋皆依坡而建，房屋随地势升降起伏，路是石铺，街是石造，巷是石围，房是石砌，老街弯弯曲曲，缝隙里长满了野草和青苔，两旁石砌的房屋错落有致，屋顶也用石头和岩块构成，古朴苍茫、雄浑粗犷，给人一种浩然的阳刚之美和悠远的沧桑之感。这里还有蛤蟆照镜、横塘帆影、莲屿冲波、岩石涵清、雷峰怪石、石穴窥天、鱼池印月、蛟龙曲水、狮峰聚秀、澄海观涛等十大景点吸引着游客来观光游览。

(3)南麂列岛

南麂列岛位于浙江省平阳县，总面积200平方千米，陆域面积11.3平方千米，由大小52个岛屿组成。这里海洋风光秀丽，生态状态良好，是中国唯一的国家级贝藻类海洋自然保护区，被誉为“贝藻王国”，1990年成为中国首批5个海洋类型的自然保护区之一，1999年被联合国教科文组织列为世界生物圈保护区网络。这里拥有各类景点180多处，以大沙岙金沙碧海、奇峰异石、天然壁画、海岛平原、大擂水仙最为著名，同时还有大沙岙天然浴场、美龄居、澳摩崖石刻、国姓庙等景点。南麂列岛充满了自然的天韵和神话般的魅力，具有独特的海岛风味和地方色彩，是集科研考察、旅游观光于一体的海上乐园，吸引着游客们前来旅游观光。

(4)大鹿岛

大鹿岛位于台州市玉环县，是国家4A级旅游景区。这里常年被绿色所覆盖，像万顷碧波长缀的翡翠，岛上植物有380多种，森林覆盖率达87.5%，游人置身其中，犹如进入绿色海洋。这里有日本柳杉、北美鹅掌楸、中国台湾相思树等珍贵树种，还有一株伟岸挺拔的美国红杉，是1972年美国总统尼克松访华时赠送给杭州植物园的美国红杉的后代。海上森林与奇礁异石、岩礁艺术堪称“鹿山三绝”。大鹿岛山秀林美，峰危岩峻，石神礁奇，加上岩雕艺术，多姿多彩，景观优美。这里景区范围大，景点多，有罗汉岩、龙门桥、石窟群、龙游洞、寿星岩、将军洞、狮子岩、龙潭、石鱼、索桥等景点。大鹿岛已成为全省森林最好、植物最丰富的海岛，是省级森林公园，被评为台州市“十大旅游景观”之一。

(5)枸杞岛

枸杞岛位于嵊泗列岛东部，这里因枸杞岙附近遍生中药材枸杞灌木而得名。枸杞岛以山地为主，山顶多裸岩，沟谷处植被茂密，森林覆盖率达53%以上，居嵊泗县各岛首位。这里有得天独厚的“渔、港、景”的旅游资源优势，“山海奇观”气势雄伟、渔乡风情古朴浓郁，气候宜人，有小西天、山海奇观碑、妈祖庙、虎石、蛟龙出水、岛沙碑等景点，是理想的旅游、观光、避暑之地。小西天位于枸杞岛小西天顶峰西侧，海拔119.3米，为枸杞岛最高点，是登山看海、观日、听涛的最佳去处；山海奇观位于枸杞岛南部，五里碑峰巅，这里有一雄伟山崖傲然屹立，数十里外即可望见，东壁镌刻“山海奇观”4个巨擘大字，为明万历十八年(1590年)浙直总兵都督侯继高督汛至此所题，周围松林茂郁，环境清幽，登上碑顶，山、礁、滩、云、天、海等景色尽收眼底，令人心醉神迷；大王沙滩是枸杞岛最大的沙滩，位于枸杞岛大王村，沙滩沙质细腻，是夏天游客游水嬉戏的必去景点。

5.4.2 休闲度假型旅游产品

5.4.2.1 休闲度假型旅游产品解析

浙江的海岛环境优美，自然条件优越，这些海岛可进入性好、气候舒适宜人，具有开发休闲度假类旅游产品的优良基础和条件。休闲度假类旅游产品又可分为滨海休闲度假、生态休闲度假、乡村休闲度假等不同类型。这些产品虽然具有一定的市场竞争力，但也表现出了产品类型重复雷同、档次较低、缺乏新意、活动内容单调等问题。开发这一类产品，需要进一步研究国内外休闲度假旅游的市场需求和发展趋势，结合浙江省海岛自身的特色，优化市场与功能定位，因地制宜地开发各类休闲度假产品，以精品化、细分化、多样化、特色化为发展目标，在开发产品的同时注重环境与氛围的打造，同时注重人文资源和自然资源的结合，设计以人为本的配套服务，策划四季皆宜、富有参与性的旅游项目。

5.4.2.2 典型案例

(1)渔山列岛

渔山列岛是位于宁波象山最东南的岛屿，被誉为“亚洲第一钓场”，处于南北洋流交汇带，鱼类、贝类、藻类资源丰富，有海洋特产300余种。列岛岛礁棋布，海水清澈，是休闲、度假、海钓、游泳、野营、抓贝壳的好去处。

北渔山灯塔是渔山岛的标志，清光绪二十一年(1895年)，灯塔由上海海关耗资5万两白银，法国巴黎的巴比尔公司特制，灯塔由铁铸成，白色圆形，高16.9米，直径4米，由于海岛地理位置的重要性，灯塔始终是该海区的主要导航设施。站在灯塔远眺猫头洋，海面上白帆点点，渔轮穿梭，观看海边游人垂钓的景象，情趣盎然。待夕阳西下夜幕降临，是银盘当空，繁星相拥，塔光闪烁渔火点点，海风拂面而来。站立岛顶，在渔山岛上看日出，那浩渺海天变幻的情景，时常令游人激动不已。

渔山岛的另一个著名景点当数“仙人桥”。原本这里是临海绝壁大悬岩，通过大自然不停地雕琢，终使崖顶一个约200平方米的岩石下塌，留下了临悬的一道凌空石梁。在岛上走时它是“桥”，而从海面上看，它便是一道巨大的“门洞”，“仙人桥”居空横架惊涛之上，伏桥俯视，涛卷浪翻、声如雷鸣，身下的“桥”似颤似颠，有倾覆百丈涛谷之感。很少有游人坦然步过“仙人桥”到达对面，这也是它留给游人深刻印象的原因。岛上其他景点还包括破城顶、战备山洞、渔村等。

(2)嵊泗列岛

嵊泗列岛位于舟山市嵊泗县，由钱塘江与长江入海口汇合处数以百计的岛屿群构成，包括大洋山、小洋山、沈家湾岛、薄刀嘴岛等400多个大小岛屿。嵊泗列岛“碧海奇礁、金沙渔火”，素有“海上仙山”的美誉。列岛自然风光秀丽、人文景观丰富，这里有鉴真东渡扶桑曾滞留过的大悲山遗址；明朝将领侯继高笔下的“山海奇观”摩崖石刻；远东第一大灯塔——花鸟灯塔；嵊山渔港里如林的桅樯、遮天的船旗、入夜后的万船灯火，还有渔民不时哼唱的渔歌，无不洋溢着浓浓的海洋文化气息。这里冬无严寒，夏无酷暑，鱼鲜蟹肥，海鲜四季不断。全境有60多处景点，丰富的海浴冲浪、碧海垂钓、休闲渔家乐、孤岛探险等特色旅游项目，是休闲、旅游、观光、度假、会务及开展海上运动的理想去处，每年都吸引大量游客前来体验，尽享海岛旅游的无穷乐趣。

(3)东极岛

东极岛位于舟山市普陀区东极镇，中国大陆东端，诸岛远离舟山本岛，拥有大小28个岛屿和108个岩礁，不仅有浓厚古朴的渔家特色，更有美不胜收的风光，它几乎包揽了真正意义上的阳光、碧海、岛礁、海味，且气候宜人，水质清澈，是少有的纯洁之地。东极主要包括庙子湖、青浜岛、东福山、黄兴岛，景点有财伯公庙、东极渔民画展厅、财伯公塑像、东海游击队烈士纪念碑、东翔亭观潮、百步石塘、青浜渔村老街等，是电影《后会无期》的重要拍摄地点，被称为“海上丽江”。

5.4.3 康体运动型旅游产品

5.4.3.1 康体运动型旅游产品解析

康体运动型旅游产品是指利用海岛、海洋和海岸的独特地理环境和优美风景、生态优良的景区资源开发的以运动健身、康体保健为目的的旅游产品，其中包括水上运动、海钓捕捞、海洋探险、登山骑车、拓展运动、野营徒步、生存训练等多种类别，但这些产品同样存在开发粗放、产品同质、档次不高的问题。在目前已有的传统类型产品的基础上，要加强发掘创新产品、丰富产品文化内涵，针对城市上班族和青少年等目标群体打造符合市场需求的体育健身、休闲运动的项目，如高山探险、洞穴探秘、热气球观光、滑翔伞冒险等富有吸引力的产品，同时可以考虑结合研究本土文化开发如中医休闲养生、太极气功体验、温泉水疗保健等康体疗养类产品，不断丰富产品，提升吸引力。

5.4.3.2 典型案例

(1)白沙岛

白沙岛位于舟山普陀旅游金三角内，岛小而精。白沙海钓由来已久，由于地处洋鞍渔场，鲷类、鲈类等可钓鱼种蕴藏量尤为丰富，岛礁区名贵鲷类、石斑鱼众多，是天然海钓示范区。在白沙岛不仅有天然的专业海钓区，而且建立了适合广大游客的休闲钓点，乘坐仿古大捕船拉网、捕鱼等渔家乐活动也吸引了大批游客到白沙岛游玩，是专业海钓爱好者和休闲海钓活动者的乐园，也是游客们体验阳光、海风和渔民生活的最佳去处，在这里可以尽情享受竞技运动和时尚休闲带来的乐趣。

(2)秀山岛滑泥主题公园

秀山岛滑泥主题公园位于舟山市岱山县秀山岛的西北端，面临上千亩平缓滩涂，背靠省级湿地自然保护区，区域内资源优势独特，主要开展以“泥”为主题特色的旅游项目。园内设计讲求自然与艺术的和谐统一，为人们提供了一个集旅游度假、休闲、疗养、科学教育、文化于一体的娱乐场所。公园分大、中、小三个活动功能区域，设有风帆滑泥、木桶滑泥、泥竞技比赛、现代泥瘦身、攀泥运动、泥浴、泥疗、泥钓等项目，内容丰富、有趣、刺激，开创了以“泥”为主题旅游的先河，每年都吸引着国内外的休闲运动爱好者前来体验。

(3)洞头岛

洞头岛位于温州瓯江口外33海里的洋面上，是全国12个海岛县之一，由103个岛屿组成，素有“百岛县”之称，山海兼胜、气候宜人，是个集绝壁奇礁、海上运动、渔乡风情于一体的海滨旅游度假胜地，集荡海舟、钓海鱼、拾海螺、尝海鲜于一体。洞头因电影《海霞》和“洞头先锋女子民兵连”名扬全国，如今这里还新建了“海霞军事主题公园”，游客还可以在这里开展实弹射击、战地探雷、华山险道、丛林战道、生存训练，体验军营生活。

5.4.4 特殊旅游产品

5.4.4.1 特殊类型旅游产品解析

海岛旅游产品还包括以修学、朝圣为目的的宗教文化旅游产品，以党的历史、革命历史人物和革命根据地为内容开发的红色旅游产品，依托历史文化名城、古镇开展的古镇文化展示和风情体验的历史文化村镇旅游产品，以及借助电影、电视作品的影响力开发的影视文化旅游产品等不同类型。

5.4.4.2 典型案例

(1)宗教朝圣类旅游产品

普陀山风景名胜区是中国佛教四大名山之一，也是我国唯一以海岛自然风光和宗教历史文化兼胜的国家首批重点风景名胜区、全国首批5A级景区、全球优秀生态旅游景区。这里既有悠久的佛教文化，又有丰富的海岛风光，古人称之为“海天佛国”“人间第一清静地”。这里大海环抱，金沙绵亘，风光旖旎，幽幻独特，山石林木、寺塔崖刻、梵音涛声，皆充满佛国神秘色彩。岛上树木丰茂，古樟遍野，鸟语花香，还有“海岛植物园”之称。全山共有66种百年以上的树木1221株。除千年古樟，还有国家一级保护植物，珍稀濒危物种普陀鹅耳枥。普陀十二景，或险峻、或幽幻、或奇特，给人以无限遐想，著名景点有潮音洞、梵音洞、朝阳洞、磐陀石、二龟听法石、百步沙、千步沙、普济寺、法雨寺、慧济寺、南海观音、大乘庵等。普陀山被认为是全国最著名最灵验的观音道场，佛教圣地，每年农历二月十九、六月十九、九月十九是观音香会、朝圣盛典，海内外香游客摩肩接踵、蜂拥而至。

(2)红色旅游产品

中国鸦片战争遗址公园位于舟山市定海区，占地110余公顷，建有舟山鸦片战争纪念馆、“三总兵”纪念广场、百将题词碑林和抗英阵亡将士古墓群4个主要区域。同时还将原地处狭小街巷、保护条件差的“三忠祠”迁建到竹山晓峰岭上，使古战场遗址和“三忠祠”相得益彰。遗址公园向社会开放以来，一直是人民群众缅怀先烈、不忘国耻、爱国主义和国防教育的“大课堂”，慕名而来的有军人、学生、旅游团体、外国游客及港、澳、台同胞，还有国家领导人江泽民、乔石、宋平、彭珮云等前来参观。通过参观，加深了参观者对舟山鸦片战争这段历史的了解，更激发了国人的爱国主义热情。

(3)历史文化村镇旅游产品

东沙古镇位于岱山岛西北端，坐落于大海湾东角，史称“东沙角”，古镇由此得名，境内有东垦山、大寨子山、小寨子山等岛屿。东沙镇历史悠久，位于念母的北畚斗新石器文化遗址表明，3000～4000年前东沙已有居民生息，2200多年前秦始皇遣徐福寻找长生不老之药，看到岱山岛屿缥缈朦胧，犹如仙境，遂登临寻仙，登临之处为东沙山咀头，建于清光绪年间的“海天一览亭”中还有相关碑文记载。今天的东沙，越来越重视古镇文化价值，对古镇进行了妥善保护，并有序地推进开发，相继建成修复了中国海洋渔业博物馆、中国书雕城、聚泰祥布庄、香干老作坊、陶吧艺术馆、渔都古镇

"老字号"一条街等项目。幽幽的古巷，古色古香的民宅，留着旧商号印迹的店铺，既有四合院式的民居建筑，宏伟气派的宗祠建筑，古朴典雅的庙宇建筑，又有功能各异的商号建筑，还有近代欧式建筑。东沙是个汇集四海渔民、客商于一处的古渔镇，各地文化在这里交汇，佛教、道教、基督教多种信仰并存。镇区内寺院宫庙众多，较有名气的如资福寺、报恩寺、净观寺、羊府宫、五都府、真神堂等。东沙的民俗文化也是随着东南沿海各地的渔民、商人、前来定居者等带入并融合而成的，最热闹、最具海岛特色的要数"迎神赛会"，且行且演，礼炮相接，鼓乐不绝，热闹非凡。当年的东沙还有庙会戏、舞花灯、说走书、演杂耍、扭秧歌、打花鼓、打腰鼓等，每遇重大节庆或是渔汛季节，浓浓的民俗风情充满古镇的大街小巷。到东沙，吃海鲜是不能错过的，这里海鲜的种类数不胜数，据老渔民说，捕了一辈子鱼，叫不上名的还很多。如今百年古镇浓郁古朴的渔家风土人情不断吸引着外来游客，让人们驻足留恋。

(4)影视文化旅游产品

金庸先生所著《射雕英雄传》和姊妹篇《神雕侠侣》中描绘的美妙神奇的东海小岛桃花岛，处于舟山群岛东南部。宋时建桃花山庄，岛上的风景旅游资源丰富多样，门类齐全，品位较高，丰富的自然景观、人文景观和神话传说有机融合，形成桃花岛六大风景名胜区，组合成武侠、佛教、道教文化三条旅游专线。如世外桃源般的桃花岛，现正在规划兴建"金庸武侠文化村"。金庸先生欣闻题词"碧海金沙桃花岛"，著名导演谢晋拍摄电影《鸦片战争》时，在桃花岛上搭建了外景地定海古城，成为新的旅游景点。之后，大陆版《射雕英雄传》《天龙八部》《倚天屠龙记》《神雕侠侣》《鹿鼎记》《射雕英雄传》、新版《西游记》相继在桃花岛拍摄，游客闻名而来，络绎不绝。

5.4.5 产品创新与优化策略

在分析目前浙江海岛旅游产品的基础上，未来产品的发展和打造要以特色化、精品化、高端化、复核化为目标，以传统旅游产品提升、特色旅游产品开发、高端旅游产品培育为重点，在观光游览、休闲度假、康体运动、文化旅游产品的基础上，构建多层次、多元化，富有特色和竞争力的海岛旅游产品。

5.4.5.1 打造品牌

旅游产品的品牌是参与市场竞争的主要载体，旅游品牌的形成有助于扩大旅游产品的宣传，加强游客印象，对旅游者在旅游目的地的选择上有着明确而积极的影响。优秀的旅游产品必须形成自己独特的品牌。同时，由于旅游活动不断发展，还应该建立起不断创新、不断突出自身特色的产品系统，以应对不断变化的市场需求。浙江海岛旅游未来应重点开发、提升一批较为成熟的旅游产品，塑造5～6个具有代表性的特色品牌，建立具有地域特色的精品旅游区域，营造精品化的服务和旅游体验。

5.4.5.2 因地制宜

只有因地制宜地开发海岛旅游产品，才能充分发挥出本区域特色，取得理想的效果。旅游产品的开发设计需依托地方旅游资源的解读和消化，需清晰地方旅游资源的特点和本身的环境要素，同时还需紧密结合地域的经济、文化、社会等人文环境和自然环境基础，充分考虑到当地的人文和自然环境的继承与发展。除此之外，最重要的是了解旅游者需求变化，在关注基础市场特点的前提下，及时捕捉市场动态信息。这是开发设计本土特色海岛旅游产品的基点。

5.4.5.3 提升品位

随着旅游需求的不断变化，缺乏文化内涵的旅游产品将难以在竞争激烈的旅游市场上立足。只有文化内涵丰富的旅游产品，才具有持久的生命力、吸引力和感召力。同时，地域文化决定着一个地区旅游的发展方向和特色品位。因此，在浙江海岛旅游产品的开发中，应摒弃过去低水平重复开发的做法，注重海岛特色文化的发掘和利用，在把握未来消费走向的基础上，对现有海岛旅游产品合理延伸和创新，推出有海岛文化内涵的创新旅游产品，提升海岛旅游产品的品位和质量，增加海岛旅游业效益。

5.4.5.4 组合开发

目前，单纯依靠观光旅游资源和传统的旅游产品发展旅游，难以满足目前旅游市场的需求。旅游资源的开发与提升应以创新为手段，加快开发休闲旅游、度假旅游、商务旅游、疗养旅游、会议旅游等非观光型的旅游产品，打造品种多样、内涵丰富、品位高雅的旅游产品和项目，主动适应市场发展需求。

5.5 浙江海岛旅游业融合发展分析

充分发挥“旅游+”的强大渗透力，推动海岛旅游与第一、第二、第三产业的融合发展，拓宽旅游业发展空间，丰富旅游产品业态，创新商业模式，形成“旅游+”的大产业格局。

(1)与第一产业融合

以保护的理念推进美丽海岛建设，突出海岛风貌、文化特色和旅游元素，打造具有海岛记忆、彰显海岛特色的旅游村落。大力发展休闲渔业，实施增殖、放流计划，建设海洋牧场。积极发展休闲农业，打造一批果蔬采摘基地。

(2)与第二产业融合

引导和支持企业，将旅游的元素融进厂房结构、功能布局、工艺流程、设施配套等各个环节，留足今后旅游融合发展的空间。鼓励船舶修造、港口物流、水产品加工、旅游装备制造、海景房产等企业发展工业旅游，创建一批工业旅游示范基地。

(3)与其他产业融合

加快研学旅游、文化旅游、养老康体旅游、商务旅游、红色旅游、购物旅游、低空旅游、禅修旅游、户外旅游等业态发展，打造一批新型旅游示范基地。积极培育一批美食、茶楼、休疗养、保健、婚庆、摄影、徒步等与旅游密切相关的特色潜力行业，打造海岛旅游休闲示范点。

5.6 浙江海岛旅游发展的限制因素与存在问题

大众旅游时代来临，海岛旅游备受青睐，需求日渐强盛。浙江省东部沿海城市拥有丰富的旅游资源，而且地理位置优越，有广阔的长三角客源市场作支撑，海岛旅游开发潜力巨大，目前，已形成了以“东方商埠”的宁波、“流金海岸”的温州、“海天佛国”的舟山和“神奇山海”的台州等为代表的东部滨海城市。这些海岛城市先后开发了以海洋渔业、海洋休闲度假、海洋文化等为主题的旅游产品，部分海岛成了著名的旅游胜地。旅游业的发展促进了渔农民的增收，提升了渔农民的思想观念，改变了渔农村的村容村貌。但是，从浙江省海岛旅游发展的现状来看，一些海岛的旅游开发效果并不理想，相反受制于海岛旅游发展的限制性生态因素以及后天人为的开发和破坏，给海岛地区社会经济的可持续发展带来了负面影响，成为制约浙江省海岛旅游业发展的瓶颈问题，具体表现为以下几个方面。

5.6.1 旅游淡旺季明显

浙江东部滨海城市的气候属亚热带南缘海洋性季风气候，季风特点显著，夏季较长，冬春短促，有明显的季节特征。而浙江大陆地区夏热冬寒，由于气候的区域差异，作为东部滨海旅游目的地的城市在夏季气候凉爽，此时的客源地夏季酷热，大量内陆游客前往沿海城市避暑；而冬季的浙江沿海虽较大陆客源地温暖，但因地处东海中部地带，同样气候寒冷且海风较大，不能形成夏季的客流高峰。因此，客流量受季节影响月份差异相对较大，冬季客流量一般低于60万人次。气候寒冷，海风较大是冬季最为重要的制约因素，同时，恶劣的天气如台风、海雾对海岛旅游的安全和旅游业正常发展也带来不利的影响。此外，旅游产品单一、结构不合理也是形成旅游淡旺季的重要原因。浙江东部沿海的旅游产品以观光度假旅游产品为主，其他旅游新业态产品所占份额仍较低，旅游产品结构的相对单一性导致某一类旅游产品相对过剩和短缺并存。浙江东部沿海旅游地的观光度假旅游产品主要集中在夏季，是一种受季节变化影响很大的旅游资源，在冬季没有其他可以补缺的产品，这使得这类旅游目的地的旅游淡旺季表现得尤为明显。

5.6.2 自然生态脆弱

海岛旅游受不确定的自然条件影响很大，自然灾害带来的不安全因素很多，增大了管理和控制的难度。由于海岛面积小，生态系统脆弱，一经破坏便很难恢复。海岛旅游业的兴衰与周边海洋环境息息相关，工业废水和生活废水的排放、船舶和事故性漏油，都会造成海域水质污染。乱填海、乱围垦以及海域倾废、挖沙等也造成生态环境的恶化。近海渔船的迅猛增加和泛滥捕捞现象，影响鱼类资源的恢复，造成近海鱼类资源的衰竭。一些动植物品种遭到破坏而逐渐消失，比如，舟山近海“野生大黄鱼”已经十分难寻。这警示我们要从海洋资源的永续和对子孙后代负责的高度，坚持开发和保护并重，注意经济效益、社会效益、环境效益的综合平衡。

5.6.3 海岛旅游交通进入性差

旅游交通的顺畅与否决定了旅游产业经济的发展。海岛远离大陆，地理位置相对偏僻，经济发展速度尚不及大陆沿岸发达地区，这一地理特征在以群岛建制的舟山群岛表现得尤为明显。虽然海岛风景资源丰富，但是岛与岛之间比较分散，而且交通方式主要为轮渡，速度慢耗时久，交通的可进入能力差。完善的旅游交通系统是海岛旅游的基本条件，畅通的岛际交通和岛内交通既是海岛旅游的拓展因素又是海岛旅游的限制性因素。海岛旅游交通网络作为旅游的通道，将旅游者从客源地输送到旅游目的地。从某种意义上，如果花费在旅途中的时间过长或因进入性差等待时间过久都会使旅游的体验变差，从而影响旅游者对旅游目的地的选择，降低了旅游者的流动。浙江东部沿海城市除了舟山群岛是整体离岛外，其他几个沿海城市主体部分与大陆相连，只有周边岛屿远离大陆。不同的海岛类型使得这几个海岛城市的旅游交通模式有所区别，远岸岛、近岸岛和陆连岛的旅游交通模式设计存在区别，但是对于目前旅游景区所在岛屿而言，进出岛旅游交通、岛内旅游交通和景区内旅游交通都存在着瓶颈和进一步完善的空间。

5.6.4 旅游产品不够丰富

海洋旅游业逐步成为浙江省东部沿海城市的支柱性产业，发展旅游产业也成为东部沿海城市经济发展的战略重点，而海岛旅游产品无疑是旅游产品开发中的重要领域。随着社会经济的不断发展，旅游者日益增长的旅游产品需求与目前旅游产品结构相对单一的矛盾愈加明显。旅游活动的行为层次不再满足于单纯的享受自然以及人文景观的观光旅游。目前，到访浙江东部沿海旅游的旅游者主要还是观光游览，逗留时间短，旅游经济效益低。然而，随着旅游者可自由支配收入的增加，对旅游产品的精神需求也在不断提高，旅游产品的开发必须以旅游市场为导向，不断优化海岛旅游产品结构，调整、开发新的旅游产品，比如以休闲娱乐为主的疗休养、体育赛事、徒步休闲、自驾游等旅游产品。同时应对海岛旅游产品进行深层次设计组合，构建多元化、多样化又兼具特色和个性的海洋旅游产品体系。

5.6.5 旅游市场秩序整治不根治

近年来，全国范围内尽管针对旅行社、导游、景区、游客行为的各项旅游法律法规相继出台，但是旅游市场欺行霸市、垄断市场、虚假广告、价格欺诈、偷税漏税、非法经营、欺客宰客、强迫消费等违法行为仍时有发生。尽管《中华人民共和国旅游法》实施已4年，但对于公众普遍关注的整顿旅游市场乱象问题，却始终没有达到预期效果。这既是当今我国旅游需求井喷式发展与旅游市场供给数量和质量跟不上所致，又是由于旅游产业仍处在低端竞争状态，行业进入门槛低，旅游市场缺乏细分，同质化竞争严重，行业内竞争日趋惨烈所造成的。与此同时，还与旅游市场秩序整治综合性强、涉及部门多、监管主体多元等特点有关，导致旅游市场乱象屡禁不止，给各地旅游城市带来了负面影响。全国旅游市场的普适性问题在浙江东部沿海旅游城市也是存在的。浙江省正在按照“政府主导、属地管理、部门联动、行业自律、各司其职、齐抓共管”的原则，综合运用行政、法律、行规等手段和措施，在各地深入开展旅游市场秩序整治行动以期得到根治性解决。

5.6.6 旅游商品开发缺乏对海岛文化特色的展现

购买旅游商品是旅游活动中一个不可或缺的环节。旅游商品不同于一般商品，它能反映旅游地的特色，浓缩地域和民俗风情，沉淀旅行的记忆。旅游者到海岛旅游，总是希望购买到最富海岛特色的旅游商品，然而目前的海岛旅游商品千篇一律，雷同现象普遍，缺乏特色和地方性，过度的商品化使其文化特质消退。浙江拥有丰富的海岛旅游文化资源，涉及丰富多彩的海洋民间文化、宗教文化、海疆军旅文化、船饰文化、渔歌文化、渔牧农耕文化等。然而，目前浙江省海岛城市的旅游商品类型丰富度有限，沿海地区的文创产业并没有随着海岛旅游的迅猛发展而繁荣兴盛起来，各地虽出台一些促进海岛旅游提质增效的奖励扶持办法，但是对于旅游文创产业、旅游创客的鼓励扶持力度并不大。随着旅游业井喷式发展，创意经济的崛起，旅游业和文化创意产业融合发展的重要性日益凸显，海岛旅游商品的创意性、丰富性、多元性对于丰富海岛旅游购物体验、提升海岛旅游品质和影响都具有十分重要的意义。

6 浙江海岛旅游业发展实践

6.1 宁波："东方商埠，时尚水都"

宁波位于我国大陆海岸线中段的东海之滨，有着丰富的历史文化遗产、多元融合的现代都市文明，集合了"江河湖海山"各类型的旅游资源，东钱湖、四明山、三江口、象山港等都具有丰富的可开发旅游资源。宁波旅游既有象山海滨休闲类的景点、四明山生态农家风情的度假区、温泉度假康体类景区，也有天一阁、溪口等人文类景区，东钱湖时尚运动型度假区，方特和环球罗蒙等现代休闲娱乐主题公园，旅游产品种类丰富。宁波海域面积与陆域面积相当，拥有的大陆海岸线和海岛岸线，占全省海岸线总长的24%。宁波海洋旅游资源也十分丰富，不仅拥有海岛海滩等自然风光，还拥有源远流长的海洋商业文化、东方大港北仑港及杭州湾跨海大桥等一流的现代化海洋旅游资源，"港、渔、涂、岛"四大海洋资源优势明显，发展海洋海岛旅游业条件得天独厚。

6.1.1 宁波海岛旅游业发展特征

6.1.1.1 塑造特色鲜明的海岛旅游产品

在历史的长河中，宁波积淀了深厚的海洋民间文化，包括以祭海活动、妈祖崇拜、渔师崇拜等为代表的渔文化，以餐饮业、航海(运)业、造船业等为代表的海洋商业文化，以舞龙、舞狮、车灯舞等为代表的民间文艺，以象山休渔为代表的海洋保护文化等。宁波相关部门长期以来注重培养海洋意识，传播和宣传海洋文化。2010年7月，中国国家水下文化遗产保护宁波基地暨(宁波)中国港口博物馆建设工程在北仑春晓滨海新区奠基，成为宁波承载"港通天下"城市文化内涵、传承港口历史、传播海洋文化的又一个重要平台。宁波在旅游开发中也十分注重发掘这些丰富多彩的海洋文化，塑造特色鲜明的海岛旅游产品，以提高宁波海岛旅游产品的影响力、吸引力。如成功打造出了象山石浦渔村和古镇以及举办象山开渔节，象山旅游已经成为宁波旅游的一张名片。

6.1.1.2 海岛旅游产品形成规模效应

宁波象山、北仑、宁海、镇海等地以当地的海洋文化、人文风情、历史传统、海洋风光等为依托，举办了形式多样、内容丰富的旅游节庆活动，中国象山开渔节、宁波国际港口文化节是此类海洋旅游节庆活动的成功典范。奉化、宁海发挥岸线优势，推出了峰景湾海上游艇中心、宁海世界级游艇基地等为代表的游艇产品。镇海以中国近代海战史上唯一获胜的中法战争“镇海之役胜利纪念牌”等海防遗址为依托，推出海防历史纪念馆、人防博览园等海防旅游产品。各地充分利用滩、岛、海、景等特色资源，推出海滨有氧运动、泥疗康健、温泉浴、沙滩运动、水上运动、渔家乐、海鲜美食游等专项旅游产品系列。在保持海洋旅游产品数量扩张的同时，宁波也注重提升旅游品质，向游客提供优质服务，获得了游客的认可。

6.1.1.3 促进海岛旅游业转型升级

旅游业转型升级是实现宁波旅游业可持续发展的根本要求，坚持可持续发展，保持优良的生态环境和人文环境，是旅游业赖以生存和发展的根基。宁波旅游部门重视对海岛旅游业转型升级，注重质量提升、结构优化、业态创新的特性，在正确把握资源开发与环境保护的关系的基础上，让宁波丰富的山、海、岛自然资源和悠久丰厚的人文资源得到有效配置、科学利用。一方面，利用产业结构积极进行旅游业态创新，开发海岛生态旅游、渔村旅游、文化旅游等新兴旅游业态，形成观光、休闲、娱乐、特种旅游产品为内容的复合型产业，构建起一个完整的旅游产品体系。另一方面，借助数字技术的应用和互联网的普及，加强与金融业、商贸业、国际航运业合作，在融合发展中提高旅游业的持久生命力。通过产业转型升级，使宁波旅游进入“淡季很热、夜晚很火、休闲度假旺、购物畅多”的时代。

6.1.1.4 旅游目的地的吸引力得到进一步提升

宁波致力于打造品牌，提升旅游目的地吸引力，包括以城市营销策略为指导，树立品牌意识，提升城市形象，合力打造“东方商埠，时尚水都”旅游主题形象。不断整合和创新旅游产品体系，建设和完善传统观光旅游产品体系，加快休闲度假旅游产品建设，重点推进温泉、海滨、湖泊、森林、康体等度假产品的包装建设，提升专项旅游产品的专业水平和整合程度，强化各类旅游节事活动的统领作用，以节兴旅、以旅促展、以展带旅、商旅互动。同时，推进旅游国际化进程，不断提高宁波国际化水平。

宁波作为“东方商埠，时尚水都”目的地的吸引力得到进一步提升，品牌效应正在显现。

6.1.1.5 区域联动开发效应显著

宁波在注重提升旅游发展战略的同时，还注重建立区域旅游合作机制，培育旅游经济发展的内动力。一是区域联动开发。与周边区域加强合作，互补促进，重点实施双一体化战略，即“甬沪海洋旅游一体化”“甬舟海洋旅游一体化”，构建“沪杭甬”旅游金三角，提升宁波海洋旅游的整体竞争力。如在接轨上海世博会的活动中，开展了富有成效的长三角旅游协作行动，加强与嘉兴、上海、苏南等杭州湾北岸城市的区域合作，又以推进投资体制改革为目标，出台《关于进一步鼓励和引导民间投资健康发展的若干意见》，大力鼓励民资、外资投资旅游业，加快推进国有旅游企业转制和经营机制改革，激发旅游业发展活力，推动旅游产业化、经营市场化和管理社会化发展，形成了国有、集体、民营和外资一起上，全社会办旅游的局面。二是陆海联动开发。遵循“立足海洋、依托大陆、陆海联动”的发展思路，以滨海旅游区、度假区、港口、码头为陆域依托，以近海滨、岛群和岛屿为主要旅游目的地和节点，统筹海陆资源，互补互动互促，实现海洋旅游产品开发与陆地旅游产品开发一体化。

6.1.2 宁波海岛旅游业发展模式与经验

6.1.2.1 政府主导，科学规划

宁波旅游业发展在坚持以市场为基础配置资源的前提下，全面实施政府主导型发展模式，由政府出面对海岛旅游开发进行科学规划并严格实施，立足于海岸带资源和海岛海洋资源的保护和利用，统筹沿海地带的城镇、港口、产业、渔业、旅游和生态环境工程的布局，整合各方资源，营造浓郁氛围，使海岛旅游业为地区经济、社会、文化发展做出更大的贡献。全市上下达成了“抓旅游等于十个抓”的思想共识，明确旅游经济强市的阶段性目标，出台了《关于建设旅游经济强市的实施意见》和《宁波市旅游工作目标考核办法》等一系列措施。这些举措在全市上下引起强烈反响，各县(市)、区纷纷召开专题会议，研究发展战略，制定发展目标，落实发展措施。象山县实施海岛旅游富民战略，奉化、余姚等地创建中国优秀旅游城市，江北、慈溪等地加快休闲度假旅游产品的开发步伐，鄞州、宁海等地抢占旅游节庆制高点，并相继推出一系列举措，极大地推动了旅游业的快速发展。这些都很好地体现了政府重视旅游业发展的战略选择和重点导向。各市级相关部门也积极支持配合，很好地营造了旅游发展合力，为宁波建设海洋经济强市创造了良好的外部环境。

6.1.2.2 坚持精品战略

坚持精品战略是旅游业发展的必然途径。近年来，宁波市以市场为基础，创新理念开发旅游业，在开发建设过程中，坚持规划先导，策划先行，打造精品，并明确资源开发要坚持规划第一，规划当中坚持策划第一，策划当中坚持文化第一，研究文化坚持特色第一，发掘特色坚持市场第一。树立全新的旅游资源观，凡是对游客产生吸引力的、经过开发包装可以成为旅游产品的都作为旅游资源。宁波的"亚洲第一钓场"渔山列岛便是其成功策划的体现。宁波市正在通过生态环境的修复、岸线和海域、海岛资源的划定保护，引导发展游艇、帆船、海钓、潜水等海洋休闲运动旅游及其相关服务业态，以都市旅游为依托，通过邮轮基地港或母港等配套设施的规划建设，稳健发展邮轮度假和海岛度假等高端度假旅游产品，协同舟山共同打造一个有着高端休闲度假旅游品牌的海岛特色旅游度假目的地。

6.1.2.3 不断改革创新

坚持改革创新是旅游业发展的动力所在。宁波旅游业顺应市场经济发展要求，坚持开拓创新，以改革的思路推动和促进旅游业的发展，强化旅游产业的政府主导作用，旅游管理体制机制不断完善。进一步拓宽投融资机制，充分激发民营企业投资旅游热潮，吸引越来越多的民营资本参与到旅游业的发展建设中，涌现出一批具有较强竞争能力和实力的旅游企业。坚持以市场为导向，以标准化、规范化管理手段去引导产业的发展，全市上下在进一步加大资源整合的同时，打破地域界限，加强联合协作，沪甬旅游联席会议，甬、台、温、舟旅游联合体和甬港旅游合作论坛，都很好地聚合了各方面的优势，实现互惠共赢。

6.1.2.4 强化旅游城市品牌营销

旅游业作为一项形象性产业，产业的知名度和美誉度显得尤为重要。宁波市形成推销城市促旅游的理念，通过整合全市的各种旅游资源，运用市场营销的理念来推介城市，用不断创新的营销举措和重大节事活动，扩大城市旅游的知名度和美誉度，打造城市品牌。深入发掘了宁波"水""文""商"的城市文化内涵，提炼出"东方商埠，时尚水都——阿拉宁波"主题形象，深入开发"水都宁波""人文宁波""绿色宁波""商务宁波""时尚宁波"等特色旅游产品，每年在主要客源地举办的宁波旅游形象宣传周，形成高强度、大信息量的集中展示。宁波还不断创新市场营销模式，在全国率先开展了城市营销策略研究，就宁波城市营销的产品策略、渠道策略、推广与沟通、组织与控制等制定相应的对策和工作思路。这对整合全市资源，打响宁波品牌意义深远，宁波旅游城市品牌的塑造，对当地海岛旅游业的发展开辟了新的路径，也为其发展创造了优良的环境条件。

6.2 温州："流金海岸，忘情山水"

沿海港口城市温州是浙南经济、文化中心，位于浙江省东南部，瓯江下游南岸，南与福建省宁德毗邻，西及西北部与丽水市相连，北及东北部与台州市接壤。全市陆域面积12 065平方千米，海域面积约11 000平方千米。温州市辖4区5县，代管2个县级市。截至2010年年底，全市常住人口912.21万，居浙江省各市第一位。温州人开拓意识很强，其民营经济享誉国内外。乐清是"温州模式"的发祥地。"流金海岸，忘情山水"的温州正通过大力发展商务会展、海洋旅游、休闲度假、山水观光和瓯越文化五大品牌产品，将资源优势转化为现实的经济优势，积极拓展海内外旅游客源市场，建设独具山水情怀的国际商务旅游目的地城市，使温州成为浙江省国际化旅游城市，并带动浙南地区旅游发展。地处中国黄金海岸线的温州，其发展与大海有着不解之缘，世世代代与惊涛骇浪搏击，历练出温州人敢闯敢拼、开拓进取的精神品格；温州人赋予海以温州精神，300多千米的海岸线无处不跃动着繁华、富足的流金气质。

6.2.1 温州海岛旅游业发展特征

6.2.1.1 旅游资源品质优良

温州山水甲东南，旅游资源非常丰富。拥有3个中国优秀旅游城市，1个世界地质公园，2个国家级自然保护区，3个国家风景名胜区，1个国家5A级旅游景区、8个国家4A级旅游区，5处国家级森林公园，6家全国工业旅游示范点，15处国家级文保单位，以及被联合国教科文组织列入世界生物圈保护网络的国家级海洋自然保护区南麂岛，还有温州特有的经济探秘游等。旅游景区面积占全市土地面积的1/4。自然山水型旅游资源相对占有优势，人文旅游资源分量重且有特色，旅游资源的开发潜力巨大。"温州人"和"温州模式"是温州具有世界影响的品牌资源，整体资源优势明显。温州是浙南重要的交通枢纽和全国45个公路主枢城市之一，交通区位优越，温州港是全国20个主枢纽港之一。永强机场与上海、广州、北京、深圳、成都、海口、重庆、昆明、乌鲁木齐、哈尔滨等国内各大城市建立航空联系，公路、铁路交通发达，金丽温高速、甬台温高速、104国道和330国道纵横贯穿，可进入性强，为旅游业发展提供了有利的交通基础条件。

6.2.1.2 客源区位优势明显

温州处于华东这一经济发达区域，临近中国两个最大的客源输出地——长三角地区和珠三角地区。两大三角洲地区的城市人均 GDP 均超过 3000 美元，居民出游能力不断增强，该区域休闲度假需求正处于迅速膨胀之中，巨大的客源为温州旅游业的腾飞奠定了极好的市场基础。温州经济发达，产业现代化水平较高。本地以及周边地区居民旺盛的旅游需求也是旅游业发展的强大市场基础。温州的入境目标市场划分为三大市场：东方市场、华人华裔市场和西方市场。东方市场主要包括东南亚、日本、韩国及我国港澳台地区市场。这部分市场与温州的地理距离相对较近，经贸联系密切，且文化传统有着一定的渊源。商务旅游和文化观光旅游对此类市场都具有一定吸引力，是温州入境旅游的第一大重点目标市场。华人华裔市场主要指分布在欧美、东南亚、日本和约 50 万温州籍的海外华侨华裔，这部分群体对温州有着强烈的怀乡情结，同时具有商贸交流、探亲怀旧和文化寻根等需求。海外华侨华裔市场也是温州入境旅游的重点目标市场。在西方市场，分布有温州的众多国际贸易伙伴，这部分市场与温州的地理距离较远，但是随着温州国际轻工业城的建设，商品贸易频度的加大，国际商务旅游会有很大发展。温州国内旅游则重点开拓长三角和珠三角市场。

6.2.1.3 区域旅游中心城市地位巩固

旅游业作为市场潜力巨大、发展前景良好的一大产业，对城市的社会、经济、文化具有巨大的推动作用。随着经济的发展，温州已发展成为浙南的中心城市，在整个闽浙赣地区，温州的政治、文化、经济、交通等方面也处于发展的前列，为旅游业的发展提供了资金、管理、市场、基础设施、旅游环境等方面的有力支持。温州人以独特的创业精神、特有的智慧和坚韧的品质，以最快的速度，且以最原始的市场方式完成了资本积累，取得了巨大的成功和辉煌的业绩，成为当今世界市场经济的楷模形象，被誉为中国的“犹太人”。近 200 万走南闯北的温州人在全国、在世界建起了众多的温州城、温州街、温州村、温州店，把温州经济与全国经济乃至全球经济紧密联系在一起，为温州旅游构筑了一个巨大的潜力市场。他们与温州本地区商贸交流的进一步加强，是温州开展商务旅游、建设国际商务旅游城市的先天优势。从全球经济一体化和品牌时代的高度来予以评价和认识，“温州人”的形象是一种精神的形象、文化的形象、品牌的形象、竞争力的形象。温州以著名的“温州模式”成为中国重要的综合创新中心，温州企业家为温州树立起经济强市的城市形象。温州借助自身发达的工业经济为城市品牌国际化开创了道路。

6.2.1.4 旅游产业优化成效显著

温州旅游业起步于20世纪80年代末期，由于起步较晚，温州旅游资源的潜力尚未得到充分发挥，一些旅游资源尚处于未开发状态。同国内、省内一些旅游业较发达的城市如上海、杭州、宁波等相比存在一定的差距。转变经济发展方式，推进产业转型升级，是关系温州全局的重大战略任务。温州转型升级的主要方向是现代服务业，旅游业正是现代服务业的龙头。温州的地貌特征是“七山二水一分田”，这种资源禀赋大大制约了传统产业的持续发展，但对于发展旅游业却是极大的优越条件。景区面积广、密度大、种类多、品位高、特色鲜明，集山、海、江、湖、岛、泉、瀑之大成，是浙江省旅游资源最丰富的城市之一，发展旅游业具有巨大的潜力和优势。温州旅游产业总体呈现从团队游客主导向散客主导的趋势，温州旅游紧抓长三角地区旅游市场同城化、商务化、休闲化、散客化的趋势。构筑“一核一岛四板块”的旅游空间发展格局，“提升‘一核’都市商务旅游核”；“拓展‘一岛’洞头国际性旅游休闲群岛”；联动“四板块”，即“雁荡山—楠溪江”山江度假板块、瑞平文化体验板块、文泰生态养生板块以及苍南山海运动板块。加快旅游产品结构的调整，开发有特色的产品，促进餐饮、购物等二次、三次消费，从而盘活冷门景区，创新热门景区，形成良性循环，成为目前温州旅游产业的发展方向。从服务业附属产业向战略性支柱产业转型，从单纯旅游产业发展向文旅融合发展转型，从传统经营模式向旅游新业态经营模式发展，集中力量优先开发和提升具有一定规模和影响的景区与都市旅游，大力推进旅游与体育、文化等相关产业和行业的融合发展。

6.2.1.5 旅游发展特色鲜明

《浙江省旅游发展规划》(2007—2020)指出：“温州以观光旅游、休闲度假、商务会议(会展)、文化旅游、生态旅游为主导方向，建设成为以东亚太区域和浙沪苏闽赣区域为核心客源市场的海内外首选旅游目的地之一，长三角旅游区中的山水观光、休闲度假旅游地和国际游客出入境辅助口岸，浙皖赣闽协作区的组织中心和服务基地。”《温州市旅游发展总体规划》(2005—2020)以“建设独具山水情怀的国际商务旅游目的地城市”作为旅游发展总体定位，以“流金海岸，忘情山水”为旅游总体形象。品牌旅游产品建设，形成“世界温州，商务家园”——商务旅游产品，“蓝色温州，自在畅游”——海洋旅游产品，“假日温州，闲适享受”——休闲度假产品，“山水温州，忘情感受”——自然山水观光旅游产品，“文化温州，古越东瓯”——瓯越文化旅游产品等五大类品牌旅游产品。开展大型旅游节庆活动，在深化提高“轻博会”的国际规模和档次，增强“世界温州人大会”等大型节事活动吸引力的同时，提升和丰富已经举办了九届(截止到2017年)的温州网络旅游节的内容和内涵，使其成为温州标志性的节庆活动。确定十大重点发展区，包括中央游憩商务区、温州生态园、“雁荡山－楠溪江”山江旅游区、温州国际游轮泊港、百丈漈－飞云湖滨水生态休闲度假区、浙南(平阳)抗日根据地、南麂北麂海洋生态休闲旅游区、廊桥山水遗产旅游区、温州滨海风景道、苍南滨海休闲度假区等。

6.2.1.6 商务旅游迅猛发展

随着全球经济一体化战略的推进，国际经济交流与合作日益增多，频繁的商务活动给发展中的旅游业注入了新的动力，商务旅游蓬勃发展。据统计，全球每年旅游业收入的3.5万亿美元中，有12%属于企业的商旅支出，虽然额度不算太高，但利润率高达20%～30%，远远超过普通观光游的利润率。中国作为当今世界上最好的投资地点，频繁的商务活动带动了商务旅游的崛起和飞速发展。据国家旅游局统计，中国每年商务旅游消费超过24亿美元，且正在以每年20%的速度增长。美国运通公司的一份调查报告显示，中国商务旅游市场规模已经达到法国、德国等欧洲主要国家的水平，如果保持目前的增长幅度，将在未来成为世界第三大商务旅游市场。世界和中国商务旅游的蓬勃发展为温州旅游提供了重大契机。同时温州国际性轻工城的建设，“温州模式”的举国瞩目，吸引着成千上百万的经济考察旅游者和经济贸易伙伴。而遍布全球的温州人，以及全球范围内的投资谈判、展览与研讨、商品、技术与服务贸易、经营管理等商务活动大量增长，更为温州商务旅游市场的深化提供了条件。

6.2.1.7 智慧旅游建设成效显著

2013年，浙江省重点推进20个智慧城市建设示范试点项目，温州智慧旅游位列其中。温州市旅游局积极响应国家旅游局、浙江省人民政府和温州市人民政府的要求，发布了《温州市“十二五”旅游信息化发展专项规划》，确立温州旅游信息化发展的总体目标为：2015年创建成为引领全国旅游信息化发展的国家智慧旅游试点城市，全市基本实现智慧旅游。对旅游信息化建设的主要任务和建设内容进行总体规划，积极开展智慧旅游试点和智慧旅游体验点建设工作，初步形成智慧旅游公共服务体系。基本实现旅游管理的信息化，积极开展电子商务和新媒体营销工作，逐步开展旅游基础信息资源的采集工作，初步形成旅游信息化建设的市场化支撑运作体系。

6.2.1.8 海洋旅游方兴未艾

温州是中国东南沿海著名的滨海城市，有绵长的海岸线，拥有洞头、苍南渔寮、炎亭等滨海风景区，更有我国唯一加入联合国世界人类生物圈保护组织的南麂列岛。海洋旅游多年来未成为温州旅游的重点和卖点，这虽与气候等不利条件有关，但深层原因是其对发展海洋旅游的重视不够。随着海洋时代的来临，海洋旅游越来越受到广大游客的青睐，发展海洋旅游已成为未来温州旅游业的突破口和重心所在。温州处于东南沿海的中部，北上可接渤海湾，南下可接台湾海峡和琼州海峡，海洋区域位置极佳。温州洞头半岛工程与杭州湾大通道、舟山大陆连岛工程并称为全省海洋旅游业发展的三大契机。与此同时，温州台州旅游区因其地理位置、资源分布和区域经济联系的优势，被列为全省三大海洋旅游区之一。温州是浙江海洋旅游开发的一块重要阵地。在此机遇下，温州充分利用优越的海洋旅游资源，如洞头海岛、南麂列岛国家海洋自然保护区、北麂列岛、苍南海滨等，面向国内外市场，大力打造以海韵渔情、瓯越风情、现代商情为特色，兼具游览观光、休闲度假、商务会展和景观地产功能的海滨综合旅游区和海洋旅游品牌产品，使海洋旅游成为温州的新亮点。

6.2.2 温州海岛旅游业发展模式与经验

6.2.2.1 旅游管理体制机制创新

近年来，温州市委、市政府非常重视旅游业的发展，把旅游作为发展现代服务业的重中之重来抓，大力推进旅游体制改革，建立旅游投资、建设、运营、监管四分开的投融资体制，鼓励和引导社会资金投入旅游业，参与旅游的氛围日益浓厚；合力兴旅的工作机制进一步健全，各级各部门之间的协作和配合取得积极成效，旅游与发改、财政、建设等部门共同进行旅游资源开发、综合利用和协作管理，形成了部门联动、合力兴旅的良好氛围；区域旅游合作机制进一步加强，积极融入长三角、海西、浙东南等各种形式的旅游合作，指导成立“瓯之南”区域旅游联合体，并积极与中国台湾、韩国等地区和国家进行旅游合作与交流。同时，积极推动旅游资源一体化管理的发展机制和景区管理体制改革，加强各类旅游行业协会建设，加强市场监管，通过推行标准化、旅行社品质星级评定、饭店星级动态管理、人才培训、安全执法检查、平安创建等各项工作，不断规范对旅游行业的管理。市委、市政府提出《关于推进旅游业转型升级加快建设旅游经济强市的若干意见》，坚持政府主导，市场主体，以体制机制创新、温州旅游品牌塑造、增强旅游城市竞争力为重点，围绕加快旅游经济转型升级、优化旅游产业布局，着力调整旅游经济结构、转变旅游发展方式，发挥动力产业作用，注重引导旅游投资和消费需求，深化“和谐旅游在温州”活动，增强旅游产品的吸引力，提高旅游企业的竞争力，扩大旅游产业的辐射力，努力把旅游业培育成为温州服务业发展的龙头产业和国民经济的支柱产业，加快建设旅游经济强市。目前，温州市在近、中期旅游管理体制仍然是“政府主导型的模式”，需要进一步强化政府引导机制和服务引导机制。但是，在旅游业发展进程中，随着现代企业制度的不断建立健全，大批旅游中介组织逐步涌现，功能作用不断强化，远期旅游管理体制要逐渐向“市场主导、政府调控模式”转变。

6.2.2.2 积极打造国际旅游目的地城市

随着对外交通条件的改善，温州已由原有的交通末梢区位成为我国东部沿海一个重要的交通枢纽，除了国际航班尚未有效开放外，一般国内游客出入温州的交通瓶颈已基本不存在。温州成为真正的国际旅游城市，首先要成为一个真正的国际航空港，同时要积极开展对台的航空和客轮直航，争取让温州成为全国，尤其是北方市场去台湾的跳板，以此来带动温州的地接旅游业务。为打造国际旅游目的地城市，推进旅游服务标准化和国际质量认证，在旅游餐饮、住宿、交通、景区、旅行社、导游、购物及应急管理等方面，加快建立与国际通行规则相衔接的旅游服务标准体系。完善旅游标识系统，对道路交通、公共服务设施以及重要旅游区，均按国际化标准要求，采用中英文对照标识，并在城市主要路段和出入口设立旅游宣传指示牌。

6.2.2.3 整合发展旅游产品

温州旅游资源极其丰富，同时拥有“山、海、江”不同景观，是浙江省旅游资源最多的地区之一，但大多未经深度开发。未来温州应积极推进现有项目建设和新产品的开发，培育新的市场增长点。针对日本、韩国、东南亚、欧美等主要境外市场，大力开发休闲度假旅游产品，立足温州特色旅游资源，进一步形成“一核、两带、四板块”的旅游产品新格局，以国际一流休闲度假目的地为标准，建设瓯江旅游度假区、雁荡山－楠溪江精品旅游区、洞头－南麂旅游岛、西部生态旅游区和氡泉旅游区等一批以休闲、度假、康体为主要内容的旅游度假项目；深度开发以鹿城为核心的都市旅游、商务旅游、会展旅游产品；深入发掘玉海楼、木活字印刷、古廊桥、古碗窑、刘基文化、宗教文化等温州特色文化景观元素，构建有东瓯文化内涵的特色旅游产品体系；加快游艇、海钓基地、温泉疗养和高档旅游社区等高端旅游产品的开发；注重温州与台湾等客源市场的史缘、血缘、文缘、地缘、俗缘的发掘，在旅游产品开发和宣传促销中进行多层次、多角度的展示和表达；引进一批国际化的旅游产品，引进国际豪华邮轮旅游项目，以及在政策条件允许的情况下，可以考虑在国内率先开展"博彩业"。同时，结合温州旅游业发展总体布局和规划，组织和筛选一批开发条件完善、市场前景好、投资回报率高，特别是对地区经济具有全局性带动作用的大型旅游项目，积极向世界著名旅游企业招商，鼓励和支持其以资金、技术设备、知名品牌、营销网络、先进经营管理模式、人才培养等多种方式参与温州旅游业的发展，拓宽合作领域，并做好合作的全程跟踪和后续服务。

6.2.2.4 创新旅游营销模式

由温州市旅游局牵头组织，带领温州旅游企业赴国内外主要客源地举办业内旅游推介会，邀请客源地旅游部门、旅行社代表和媒体参加，以形象展示和产品交流为主，让参会者有机会在直观了解的基础上进一步沟通交流，并根据客源地实际情况，以多样化形式进行宣传促销，以互送游客为条件，帮助温州旅行社更好地开拓市场，同时邀请媒体参加，让温州的旅游产品最大限度地得到报道。打破行政区划的限制，充分利用海西区旅游合作、长三角旅游合作、浙江省旅游合作、江浙沪旅游合作、温州-高雄旅游合作等区域旅游合作的平台，开展区域联合营销。并携手全国各地乃至全世界各地的温州商会共同合作，成立旅游办事处，促使温州商会助推温州旅游发展，同时也使温州旅游更好地服务于在外商会。充分利用世界温州人大会的经验和资源，开辟全球华人商会合作论坛，吸引全球华人的眼球，带动他们到温州来观光、度假、开会、购物以及开展商务活动等；以温州的外向型经济和温州名购为依托，每年举办一届"温州出口产品订货会"，以会展业带动旅游业，促进温州商务旅游和购物旅游的发展。利用在世界各地的温州餐馆，选定一个合适的时间每年举行一次"全球温州美食节"，在全世界掀起"温州美食热"，并且适时在温州举行盛大的"国际美食节"，吸引国内外游客来温参加"美食游"。双节联动，互为优惠，互相促进。

6.2.2.5 充分利用信息化技术

制定相关优惠政策，整合现有的旅游电子商务资源，组建大型旅游电子商务服务企业，集中优势资源构建具有国际知名度的旅游电子商务服务平台，采用多国语言版，使不同国家的居民随时可以浏览温州旅游信息，使其在温州旅游产业上真正发挥带动作用，进而加快旅游产业的升级。充分利用社会资源构建旅游数据中心、呼叫中心，全面提升旅游企业、景区和重点旅游城市的旅游信息化服务水平，建设与公共商务网相连接的温州旅游企业网站，积极提供旅游在线服务、网络营销、网络预订和网上支付业务，做强温州市旅游行业管理平台、旅游服务咨询平台和旅游电子商务平台三大业务平台，采用数据库营销吸引更多游客，并继续做大做强中国(温州)网络旅游节。

6.3 舟山："海天佛国，渔都港城"

6.3.1 舟山海岛旅游业发展特征

(1)经济实力显著增强

旅游业已经成为舟山群岛新区国民经济的重要产业和服务业的龙头产业，到"十二五"末，全市接待境内外游客3876.22万人次，实现旅游总收入552.18亿元，年均增长率分别为12.03%和23.75%，均高于全省平均水平；游客人次和旅游总收入分别是"十一五"末的1.8倍和3.88倍。

(2)发展品质显著优化

旅游业转型升级不断加快，海岛民宿、运动健康、海鲜美食、渔家风情、文化旅游、禅修体验六大旅游产品开发取得重大突破，舟山群岛国际邮轮港、水上飞机分别成为浙江省首个运营的旅游创新项目，喜来登、威斯汀、希尔顿、华侨豪生、温德姆、铂尔曼等一批国际品牌酒店落户舟山，"东海人家"品牌民宿发展迅速，慈航广场等7个旅游集散中心投入使用，浙江海中洲集团、浙江自在旅业集团等旅游企业规模不断壮大，海岛资源保护和旅游开发有序推进，首批5个旅游示范海岛建设成效显著。拥有省级以上旅游经济强县(区)1个；全市已建成A级景区14家，其中5A级景区1家；省级旅游度假区2家；星级旅游饭店41家，其中5星级1家，4星级5家；旅行社149家，其中星级旅行社19家，并有4家进入全省百强旅行社；海岛民宿618家。

(3)试点改革显著突破

国家旅游综合改革试点城市和浙江省舟山群岛海洋旅游综合改革试验区的工作全面推进，基本建立与大旅游产业发展相适应的"全要素"旅游管理模式，组建舟山海洋旅游综合改革试验区管理委员会和舟山市旅游委员会，成为全省第二个实现风景资源与旅游管理一体化的城市。设立普陀山－朱家尖产业功能区，普陀山景区全面提升和"全景朱家尖"建设扎实推进。加快旅游标准化体系建设，成功创建国家级旅游服务标准化示范区。

(4)品牌形象显著提升

成功举办三届国际海岛旅游大会，开创了世界海岛旅游合作发展新模式，"海岛旅游+”溢出效应明显，促进了舟山市与25个国家、地区和城市的全方位合作。继续打响“海天佛国，渔都港城——中国舟山群岛”形象品牌，有效开展旅游市场促销和宣传推广，连续举办了中国海洋文化节、普陀山南海观音文化节、国际沙雕节等节庆活动，在苏州、台北等地开设了旅游形象店，舟山群岛旅游的品牌影响力和国际知名度大幅提升。

(5)综合功能显著强化

旅游业在服务新区发展、产业集聚、项目投资、消费拉动、生态建设、环境改善、惠民富民、社会文明等方面作用进一步凸显，全市旅游满意度达到92.19%。“十二五”期间累计完成旅游投入126.7亿元，总投资达到283.49亿元；2015年全市旅游业增加值80.15亿元，占地区生产总值的7.32%，占服务业增加值的15.14%；旅游税收收入相当于地方财政收入的6.09%；旅游直接就业人数达到8.8%。

6.3.2 舟山海岛旅游业发展模式与经验

6.3.2.1 着力培育“六大产品”，全面推进业态创新

围绕“海岛民宿、运动健康、海鲜美食、渔家风情、文化旅游、禅修体验”六大特色旅游品牌，打造六大特色休闲度假旅游产品。一是打造海岛民宿产品。以“东海人家”为统一品牌，推进定海双桥、干览、普陀朱家尖(白沙)、东极、展茅、岱山东沙、秀山、嵊泗泗礁、嵊山—枸杞、花鸟等海岛特色民宿集聚区建设。二是打造运动健康产品。依托优越海洋旅游资源，借鉴世界知名的海岛运动产品开发模式，重点推进朱家尖岛、桃花岛、鲁家峙岛、凤凰岛和大衢岛等游艇码头建设，大力引进知名游艇俱乐部，大力发展游轮、游艇、帆船、冲浪、潜水、海上滑翔等与国际接轨航海运动项目，树立世界级的海岛运动旅游目的地形象。三是打造海鲜美食产品。以“中国海鲜之都”“中国渔都”为金字招牌，每年举办海鲜美食节，推出“全蟹宴”“冬至带鱼羹”“贻贝饕餮大餐”“北纬30°渔家特色菜”等美食游产品。四是打造渔家风情产品。以经典渔村建设为核心，推进朱家尖樟州湾、箐箕湾、岱山凉峙、嵊泗田岙、黄龙、金鸡岙、高场湾等风情渔村建设，开发传统渔俗、出海捕捞等休闲渔业产品，培育一批海岛旅游特色示范村，创建一批国家和省级休闲渔业基地，打造“美丽渔村、美丽海岛”。五是打造文化旅游产品。以弘扬海洋文化为主题，深入发掘舟山海洋文化丰富内涵，打造特色文化旅游产品，舟山非遗文化集中展示区和东极、南洞艺谷等舟山渔民画创作、展销中心和摄影、写生基地。扶持发展各类民间私人博物馆，提高《印象普陀》《观世

音》等剧目演艺水平，积极开发渔歌号子、舟山锣鼓、木船工艺等特色文化旅游产品。六是打造禅修体验产品。有序引导、规范提升禅修体验、参学悟道活动，推进普陀山、朱家尖以及东港莲花岛、逸禅心舍等禅修基地建设，积极开发素斋、佛茶等禅修衍生产品，建成一批禅文化主题酒店，推广高品质的心灵之旅；引进优质康体医疗资源，开发度假型养老产品和健康养生产品，在普陀、朱家尖、岱山秀山等地培育一批中医药养生旅游基地。

6.3.2.2 加快实施“四个一批”工程，促进旅游投资开发

实施旅游投资千亿工程，快步推进“四个一批”项目建设，促进大景区与重大旅游公共服务设施的建设发展，提升普朱核心板块及全市旅游重要片区及圈层的品质实力和核心竞争力。一是建成一批精品项目。提升南洞艺谷、大青山国家公园、东沙古镇、秀山湿地公园、嵊泗蓝色海岸休闲带等项目产品，加快推进观音文化园、百里滨海大道、普陀海洋文化创意园区、定海鸦片战争遗址公园、嵊泗怡贝湾和长滩湾综合开发等重点项目，开工建设海洋主题游乐园、健康养生城、朱家尖禅意小镇、海岛温泉、定海历史文化名城核心街区、嵊泗马关旅游区等重大项目。二是创建一批度假区。通过科学编制规划、开发建设旅游度假项目、完善设施功能配套、加强生态环境保护等举措，创建一批海岛旅游度假区。争取创建东极、白沙、秀山等岛群岛屿特色省级旅游度假区，普陀沈家门、东港等城市板块特色省级旅游度假区各2～3个。三是打造一批主题小镇。通过与海洋文化、佛教文化、民俗文化、历史文化结合，与创意产业结合，与新型城镇化建设结合，加大政府扶持力度，凸显文化创意设计，陆续打造一批不同类型的风情小镇。依托自然风光和“海”“佛”文化资源，体现先进的人居理念和居住文化，打造朱家尖禅意小镇等主题文化型风情小镇；发掘古渔村、古民居、人文景观的文化精髓，在定海大鹏岛、普陀东极、岱山东沙、凉峙、嵊泗会城岙、枸杞、嵊山等区域打造岛村渔家型渔俗小镇。把海岛风情与现代科技、农业和文化创意相结合，在普陀鲁家峙、定海南洞等区域打造创意集聚型创意小镇。四是打造一批主题海岛。适应世界海岛旅游发展趋势，借鉴澳大利亚、斐济、新西兰等世界知名旅游岛屿发展模式和成功经验，按照海岛旅游开发的“四个一”的模式，即：一座海岛及周边海域只允许一个投资开发公司租赁使用；一座海岛只建设一个酒店(或度假村)；一座海岛突出一种建筑风格和文化内涵；一座海岛配备一系列功能齐全的休闲娱乐及后勤服务等设施，形成一个独立、封闭、完整的度假区。加快打造婚庆岛、艺术岛、运动岛、童话岛、免税岛等一批精品主题海岛，打造舟山海岛明珠和旅游开发样板。

6.3.2.3 全面实现景区提质增效工程，打造“高品质、升级版”旅游景区

继续推进普陀山、朱家尖核心景区提升工作，争取创建成为国家十大特色旅游岛。一是全面提升普陀山景区相关配套设施。坚持精准定位、精细管理、精致建设、精心服务，着力推进服务、业态、设施、环境、管理等全面提升。优化普陀山景区票务、信息、交通服务体系，积极稳妥推进老庵堂腾退安置和改造工作，完善旅游码头、交通场站、污水处理等基础设施，提升寺庙内厕所建设管理水平，推进绿色环保电动车上岛运营，坚决打击扰乱旅游市场秩序行为，努力把普陀山打造成世界佛教文化名山首善之区，建成“千万百亿”级全国精品旅游景区。二是加快建设“全景朱家尖”。扎实推进环境、设施、业态、品牌、人文素质和管理六大提升行动。实施生态景观道路建设，完善旅游交通换乘系统，加快海洋游乐、健康养生、度假酒店等项目落地，完善国际邮轮港综合服务功能，鼓励发展游艇帆船旅游，推进精品民宿、户外运动、婚纱婚庆、房车营地、露营帐篷和田园农业等休闲度假产品开发，努力把朱家尖打造成海岛休闲旅游目的地示范岛，创建成为国家5A级旅游景区。三是推进旅游景区增量提质。支持定海南洞艺谷、普陀国际水产城、岱山秀山等成为国家4A级旅游景区，创建东极、东海大峡谷、干施岙、嵊泗基湖沙滩等一批3A级旅游景区。

6.3.2.4 全力打好“六大硬仗”，提升群岛公共服务

一是构建旅游集散体系。在双桥高速进出口、朱家尖蜈蚣峙等处建设舟山群岛旅游咨询服务中心，提升沈家湾、慈航广场、三江及西岙旅游集散中心综合功能。各景区和旅游海岛建立游客中心，机场、车站、码头、城市休闲区等节点设立旅游咨询服务点。加快普陀山机场扩容开放，开通或加密重点客源市场航线航班。构建舟山本岛、岱山岛、泗礁岛等城区旅游公交网，增开旅游观光巴士线路，开通朱家尖、桃花、秀山等景区公交。建设、提升通景公路、景观道路和景区生态停车场。二是完善旅游标识系统。加快推进普陀山、朱家尖及舟山本岛旅游标识标牌和道路导引系统的设置更新；到2020年，全面完成城市建成区、通景道路和主要岛屿的旅游标识标牌规范设置工作。三是提升岛际旅游交通。以旅游的理念来提升岛际交通，促进海上旅游交通企业向一体化、公司化转型，建立旅游旺季和重大节假日海上旅游客运协调机制。结合旅游集散等相关标准，完成普陀山正山门客运码头扩容、秀山陆岛交通码头等项目建设，改造升级朱家尖、桃花、东极、泗礁、嵊山—枸杞、花鸟等重点旅游岛屿码头，配套建设一批游船、游艇、帆船专用公共码头。提升岛际客运能力，加快更新老旧客船，投用一批旅游快艇和观光游船，适时开通朱家尖—桃花、东极、嵊泗等直航游线，加密朱家尖—白沙、沈家湾—嵊泗东部岛屿旅游航线。积极开发直升机、水上飞机等常态化空中旅游航线，实现海上交通公交化。四是构建投诉咨询平台。以智慧旅游建设为突破口，整合旅游投诉、咨询、导览、预订等公共服务系统和舟山市旅游投诉电话、旅游咨询服务电话，建立健全全市旅游在线咨询投诉系统，在3A级以上景区全面建立游客流量监测系统，形成集咨询、预订、投诉、导服、客运、地接服务、电子商务等功能于一体的综合性旅游投诉咨询平台，全面提升舟山旅游公共服务水平。五是推进“厕所革命”。贯彻国家旅游局印发的《旅游厕所建设管理指南》标准，按照“数量充足、干净无味、实用免费、管理有效”的要求，通过政策引导、部门联动、资金补助、标准规范、监督考核等方式，采取“新建与改建结合，养护与提升并举”的方式，重点在旅游景区、乡村旅游点、旅游线路(高速公路服务区、加油站)、交通集散点(包括旅游集散中心、机场、火车站、码头等)、旅游餐馆、旅游娱乐购物场所、休闲步行区等区域，新建、改扩建旅游厕所200座以上。六是提升城市休闲功能。加快推进城区慢行道、骑游道和驿站建设，着力提升出租车服务质量，城区、主要景区、星级饭店和重要交通节点实现免费WiFi和二维码信息服务全覆盖。改造提升沈家门滨港路、定海中大街、新城怡岛路等主题街区，推出一批渔家风情、海岛音乐等驻场演出。完善舟山特色商品购物点建设，做大综保区进口商品直销中心。力争建设一批特色茶吧、酒吧、咖啡吧、书吧、餐馆、购物、SPA等大众休闲和夜间消费场所。

6.3.2.5 持续推进“五大抓手”，提升旅游行业素质

一是深化旅游标准化管理。按照国际化要求，巩固并扩大成功创建“国家级旅游服务综合标准化示范区”的成果，在旅行社等传统领域继续深入推进旅游标准化管理的同时，对全市海岛旅游新业态试行标准化管理，组织编制海岛旅游码头、海岛民宿、海岛骑游、海岛露营等专项旅游服务标准，制定休闲渔业、经营性旅游船艇等管理办法，建立以游客评价为中心的旅游服务质量保障体系。二是深入推进依法治旅。认真贯彻《中华人民共和国旅游法》，建立旅游市场综合监管体系，形成部门联动、密切配合、共同响应的新机制，全面落实依法治旅，实现联合执法“新常态”。严厉打击欺客、宰客等不良现象，实施旅游黑名单管理制度，加强舆论监督引导，在朱家尖等重点旅游岛组建旅游执法专业队伍，建立健全海岛旅游投诉统一受理机制。三是落实景区容量管理。严格遵照《景区最大承载量核定导则(LBT 034—2014)》，率先在全国探索并建立海岛旅游景区最大承载量控制模式，对普陀山、朱家尖、东极、嵊泗等重点旅游岛开展试点。建立各部门联合应急管理机制，全面提升旅游突发事件响应、处置能力。四

是创新安全响应机制。针对大雾、台风等海岛特殊气候条件，建立提前预报和信息统一发布制度。对交通安全、卫生状况等旅游日常安全事项，建立常规定期检查制度，做到防患于未然。加强旅游安全规范的培训学习，严格旅游安全管理。五是整治海岛景观环境。加强海岛生态环境监管，定期、公开发布重点旅游海岛生态环境监测指标，建立问责制度。会同海洋渔业局、林业局、环保局等部门，实施海岛绿化工程，推进宕口覆绿和荒坡、荒岛、荒山治理。深化"三改一拆""五水共治""四化三边"工程，严格岛礁与渔业、海岸线等旅游资源保护，建设生态旅游示范区，打造一批植物观赏景区。

6.4 台州："神奇山海，活力台州"

台州市辖黄岩、椒江、路桥三区，临海、温岭二市，天台、三门、仙居、玉环四县。位于浙江东部黄金海岸中段，介于宁波、温州两城市之间，全市陆地面积 9411 平方千米，其中市区面积 1536 平方千米；2011 年年末，全市户籍总人口 586.79 万人。台州兼得山海之利，历史上就有"海上名山"之美称。自然风光雄奇秀丽、古朴庄严、玄远清幽，人文景观源远流长、内涵丰厚、独放异彩。台州是浙江省的海洋大市，拥有海岸线 745 千米，约占全省海岸线总长的 1/3，岛屿 928 个。全市的港湾岛屿，近海岛屿居多，除东矶列岛，大陈岛和技山岛等外，绝大部分岛屿分布在三门湾、台州湾、乐清湾，一般离大陆岸线较近。台州文化底蕴深厚，天台山是中国佛教第一个宗派天台宗的发祥地，又是中国道教南宗的本山。"中国旅游日，源自天台山"，天台是首个"中国旅游日"主题活动承办地之一。台州是股份制经济的发源地，是中国当前两大经济模式之一的"温台模式"的创始者，民营经济十分发达。"十三五"台州旅游发展目标，把旅游业打造成台州的战略性主导产业，把台州打造成国内外知名旅游目的地，全力争创国家全域旅游示范区。

6.4.1 台州海岛旅游业发展特征

6.4.1.1 台州海岛数量众多，旅游资源品类丰富

台州岛屿星罗棋布，海岛资源十分丰富。全市海岛面积为 274 平方千米，占全省海岛总面积的 14%，居全省第二位。目前拥有国家 4A 级旅游区 6 处，国家风景名胜区 3 处，玉环漩门湾国家湿地公园 1 处，全国重点文物单位 4 处等，主要有被誉为东海翡

翠的艺术之岛大鹿岛、东海明珠大陈岛、千洞之岛蛇蟠岛以及星罗棋布的大小岛屿，构成了“佛、山、海、城、硐、经”为一体的特色资源，品牌资源在浙江省排名第三，有着不可替代的资源优势。大陈岛上森林覆盖率达 56%，年平均气温 16.7℃，具有典型的冬暖夏凉的亚热带气候环境，由于潮汐、洋流、风流和海洋生物的长期作用，形成了号称“东海第一大盆景”的甲午岩、碧水细沙的帽羽沙、乌沙头海滨浴场和风景如画的屏风山、浪通门、高梨、下屿龙洞等众多海上奇观；大鹿岛山秀林美，峰危岩峻，石神礁奇，加上岩雕艺术，多姿多彩，因而被原浙江省委书记王芳题词赞誉为“东海碧玉”；一江山岛有 1955 年一江山岛战役时留下的大量战争遗址，有青年志愿垦荒队员留下的垦荒史迹和纪念碑、胡耀邦纪念室以及风力发电机群等，还有古文化遗址和海神宗教寺观；蛇蟠岛为华东最大的石雕艺术殿堂，自宋代以来大规模的采石，在岛上遗留了大大小小洞穴共 1300 余个，被人们称为“千洞之岛”，洞内有面积达 3000 余平方米的高敞“大厅”，也有仅容 1 人的“单身公寓”；最大岛屿玉环岛位于中青山麓的革命烈士陵园镌有朱德等国家领导人题词，风景优美，坡岗上现有清雍正八年(1730 年)所建的厅城古迹，其北部城垣及门楼均建于此，今遗址犹存。台州的海岛多靠近大陆，滨海与海岛的资源是一个有机结合的整体，集人文地理、历史古迹、自然风光、天然洞穴、岩奇石秀之多彩，开展不同层次的旅游观光、健身疗养、海上运动、海岛探险等活动，已开展的旅游项目有大陈岛国际旅游钓鱼节、被国内外众多媒体誉为“大地艺术之花”的大鹿岛岩雕艺术展、蛇蟠岛洞穴疗养和一江山岛战场遗迹游览等，另外石塘有“东方巴黎圣母院”之称，滨海风光和富有特色的有着古堡风味的民居建筑吸引众多的游客前来观光旅游。

6.4.1.2 旅游精品不断涌现，节庆活动内容丰富

浙南奇山秀水游、唐诗之路寻踪之旅、浙东佛教朝拜之旅、济公故里朝拜游 4 条线路进入浙江旅游大环线、小环线和专题产品行列，“新天仙配——长城作证”(新昌、天台、仙居、临海)风情游走俏华东市场。台州还专门设计包装了营销长三角、珠三角、福建市场的精品线，分别与周边城市精心策划了“活力浙东南”“活力甬台温”中国黄金旅游线，把“甬台温”高速公路沿线王牌景点串联在一起，已开始在全国包括港、澳、台地区产生影响。从 1998 年开始，台州每年都举办 8 ～ 10 个旅游节庆活动，形成了中国天台山旅游文化节、中国江南长城节、中国石文化旅游节、仙居杨梅节、三门中国青蟹节等为主体的在省内外有较高知名度和影响力的旅游节庆活动。2004 年和 2005 年成功举办两届中国台州旅游节，首届推出了中国吴子熊玻璃艺术馆开馆仪式，

全国卫视看台州，长三角、珠三角(包括福建)千人团游台州，“活力甬台温”中国黄金旅游线启动，首届台州导游大赛，首届台州旅游形象大使评选，首届台州风味美食节，台州旅游摄影大赛，心手相连——浙江台湾旅游业高峰论坛等 17 项系列活动；第二届有“百家媒体记者聚焦台州”全国旅游新闻摄影大赛等 11 项活动，扩大台州的知名度和影响力。

6.4.1.3　旅游整体发展水平有待提高

台州旅游开发起步较晚，缺乏高知名度龙头景点带动，旅游市场宣传不足。海外客源市场增长较慢，且游客总量不大，处于全省较为落后的地位；外国客源市场中亚洲市场占主体；人均消费水平和停留时间均低于浙江省和全国平均水平。国内客源市场总量持续增长，处于全省较为领先的地位，但和首位城市杭州和第二位城市宁波相比仍存在较大差距，比第四位的绍兴略高；浙江省内游客是国内客源市场的主体，省外游客中上海市和江苏省的游客最多。游客以中年人为主，青年人和中老年人次之，以企事业管理人员、服务销售商贸人员、公务员为主，以大专以上学历为主；选择公路交通方式的游客最多；台州的山海风光是游客最主要的出游动机，游客最喜欢的景点类型是自然风光类，其次才是宗教寺庙、文物古迹、海岛海洋。台州丰富的山、水、大海风光以及幽深的历史文化资源是吸引众多旅游者的主要原因。

6.4.2　台州海岛旅游业发展模式与经验

6.4.2.1　立足资源导向模式，提升目的地吸引力

台州海岛富含发展旅游所需要的资源，同时海岛所在区域经济发展状况良好，社会稳定开放，但区位条件不理想，远离客源市场，交通条件成了制约该类型海岛进一步发展的关键因素。台州海岛旅游属于资源导向型的开发模式，尽管大陈岛、大鹿岛、蛇蟠岛旅游资源丰富，等级较高，但是由于离长三角客源市场较远，旅游业发展处于资源导向开发模式阶段。目前台州旅游空间发展结构为“双核、三带、四区、八个重点项目”。“双核”主要是指台州市区和仙居县；“三带”是西部“天仙配”、东部“山海经”和中部“逍遥游”三条旅游线路；“四区”包括台州市区的绿心休闲旅游区、西北部的“天仙配”风景旅游区、中部的文化旅游区、东部海岛海洋生态旅游区；主要有天台山风景旅游区、仙居风景旅游区、临海古城文化旅游区、台州绿心休闲旅游区、大鹿岛旅游度假区、大陈岛生态旅游区、蟠滩古镇文化旅游区等重点项目。

6.4.2.2 政府主导，改革创新

自1997年台州市旅游局成立以来，台州旅游资源开发步伐逐步加快，采取政府、集体、个人共同投资方式，把股份合作制引进旅游业，拓宽了旅游资源开发的投资渠道。相继开发和完善了以国清、石梁景区、江南长城、桃渚景区、长屿硐天、千年曙光园、永安溪漂流、神仙居景区、吴子熊玻璃艺术馆、海门老街、富山大裂谷、十里长街、大鹿岛、蛇蟠岛等为代表的一大批鲜明特色和极具历史文化价值的旅游景区(点)，以台州耀达国际大酒店、台州开元大酒店、鑫都国际大酒店、临海国际大酒店为代表的一大批宾馆、饭店等为代表的旅游服务设施。新出台的《关于进一步加快旅游业发展的实施意见》指出，要推进全域旅游目的地建设，发展旅游精品，力争到2020年，全市再创2个国家5A级旅游景区、18个国家4A级旅游景区。各县(市、区)也相继召开旅游产业发展大会，出台政策，形成了旅游业大发展的态势。“十三五”时期，实施“百千”工程，力争到2020年，全市完成100个旅游重大项目，总投资额达到1200亿元。旅游行业管理工作进一步强化。切实做好整顿规范旅游市场秩序工作。通过会议部署、联合执法、行业自律、舆论监督等，狠抓旅游市场的秩序，树旅游行业新风，使台州旅游市场秩序得到规范。加大对旅行社的业务指导和管理力度，推进台州旅行社走上规范经营的轨道。狠抓饭店管理和服务水平，以台州星级饭店复评工作和创建绿色饭店为重点，推动星级饭店管理上台阶、上水平。进一步加强旅游从业人员的业务培训教育，通过万人岗位大练兵等一系列活动，强化旅游从业人员的业务水平。强化旅游安全管理，层层签订责任书，制订实施安全生产管理工作计划，广泛开展旅游安全宣传教育，旅游安全无重大事故。

6.4.2.3 区域协作开发

区内合作。加强台州各海岛旅游区之间的联动，从资源开发、景区建设方面推动海岛旅游的空间整合，形成海岛旅游网络，形成东部海洋海岛度假旅游区。树立区内海岛整体旅游形象，加强区内旅游宣传与促销等，共同参与市场竞争，形成具有吸引力的区域整体旅游品牌。区外合作。加强台州市与其周边城市的合作互动，尤其是加强具有资源优势的海岛与周边发展较为成熟的海岛进行旅游合作。目前台州海岛知名度不高，加大与舟山市的海岛旅游线路与产品的联合开发，借助舟山市普陀山等成熟旅游景区的知名度、著名景区的品牌影响力来带动台州海岛旅游资源的开发，实施“捆绑营销”，优势互补，在开发中避免产品雷同，消除区域旅游阴影效应，实现共同发展。推进旅游区域一体化、打造旅游黄金圈，共同开发旅游市场，互为市场，互为腹

地，互送客源，共筑旅游信息平台，共同制定旅游服务标准等已成为区域旅游地区的共识，建立区域性旅游协作板块，建立区域间旅游线路的整合、景点的联合营销和市场战略的配合与配套，产业对接、交通对接和规则对接，通过政府、私营机构、国际机构、社区与媒体之间的合作，加强区域协调和监督机制，做好有效的危机管理计划，采纳最佳实践方案并实现信息共享，确保旅游效益区域整体性平稳持续发展。

6.4.2.4 注重个性和突出自我特色，提升海岛旅游形象认知度

台州海岛旅游开发起步较晚，海岛旅游资源具有较强的原生态特征，生态环境十分优良，保持这种原生态的优势，发展海岛野外探险、科普教育等旅游项目，并融合当地独具一格的民族风情、渔岛风俗，开发渔民风情体验游等参与性强的民俗旅游专项产品。在旅游产品开发时对资源价值进行评价，依据海岛的地方性特点选择对目标市场最具吸引力的旅游资源优势作为旅游形象定位的基点，如大陈岛旅游度假区、玉环大鹿岛生态旅游区、“千洞之岛”蛇蟠岛旅游区。为保证定位战略的成功实施，各旅游区提出具有鲜明个性特征的形象口号。在做好形象定位后，通过一定途径将相关信息传递给旅游者。利用户外广告、报纸杂志、电视、网络等大众传播媒介进行形象广告宣传，利用多种类型的出版物、节事活动、提供各种旅游服务、制造新闻故事等来展开广泛的公共关系活动，从而提高台州海岛旅游的知名度。根据世界知名海岛旅游开发的实践经验，在海岛旅游功能品位层次方面，台州海岛旅游的开发有待进一步依托其资源条件禀赋，更深层次地结合自然景观、人文历史文化环境，促使目前的中低端旅游市场向特色化、个性化的中端旅游市场转变，尤其是加大高端旅游市场的培育与拓展，使台州海岛旅游开发形成功能层次分明、空间布局合理的市场格局，并尽快使其能在国内及国际海岛旅游市场中树立知名的品牌形象。目前，台州旅游资源开发水平、旅游经济发展水平不高，尤其是海岛旅游发展相对其他地区而言，相对滞后，海岛旅游在很大程度上无论是组织、经营、管理、服务、设计、建设等各方面仍处于传统模式，难以满足旅游市场未来发展的多元化需求。基于一切为游客着想的理念，提高旅游品位层次，引进国际先进连锁经营模式，集团化发展精品旅游，实现跨越式发展十分必要。通过国际旅游连锁经营组织客源，形成区域旅游网络，这种经营模式，可以减少旅游中间环节，节约旅游成本，节约时间，方便游客，并且有利于推动区域旅游资源开发，促进多元投资与合理布局。

6.4.2.5 台州旅游“山海经”联动发展

按照“山海经”的整合取向，将海洋海岛海岸与以山为骨干的陆地资源做有机整合，

形成陆海联袂发展机制，而“经”典的本土文化精华，则为山海风光灌注底蕴使之获得气韵生动的灵魂。“十三五”期间，全市上下以创建国家全域旅游示范区为抓手，推进旅游大开发、大投入、大提升。大抓交通，对外加快骨干路网建设，对内推进市域交通一体化，保护开发有特色的乡间小道，进一步改善区位条件，使旅游资源串点成线。大抓景区，加快推进高等级景区建设，加强梯次培育，争创更多的5A级、4A级景区。做好旅游与特色小镇、风情小镇建设结合的文章，发展城市旅游，构建旅游城市。大抓环境，紧密结合五水共治、三改一拆、美丽乡村建设等工作，推进环境综合整治。重视旅游软环境的提升，提高市民素质和城市文明程度。大抓营销，创新方式，丰富载体，加强“山海水城、和合圣地、制造之都”城市形象宣传推介，真正唱响台州旅游的好声音。各部门提升理念，树立旅游思维，用现代旅游眼光统筹规划相关工作；按项目化要求，实行挂图作战，紧盯工作进度，强化考核督查；积极开展互学互比活动，相互学思路、学项目、比作风、比速度，掀起全市上下重视旅游、发展旅游的浓厚氛围；勤吆喝，领导干部像导游一样推介台州旅游，为台州旅游“代言”。

6.5 浙江海岛旅游业发展模式及评价

6.5.1 浙江海岛旅游业现有发展模式

由于海岛在资源基础、区域环境、区位条件和历史文化等方面的地域差异，浙江省各地海岛旅游在开发程度、发展水平和模式上存在着明显的不同。从海岛旅游开发的驱动要素来看，浙江省海岛旅游发展模式主要分为以下三类。

(1)资源依托型

这种发展模式主要以海岛自身原生态、独特性的旅游资源为依托，发展海岛旅游产业，从而使旅游成为海岛经济发展的主导产业。此类海岛富含发展旅游所需要的资源基础，同时海岛所在区域经济发展状况良好，社会稳定开放，但区位条件不理想，一般距离中心城市及客源市场较远，交通条件始终是制约其进一步发展的关键因素。另外，有些海岛距离陆地较远，土地和水资源相对匮乏，发展旅游产业成本较高。此类发展模式代表如舟山群岛中的东极岛。

(2)经济驱动型

此类发展模式主要依托区域良好的交通和区位条件吸引投资商进行旅游开发，旅游业并不是海岛经济的主导产业，而是由于地区经济的拉动作用。此类海岛旅游资源不占绝对优势，但区位条件较好，离客源市场较近，周边城市经济较发达，对海岛旅游发展具有较大的支撑作用。此类发展模式的代表如舟山群岛中的岱山岛、宁波的象山岛群和温州的洞头列岛，上海及长三角发达的区域经济为其提供了广阔的客源市场。

(3)市场导向型

此类发展模式主要依托海岛旅游资源条件和开发基础，开发出富有自身特色的旅游产品，并引导游客进行消费。此类海岛旅游资源丰富，开发历史较早，开发程度相对较高，并形成了具有一定竞争力的旅游形象和旅游品牌。为了适应国内外海岛旅游发展的市场趋势，海岛旅游产业已经突破单一的观光产品，开始向休闲度假和各种专项旅游产品拓展，产品结构趋于合理，产品种类日益丰富，产品质量不断提升。此类发展模式代表如舟山普陀山岛，经过多年发展已经成为具有较高知名度的宗教旅游胜地。

6.5.2 浙江海岛旅游业发展评价

6.5.2.1 动力机制

首先，政府的重视成为海岛旅游业发展的重要支撑力。海岛旅游业的发展离不开政府的宏观管理与政策支持。海岛旅游产业是海洋经济的重要组成部分，在海洋经济中的贡献比重也在不断增大，海洋旅游业在沿海地区经济发展和产业转型过程中扮演着越来越重要的作用，因此浙江各沿海地区都非常重视海岛旅游业的发展。政府采取了一系列的政策和措施扶持海岛地区旅游业的发展，这些政策、措施以及对当地的宣传、促销活动等都在很大程度上促进当地旅游业的进一步发展。

其次，旅游企业是海岛旅游业发展的基本支持力。海岛旅游需要旅游开发和旅游运营企业的参与，从海岛旅游产品开发，到线路组织和为旅游者提供食、住、行、游、购、娱等各环节的服务都离不开旅游企业的支持，旅游企业在旅游者和海岛旅游产品之间起了重要的连接作用。

最后，巨大的市场需求是海岛旅游业发展的有效推动力。我国海岛旅游的发展与我国旅游业的发展历程一样，是在巨大的社会需求的拉动下发展起来的，它的发展与国内旅游的蓬勃发展相伴相生。海岛旅游因其独有的“3S”和“3N”完美结合的资源特色，满足了旅游者对阳光、大海、沙滩的浪漫追求和亲近大自然的心理需求，因此深受广大旅游者的青睐。从需求角度看，我国海岛旅游市场需求旺盛，发展潜力巨大。

6.5.2.2 产品开发

为了满足游客日益多样化、个性化的旅游需求，浙江各沿海地区根据各地海岛自然环境和资源条件，统筹规划，发掘和突出当地的海洋和区域文化特色，充分利用海港、礁石、沙滩及生物资源，多层次、多角度地深入发掘海岛旅游资源，开发出了观光旅游、渔家休闲体验旅游、生态旅游、健身康体、邮轮游艇、禅修度假旅游等产品，以打造海岛旅游精品和名品为突破口，构建起了多层次、多元化的海岛旅游产品体系，在维护海岛生态环境形成良性循环的同时，为海岛旅游产业的进一步发展提供了广阔的空间。

6.5.2.3 空间布局

浙江沿海岛屿众多，海岛旅游资源极为丰富，且相对集中在宁波东南沿海、舟山群岛、温台沿海一带，海、陆、空立体交通结构的形成，也为海岛旅游业的发展创造了便利条件。浙江海岛旅游业正在打破行政区划的限制，以旅游交通线为廊道，旅游区(点)为节点，重新构建旅游资源区域体系。浙江海岛旅游的空间布局以沿海七大中心城市为核心，突出区域特色，注意错位发展，正在形成宁舟、温台、跨杭州湾三大旅游区块，逐步实现“一轴两群两带一核心”协调发展的新格局。“一轴”是指以沪杭高速公路、杭甬高速公路、甬台温高速公路三条交通干线为发展主轴线，以杭州湾大通道、舟山连岛工程和温州洞头半岛工程三个陆海通道为纽带，构筑起浙江省海岛旅游产业发展的主动脉。“两群”分别是以宁波—舟山为中心，构成集海岛观光和休闲度假于一体的旅游区；以温州—台州为中心，构成以瓯越风情、海韵渔情、现代商情为特色的休闲度假和商务会展旅游区。“两带”即以舟山群岛为中心，以玉环、洞头为支撑而形成的海岛观光、休闲度假旅游带；以内陆腹地旅游资源为凭借，利用旅游区辐射功能，联动陆上观光、农业、生态及文化旅游，形成以内陆小城镇为中心的生态旅游产业带。“一核”是指利用舟山群岛独特的海洋生态和海洋文化优势，以普陀“金三角”为支点，带动嵊泗、桃花岛的开发，打造海上花园，使舟山群岛成为浙江省海洋旅游的核心区，长三角最有影响的海岛旅游区和国际著名的海岛旅游胜地。浙江海洋区有望成为我国海岛和休闲旅游的高端旅游目的地。

6.5.2.4 区域竞合

未来浙江各地区海岛旅游发展模式将由最初的空间掠夺性竞争模式变为合作模式，区域合作创新成为了当前海岛旅游发展的趋势。杭州湾跨海大桥和舟山跨海大桥的建设拉近了浙江甬、舟、台、温与长三角中心地带的时空距离，加强了彼此间的联系，加速了一体化进程。浙江沿海城市甬、舟、台、温等地区是海岛旅游产业集聚的核心点，最大限度地发挥地缘和资源互补的现实优势，强强联手，进行区域协作和联合，打破行政区域界限，突破不合理的体制障碍，整合综合旅游资源，实现优化组合，一体化开发，如区域整体旅游交通、区域整体旅游形象、区域整体旅游宣传与促销等，共同参与市场竞争，形成一个强势的区域整体旅游品牌，注重区域竞合、山海协作，海陆联动，才能打造出高品质的适应市场需求的海洋海岛旅游区。

6.5.2.5 产业融合

浙江省是我国的海洋大省，随着近些年海岛旅游的快速发展，旅游人数和旅游收入增幅明显，浙江海岛旅游业整体上处于调整和转型升级的新时期，客观上要求打破传统的资源导向型界限，以旅游者不断变化着的需求为中心进行资源配置、产品开发、行业管理、企业组织和旅游相关配套服务，并与其他行业广泛融合，相互渗透，创新旅游业态。近些年来，浙江海岛旅游业与其他产业之间融合进程不断加快，海岛旅游业与其他不同产业或内部不同行业之间进行相互渗透、相互交叉与相互融合，形成了诸如休闲渔业、海钓产业、游艇产业、旅游房地产、海洋运动休闲等多种海岛旅游新业态。产业融合在今后很长一段时间内都会是海岛旅游产业发展的新形势，也必将会对促进浙江海岛旅游产业和海洋经济协同发展产生巨大的经济效益和社会效益。

创新篇

海岛旅游发展创新与探索

7　海岛旅游发展模式创新

海岛类型多种多样，各个海岛的旅游资源、区位条件、经济和社会文化条件之间存在差异性，因而海岛旅游开发模式呈现出不同的类型。基于传统的海岛旅游开发模式，本章致力于海岛旅游发展模式创新，在分析海岛旅游发展要素的基础上，提出海岛旅游的发展策略，对海岛旅游发展的效应进行评估，并提出海岛旅游发展可借鉴的经验，以促进海岛旅游长期、持续、健康、稳定地发展。

7.1　海岛旅游发展要素分析

现行海岛旅游开发理论中存在的最大缺陷是传统学者们把海岛资源和旅游者的行为分开研究，而没有把两者联系起来。因此，构建一种新的海岛发展模型，即将资源和市场完美地结合起来，精确地寻找出旅游者价值，进而更便捷、更准确地依据旅游者价值对海岛形象和品牌做出定位，才能更好地为政府提供政策建议，更系统地为企业提供相应的营销策略，这对国内外海岛旅游的开发具有重大的理论和实践意义。

7.1.1　海岛旅游资源要素分析

海岛的旅游开发要求海岛自身具备一些必要的资源要素，主要包括海岛的气候条件、海岸线长度、海水和岸线资源、地理区位、动植物资源，以及岛屿大小等。这些要素决定了海岛旅游地的最大旅游发展潜力，也是决定海岛旅游能否成功开发，以及其发展是否具有可持续性的重要影响因素。

适宜的气候条件主要涉及舒适的气温、清新的空气和明媚的阳光，这是决定海岛旅游开发的关键因素之一。海岸线是海岛旅游的一个重要组成部分，其中的沙滩、海蚀地貌等都是具有重要旅游价值的要素。环绕海岛的是海水，海水中有珊瑚礁以及丰富的水产资源。地球上的海洋面积约为3.61亿平方千米，约占地球总面积的71%，而且绝大部分位于热带和亚热带圈内。海水中的珊瑚礁、水产、鱼类等，也都是丰富的旅游资源。影响海岛旅游开发潜力的因素还有很多，如动植物资源、文化环境等。从世界范围来看，热带、亚热带海岛的民俗文化极其丰富，特别是一些远离大陆的海岛，过去由于交通障碍，岛屿与外界联系较少，还保持着自己独特的民族文化，成为吸引旅游者参观的重要资源。

地理空间差异对海岛旅游的影响主要体现在气候、景观及距离市区远近等方面。空间地理位置差异造就的海岛旅游景观差异也是决定海岛旅游热点地区的重要条件。一般而言，地处热带或亚热带等低纬度暖水海域的岛屿旅游资源质量及游客吸引力普遍要高于处在温带或寒带高纬度冷水海域的岛屿。地理位置偏远、交通不便以及远离大都市市区的海岛可进入性差，海岛旅游开发需要克服地理位置、交通和气候所带来的负面影响。

从世界海岛旅游发展历程来看，海岛旅游热点主要集中在热带及亚热带等低纬度地区，如东南亚、加勒比海及地中海地区。在这些海域的岛屿经济中，旅游占有相当比重，而寒冷的北方岛屿由于居民稀少，难以进行大规模的旅游基础设施建设，旅游对于当地的经济贡献有限，但环境影响却可能很大。全球已经开发的海岛旅游地主要集中在中低纬度，即热带、亚热带的海岛或海滨。热带、亚热带海岛海滨一般都具有冬暖夏凉的气候优势，它们往往是旅游者夏季消暑的旅游胜地。如中国的海南岛，美国的加利福尼亚、墨西哥湾，澳大利亚的黄金海岸、阳光海岸，西班牙的太阳海岸、布拉瓦海岸，法国的科西嘉岛等，都是著名的亚热带海岛海滨旅游胜地。加勒比海岛及海岸、太平洋岛屿、东南亚海岸及岛屿等都是著名的热带海岛海滨旅游胜地。

7.1.2 海岛旅游市场要素分析

7.1.2.1 海岛旅游者

旅游者就是从事旅游活动的人们，具有社会交往性、异地性、流动性、业余性(在异地非职业的活动)、综合性等重要特征(属性)，主要是以消遣、增长知识和享受为旅游目的。旅游的限制性门槛主要有异地性、时间性、非职业性。

根据游客的个人价值观特征，结合海岛旅游产品带来的个体旅游价值不同，可将旅游者分为五大类(表7－1)，即满足学习、观光为主的游客，满足猎奇性为主的游客，满足购物和玩乐为主的游客，商务旅游者，以度假和享乐为主的游客。根据地域特征进行划分，可将旅游者分为国际旅游者、国内旅游者、本地旅游者三大类。国际旅游者，即非本国的旅游者，是指在国际旅游岛所在国进行非职业的活动，停留时间大于或等于24小时的群体。国内旅游者，即国际旅游岛所在国的非本岛旅游者，是指在国际旅游岛进行非职业活动，停留时间大于或等于24小时的群体。本地旅游者，国际旅游岛的本地旅游者，只要是国际旅游岛的本地居民在国际旅游岛进行游览休闲活动，即使游玩时间达不到24小时，也纳入国际旅游岛的本地游客范畴。

表7-1 海岛旅游者类别

类别	旅游目的	代表岛屿
学习观光型游客	体验、学习岛屿独特的自然地理空间和历史文化特色	佛罗里达、日本岛
时尚猎奇型游客	追逐时尚观光产品、体验新潮休闲方式、享受岛屿特有的旅游活动	澳门、百慕大、恶魔岛
购物玩乐型游客	享受岛屿度假、主要旅游目的在于购物玩乐	香港、济州岛、马尔代夫
商务旅游型游客	通常举办国际型会议、开展企业学习或培训活动	海南岛、棕榈岛
度假享乐型游客	以度假、享乐为目的，享受岛屿轻松休闲的环境与独特美丽的自然环境	普吉岛、夏威夷

7.1.2.2 海岛旅游产品供给者

海岛旅游的旅游产品供给者主要分为政府、半官方组织、非营利组织、公私合营的企业、其他企业、有影响力的个人、当地居民(社区)等。

政府是海岛旅游公共产品的主供应者，是当地社会的稳定、经济社会发展规划(旅游发展规划)、海岛的品牌形象推广等推进旅游业可持续发展因素的主要驱动力。一个具有服务意识，运作效率高的政府，是海岛旅游健康、快速、持续发展的必备条件。

半官方的旅游协会是政府提供旅游公共产品的很好补充者，由于这些单位同时具有企业的灵活性和政府的权威性，往往具有反应速度快，决策较有权威性等优势，是旅游者、旅游企业与政府沟通的桥梁。

企业主要有旅游行业内的企业及非旅游类的社会企事业，它们直接为旅游者提供食、住、行、游、购、娱的旅游产品或服务。企业的从业人员在服务旅游者的过程中，本身也是旅游者旅游体验中的一部分。同时，企业是投资的主体，是旅游投资的主要推动力，是旅游产品(服务)创新的主驱动力。

公私合营的企业，例如各个城市的城投公司，由政府牵头，融入社会资本，按照公司运作的方式成立公司，由政府和主要投资商组成董事会，按照企业经营的方式来管理。对于一些产权不是很清晰的准公共产品的管理，也多由公私合营的企业来进行管理。

有影响力的名人为海岛旅游产品带来的效应是不可估量的。因为海岛的品牌和形象是指该地区所有产品、服务、设施、环境的总体的客观认识、印象、想象和情感思想的表现。品牌具有“联想性”和“映射性”，如果聘请与海岛旅游形象相符的名人，则能大大提升岛屿的知名度。

当地居民也是海岛旅游产品的重要组成部分，岛屿居民独特的饮食习惯和风土人情都是吸引游客的重要资源。另一方面，当地社区居民的精神面貌、社会稳定是海岛旅游业发展的重要制约因素。如何构建海岛的和谐发展，让当地居民在海岛旅游的发展过程中受益，是保证海岛旅游业可持续发展的必要条件之一。

7.1.2.3　海岛旅游产品

海岛旅游的营销过程就是海岛旅游产品的组合过程，海岛健康、可持续的发展模式，就是为海岛的所有旅游者提供相匹配的旅游产品。海岛的旅游产品具有复合型，有时空、物质、文化三个维度，物质的旅游产品、文化的旅游产品或物质兼有文化的旅游产品通过历史、当代、未来三个角度向海岛旅游者进行全方位的展示(表7－2)。

表7－2　海岛旅游产品分类

角度	类别	具体表现
历史	物质产品	岛屿的历史建设、古代的桥梁、工程等
	文化产品	历史传说、历史名人轶事、古代经典诗歌小说等
	物质文化产品	具有丰富人文景观的建筑或景区，如教堂、寺庙等
当代	物质产品	基于当地科技和物质条件的旅游设施或基础设施，如旅店设施、航空公司飞机、高速公路、岛屿的当代建筑等
	文化产品	当代的诗歌小说、流行歌曲、流行元素等
	物质文化产品	会展中心、当代名人设计或修建的大型公共设施或建筑、超前的科技产品或技术，如苹果的iPad，日本的智能机器人等
未来	物质产品	岛屿经济发展规划，未来修建的高速公路、地铁等公共设施或基础设施
	文化产品	岛屿未来的流行文化、如歌曲、小说等；岛屿居民未来的风土人情等
	物质文化产品	岛屿未来标志性的旅游景点或建筑，岛屿未来居民的建筑风格等

海岛旅游产品的旅游者价值主要取决于历史及当代维度中的物质、文化以及物质文化这六个类型的旅游产品与旅游者需求的契合程度来进行分析和研究。如果海岛历史类旅游产品的市场契合度高，即岛屿的历史维度三个类型旅游产品很丰富并具有吸

引力，则更多地吸引具有怀旧情怀、追求文化、喜好静态旅游的游客；如果海岛当代维度三个类型旅游产品的市场契合度高，则更吸引具有现代气息，追求动态旅游的游客；海岛旅游产品的未来维度三个类型旅游产品则主要是旅游岛屿未来趋势的影响因素。随着世界流行元素的变化和发展，人们的旅游偏好也不断地变化和发展，而由于海岛旅游产品是复合型的混合产品，所以通过分析岛屿未来旅游产品的变化和发展，能对岛屿旅游发展的未来进行很好的预测和监控。

旅游产品的九个类别是一个内在有机相连的混合体。在研究海岛旅游产品发展中，必须尊重岛屿的史脉，即从历史的角度，将过去的物质文化产品、当代的旅游产品、未来准备发展的旅游产品有机地结合起来，对历史上的精华要代代传承下去，历史的旅游产品是海岛旅游产品的精髓和基础。

7.1.3 海岛旅游发展模式分析

不同的海岛旅游地属性、游客需求、旅游开发定位及旅游发展阶段，意味着不同的海岛旅游开发模式或发展路径。以下依据海岛旅游资源属性，对海岛旅游发展模式进行分析。

(1) 大众观光模式

大众观光模式主要以短期的包价组团式自然或历史文化观光为主，同时有一定规模的针对散客的定制包价产品销售，这种海岛旅游模式是当前国内外海岛旅游的主体，包括大众自然观光、文化旅游及节庆旅游等。

自然观光型旅游主要依赖海岛“4S”旅游资源、美丽奇特的海岛地质地貌以及特有的海岛及海域生物景观，对海岛本身的自然环境质量要求较高。大众自然观光旅游产品主要适合大众旅游，多数游客通过旅行社组织，游客停留时间一般较短，旅游内容也以观赏自然风光为主，旅游形式较单一、旅游深度开发不足，而且对海岛旅游基础设施要求较高，多数大型海岛和一些基础设施相对完善的中型海岛比较适合开发大众自然观光旅游产品。大众历史文化旅游开发的基础是海岛悠久和独特的历史文化资源，这不是所有海岛都具备的，只有少数海岛才拥有较强旅游吸引力的历史文化资源，如舟山的普陀岛、福建的湄洲岛、山东的刘公岛等。海岛历史文化资源不仅包括人类社会发展过程中遗留下来的遗址与遗迹，还包括各种可以用来作为旅游吸引物开发的历史事件与民间传说。节庆旅游是人为创造旅游吸引物，克服海岛旅游季节性制约的一种有效选择，很多西方发达国家的海岛就依靠积极开发海岛传统节庆资源在旅游淡季吸引游客上岛。

（2）休闲度假模式

海岛休闲度假旅游开发一般以中短期度假与第二房产为主。海岛休闲度假游对自然景观和旅游景点的要求较大众观光旅游要低，海岛自然景观即可满足海岛度假游的基本需求。海岛休闲度假游的主要目标群体是单位及个人的中短期疗养度假，以及退休老人的长期居住或家庭的第二房产度假，因此要求海岛具备一定基础服务设施的度假村和度假房产。

优越的气候条件，与大陆隔离的海岛氛围和独特的海洋空间造就了海岛独具特色的生活环境，远离尘嚣隐士般的海岛生活空间对于很多追求自然的年轻人、清修的中老年人以及短期想逃离尘世喧嚣和生活工作压力的城市居民而言是一种无形的吸引力。海岛中短期休闲度假以服务设施相对完善的度假村、度假酒店和度假公寓为主，辅以少量的传统民居和家庭旅馆；长期海岛休闲度假则以第二房产为主，特别是针对退休群体的海岛房产。海岛房产度假是由海岛休闲度假旅游在发展过程中逐步派生出来的一种着眼长远的度假方式，主要以城市富裕群体的度假别墅及一些退休老人的养老房产为主，拥有一套海岛房产也成为许多富裕群体的休闲选择。同时，海岛第二房产度假开发也可以有效地推动海上旅游的发展，特别是带动游艇产业的发展。

（3）替代旅游模式

由于海岛特殊的自然地理属性和人文特点，决定了海岛旅游开发模式与大陆旅游显著差异，以“4S”为特色的大众滨海旅游开发模式并不适宜多数中小型海岛旅游开发。即使是一些相对适合大众旅游开发的大型海岛也面临着大众旅游发展停滞甚至衰退的挑战，因此寻求大众旅游开发的替代模式成为不可回避的挑战。替代旅游模式主要包括生态旅游、休闲渔业旅游以及保护区旅游三种模式。

生态旅游是人们为了减少传统大众旅游开发对当地社会文化及自然环境的影响而提出的一种既能实现旅游开发效益，又能降低环境影响，维持旅游地持续发展的绿色旅游模式。生态旅游模式是一种对传统旅游模式的调整，主要以海岛原生态观光、海洋生物观赏、海岛探险、野外生存等为主，也包括部分环境影响较小的营地及度假村度假休闲活动。

海岛休闲渔业旅游，可以与海岛现有的捕捞活动和养殖生产相结合，实现海岛产业结构的优化调整，是解决海岛“三渔”问题的一种有效途径。海岛休闲渔业开发主要包括娱乐性渔业活动、体验性渔业活动、教育性渔业活动和生活文化性活动四大类。

从国内外海岛生态环境保护历史发展来看，以海岛保护区建设来保持海岛周边水质的清洁，维持海岛及海岛周边海域的生物多样性，使海岛特有的人文传统和自然景观得以长久保存是推动海岛旅游开发的重要手段。结合海岛自然保护区或海岛特别保护区建设，以高质量的海洋生态环境和自然景观来吸引海岛生态观光游客是突破海岛旅游瓶颈的一种现实选择。

总而言之，海岛旅游作为一种特定的海滨旅游活动，相比于大陆海滨旅游开发，更多地受海岛地理空间属性的制约，其发展模式也更大程度地取决于不同海岛旅游地的地理空间与环境资源特征。海岛类型的多样化及地理空间属性的巨大差异，决定了海岛旅游开发模式的多样化和差异化，不同的旅游开发模式可能适应不同的海岛旅游开发需求，很难确定一个“万能型”或“通用型”的海岛旅游发展模式。

7.2 海岛旅游发展策略分析

海岛的旅游发展过程是以海岛的资源要素分析为基础，以海岛的市场要素分析为核心，制定海岛旅游的发展策略，主要包括旅游者特征分析策略、海岛旅游产品组合策略、海岛旅游产品供给者策略、海岛旅游品牌及形象推广策略、海岛旅游竞争力策略、海岛旅游管理模式策略等。

7.2.1 旅游者特征分析策略

消费者的个人价值、消费结果与产品属性彼此之间并不是孑然独立的，而是一个相互联系的阶层关系。核心的个人价值会影响具体的消费结果，消费结果决定了消费者对产品属性的评价。

根据龚箭的研究结论，旅游者总体注重的属性要素是“独特的旅游资源”，结果要素是“放松、休闲及身心愉悦”安全，价值要素是“享受生活”。这说明旅游海岛的独特旅游资源能吸引旅游者，独特的旅游资源和旅游形象给旅游者温馨如家的感觉，旅游者不但人身安全有保障，而且高素质的服务人员能满足旅游者个性化的需求。在旅游者眼中，独特的旅游资源的开发不但表明该海岛注重硬件环境的建设，而且表明有实力的海岛也会注重加强对软件环境的建设，如加强对服务人员的培训，以薪酬激励等方式来招揽优秀的服务人员等。在现代社会，旅游者到海岛旅游就是为了寻找一个远离喧嚣都市的场所来放松自己，因此其最关心的核心问题是能否“放松、休闲及身心愉悦”。如果旅游者在旅游过程中，不能享受舒心的服务，那么旅游者对该海岛的旅游服务质量将存在质疑，这将影响该海岛的旅游形象，进而影响该海岛的旅游发展。因此，旅游者到海岛旅游最重视的结果利益就是“放松、休闲及身心愉悦”。对海岛旅游者来说，在“放松、休闲及身心愉悦”的前提下才能“享受生活”，达到旅游的目的。在现代压力巨大的社会，旅游者都想通过旅游来放松和释放生活的重压。

不同海岛的生产要素是海岛旅游发展的基础，海岛的发展模式受制于海岛的基础条件，而不同海岛旅游者价值的异同，不仅对海岛旅游发展模式产生影响。也直接决定了海岛的品牌和价值。举例来看，澳门的旅游者价值主要体现在博彩旅游带来的猎奇刺激感，所以澳门的岛屿品牌就是“东方蒙特卡洛”“东方拉斯维加斯”“世界四大赌城之一”，这和澳门的旅游者价值是相符的。赴澳门旅游的游客类型多为猎奇型，其旅游者价值主要是博彩旅游带来的猎奇刺激感，从而达到享受的过程，最终实现旅游者价值。由于澳门地理位置小，人口少，毗邻香港这样一个区域性的金融、物流、旅游中心，澳门的产业选择只能另辟新路，选择博彩旅游来发展。

大型的海岛资源一般具有复合型特征，其旅游发展也应是复合型的全方位发展。以海南岛为例，在对海南岛的游客调查中发现，国内游客以观光、度假类型为主，注重的是海南独特的海洋岛屿资源，而国外游客除关注海岛独特的资源外，更注重海岛的经济性，即对海岛的可参与性娱乐项目、购物和餐饮的经济性等有更高的要求。以海南岛为代表的大型海岛，其旅游业的发展除利用海岛资源类型多、腹地辽阔等优势外，应该多方位地发展主题乐园旅游项目、免税店建设、水上运动中心、国际邮轮等具有复合型的旅游项目。

7.2.2 海岛旅游产品策略

如何为海岛的每一位“顾客”提供合适的旅游产品，让“顾客”达到满意，实现旅游者价值，是海岛旅游发展中需研究的核心问题。海岛的每一位游客在岛屿的旅游经历，都是由一系列的混合旅游产品构成的。菲利普·科特勒认为，产品组合应具有一定的宽度、长度、深度和相容度，宽度指有多少不同产品线，长度指产品品目总数，深度指每一种产品有多少品种，相容度指各条产品线在最终用途、生产条件、分销渠道或者其他方面相互关联的程度。海岛旅游产品供给者为游客提供的每一个旅游产品都是在海岛这个巨大的系统中产生，产品相互间就具有错综复杂的关系，

“产品线”天生具有相当高的相容度，这就为海岛旅游产品组合提供了较好的基本条件。

此外，旅游者对海岛旅游产品的需求也是多层次多样性的，例如一名国内游客在海岛的旅游经历，要享受一次满意的行程，不仅要“消费”海岛令人满意的各种旅游景点、交通设施，还要“消费”城市文化带来的身心愉悦，旅游者需求的多层次多样性也决定了海岛旅游中实施旅游产品组合策略是满足旅游者综合需求的有效途径。

基于上述分析，海岛旅游产品组合可以从以下三个方面展开。

(1)海岛旅游产品的长度

以海岛所面对的旅游者的个人价值观特征不同来列举，旅游产品的长度划分为三大类，即海岛热衷型旅游者的旅游产品、追逐时尚型旅游者的旅游产品、大众观光型旅游者的旅游产品。

(2)海岛旅游产品的宽度

据表7－2列举的旅游产品的历时性(历史、当代、未来)与旅游产品的共时性(物质、文化)，将这些因素进行组合，可以得出城市公共物品的九大类产品线作为宽度，即历史文化的产品线、历史物质的产品线、历史文化兼物质的产品线、当代文化的产品线、当代物质的产品线、当代物质兼文化的产品线、未来文化的产品线、未来物质的产品线、未来物质兼文化的产品线。

(3)海岛旅游产品的深度

海岛旅游产品的深度体现在发掘旅游者内心需求的程度，细分了不同特征旅游者的差异性需求。具体而言，可以认为旅游产品越多则深度越深，它是一个以海岛旅游资源与海岛提供产品的能力产生的变量。

海岛旅游品组合策略，为我们提供了一个设计、生产、提供海岛旅游产品的方向。当然海岛有些物质资源毕竟是有限的，不可能提供各种各样面面俱到的旅游物品，因此，海岛旅游产品的生产要考虑到岛屿拥有的资源而量力为之。

7.2.3 旅游产品供给者策略

旅游产品具有复合性和混合性，按照旅游产品产权的不同属性，可将旅游产品细分为旅游公共产品类、非旅游公共产品类、旅游私人产品、非旅游私人产品这四大类(表7－3)。

表7-3 旅游产品分类

旅游产品类别	内容	供给者
旅游公共产品	沙滩、气候、风景区环境、旅游法规、旅游业的发展规划	政府、旅游局、旅游协会
非旅游公共产品	学校、医院、城市基础设施、城市发展规划、法律法规等	政府
旅游私人产品	住宿、导游、餐饮、购物等服务	旅游行业企业
非旅游私人产品	社会商店、银行、居民住房等	非旅游企业

旅游公共产品和非旅游公共产品，供给主体主要是政府和非营利组织、半官方组织等。它们的维护和提供主要依靠政府来完成，但政府在维护和提供这类公共产品的同时，也依托私人组织或营利单位来提供，除了政府提供和维护旅游公共产品外，还有五类机构也提供旅游公共产品的供给，如旅游相关企业(旅行社，旅游景区、饭店、车友会等)，其他营利机构，非营利机构(民间的环保机构和旅游俱乐部等)，半官方的旅游机构，有影响的个人等。

传统市场经济理论认为，环境治理、基础设施建设、城市法律及规划等均是公共产品，是不具有私人产品的消费竞争性和消费排他性，导致公共产品在消费上容易产生“搭便车”的现象，决定了政府是提供公共产品最理想的制度安排。然而，现实生活中，大多物品的性质介于公共产品和私有物品之间。实践证明，公共产品或准公共产品的非排他性和非竞争性是随着社会的发展动态变化的。在实践经营过程中，由于大多公共产品是属于混合公共产品，采用市场方式或政府供给方式都不是最佳选择，一种新型的制度安排模式——公私合营(PPP)就是适应这些准公共物品的特性，将政府提供与私人提供各自的优点结合起来，而避免两者的劣势，经过市场实践的考验，证明这些创新的安排是有顽强的生命力的。PPP既利用了私人企业的效率，又通过政府的参与解决了一些私有化经营无法避免的宏观上的问题。同时，政府虽然作为旅游公共产品的主要供给者，但是仍然存在“官僚”，对于“环境恶化”等社会性的公共产品反应速度过慢或供给不足，而社会自发组织的“非营利组织”则是很好的补充，它们一般具有高敏感性和高感知度，能够及时向社会和公众提供信息。

7.2.4 海岛旅游推广策略

在海岛旅游过程中，旅游者会对喜欢的旅游产品进行选择和组合，并在旅游体验过程中，对旅游产品进行评价。如果通过市场调查，研究出旅游者最关注、最喜欢的旅游产品，该产品就是游客最关注的旅游价值，也就是海岛旅游品牌价值的精髓。例如，如果通过游客抽样调查，赴香港旅游的游客最关注的是旅游购物、迪士尼乐园等现代动感的物质、文化旅游产品，就证明了香港旅游的品牌价值主要就是当代动感、时尚、经济性，香港旅游的形象就应该是“动感之都，购物天堂”。

以资源导向为主的海岛，一般在历史上就是旅游胜地或政治文化中心，对学习、观光类型的游客和度假、享乐类的游客具有很强的吸引力。当代的物质或文化或两者兼有，主要依托的是城市现代服务能力和完善的旅游设施，对以购物玩乐为主的游客、商务旅游者具有很强的吸引力。历史上或当代的物质文化都一般，但依托某种特种旅游项目，吸引大量游客的海岛，如泰国的普吉岛和中国的澳门，则对猎奇性的游客具有比较大的吸引力。

7.2.5 海岛旅游竞争力策略

海岛旅游竞争力主要受到六个方面因素的制约。

(1)生产要素的制约

生产要素包括旅游资源类要素和生产类要素。其中，旅游资源类要素是指天然资源、人文历史资源、气候、地理位置、大型的国际节庆等；生产类要素则是指现代通信、信息、交通等基础设施，受过高等教育的人力、研究机构等。旅游资源类要素是吸引旅游者的原动力，也是旅游者价值产生的基础；而生产类要素是更便利、更经济地让旅游者享受旅游体验的必要条件。海岛如果想通过生产要素建立起旅游产业强大而又持久的优势，就必须保护旅游资源类要素和生产类要素。海岛旅游发展的基础就是海岛独特的自然资源和奇特的风土人情。

(2)旅游需求的制约

旅游需求市场是旅游产业发展的动力，这里的旅游需求主要是周边1000千米内旅游城市的旅游需求。由于旅游活动是需要花费时间和金钱的消费活动，在海岛本地或周边有大的旅游城市或旅游消费群体是海岛旅游发展的基础。如美国的佛罗里达州，由于当地1990万人口的市场潜力和迈阿密、奥兰多等大城市辐射力的影响，现在是世界上最大的主题娱乐公园所在地。

(3)旅游业及现代服务业的完善化和现代化程度的制约

相关和支持性产业与优势产业的发展，对于海岛旅游竞争优势的形成具有重要影响。旅游业的蓬勃发展，离不开现代服务业的支持，如迪拜在20世纪90年代以前，还是一个不毛之地，但由于物流、贸易、金融、会展等现代服务业的蓬勃发展，当地旅游业的发展被带动起来，现每年能接待约1500万旅游者在迪拜中转或旅行。

(4)旅游企业的战略、结构以及竞争对手的制约

来自国际需求的拉力，以及来自本地竞争者的压力或市场的推力，是促使企业走向国际化竞争的动力。而国内市场强有力的竞争对手，则是创造与持续产业竞争优势的最关键因素。

(5)机会和风险的制约

海岛旅游的发展容易受到外界的影响，特别是面临战争、灾害等不可抗力因素的时候。海岛旅游发展为了降低不可控风险，可以通过产业发展多元化和成立旅游预警系统，对旅游产业发展过程中的风险进行及时的监控和处理。

(6)政府因素的制约

政府是旅游公共产品的主要提供者，可以通过改善海岛的投资和旅游环境，立法和规划等吸引旅游者和投资者。但政府并不是直接的旅游行业市场参与者，能做的只是提供企业所需要的资源，创造产业发展的环境，通过创造新的机会和压力，进而提升海岛旅游产品的竞争力。同时，政府要在直接投入的旅游公共产品领域，如发展基础设施、开放资本渠道、培养信息整合能力等方面，积极发挥作用。

7.2.6 岛屿管理模式策略

旅游岛或国际上知名的旅游度假地根据旅游资源属性或区域范围，采用的管理模式大体分为政府体制的管理委员会、半官方性质的旅游协会、公私合营的企业、私人企业等四类。对于一些旅游资源产权比较容易界定的岛屿，旅游业或旅游项目的管理多采用公司制，即公私合营的企业管理或直接租赁给私人单位去经营。例如香港的迪士尼乐园，香港特区政府通过土地转让的方式，将大屿山竹篙湾划拨给迪士尼公司，用于修建迪士尼乐园。对于一些区域面积比较大，岛内产业比较多的旅游岛屿，旅游业的管理模式多采用政府或半官方组织的管理模式，如香港的旅游发展局和旅游协会。有些旅游岛屿，除结合政府或半官方的管理模式外，还由政府牵头，成立专门的城市或旅游投资公司。如厦门市为了促进旅游业和房地产的发展，由政府和银行共同出资成立的厦门城市投资公司，就是半官方的企业管理模式。

7.3 海岛旅游发展的效应评估

不同类型的海岛旅游发展采取什么样的定位和发展路径？不同类型的海岛旅游发展适合选择什么样的发展方式？针对不同阶段是否需要对旅游发展方式进行调整？哪种海岛旅游发展模式具有更高的效益？这些问题都是海岛旅游开发决策所必须面对的问题。

从海岛旅游可持续发展角度出发，海岛旅游开发评估的基础和目标是海岛可持续发展，这包括海岛生态环境的稳定、海岛社区社会文化经济的长期发展、海岛旅游业的健康以及海岛游客的游历体验质量等，所涉及的内容多种多样，很难进行全面的系统评估，因此需要对所评估的对象与内容进行有选择地取舍，以满足海岛旅游可持续发展评估的现实性需要，这就需要建立特定的方法和评估指标体系。

7.3.1 海岛旅游适宜性评估

海岛旅游开发适宜性评估是海岛旅游开发前期的一个重要评估过程，其最终结果将决定一个海岛旅游开发进行与否，而且在很大程度上对海岛旅游开发定位及产品设计产生影响。一个海岛是否可以进行旅游开发的前提是要具有一定的旅游资源、环境与基础设施条件，而海岛旅游开发潜力及海岛当地社区的支持则属于海岛旅游开发的必要条件。为此，海岛旅游开发适宜性评估需要包括旅游资源、生态环境、社会经济与开发潜力等基本评价指标。

结合海岛旅游开发的特定属性与指标采集的科学性、代表性、可获取性以及可比较性等指标选择原则，选择以下指标体系并按照德尔菲法进行海岛旅游开发的适度性评价。所选择的主要评价指标包括四大类，即资源支撑、环境承载、社会经济基础与潜在客源市场4个一级指标，其中，资源支撑包括海岛旅游资源、土地资源和淡水资源；环境承载包括海岛面积、海岛生态多样性和海岛生态环境敏感性；社会经济基础包括海岛所在地区居民收入水平、地区旅游经济贡献率与海岛居民支持度；潜在客源市场包括潜在游客规模、交通便利度以及和海岛周边主要客源地的距离。同时，鉴于海岛旅游资源对于海岛旅游开发的重要性，将海岛旅游资源支撑，包括海岛旅游资源层次、海岛居民人均土地面积和淡水资源储量等指标作为确定海岛旅游适宜性的最重要指标，设置高权重指数，而将环境承载、社会经济发展和客源市场指标归为辅助指标，设置较低权重指数(表7－4)。

表7－4　海岛旅游开发适宜性评价指标及其评价标准

一级指标	二级指标		量化评估标准(级别)				
(权重)	指标(权重)	单位	5	4	3	2	1
资源支撑(50)	旅游资源(30)	米²/人	国际级	国家级	省市级	县市级	乡镇级
	土地面积(10)	米²/人	>50 000	10 000～50 000	5000～10 000	1000～5000	<1000
	淡水储备(10)	米³/人	>1000	500～1000	100～500	50～100	<50
环境承载(20)	海岛大小(10)	平方千米	>1000	100～1000	10～100	1～10	<1
	生态多样性(5)	γ指数	很高	高	中	低	很低
	生态敏感度(5)	保护区	非保护区	县市级	省市级	国家级	国际级
社会经济(15)	居民收入水平(5)	万元/人	>5	3～5	1～3	0.1～1	<0.1
	区域旅游贡献(5)	GDP%	>50	20～50	10～20	1～10	<1
	居民支持度(5)	%	>80	60～80	40～60	20～40	<20
客源市场(15)	潜在游客规模(5)	万人次	>100	50～100	10～50	1～10	<1
	客源地距离(5)	千米	<10	10～50	50～100	100～500	>500
	交通便利度(5)	交通工具	飞机/火车	汽车	轮渡	渔船	无

在表7－4海岛旅游开发适宜性评价指标及其评价标准的二级指标中，旅游资源层次按照所吸引主体游客类型判别；土地面积和淡水储备以海岛当地居民人均水平计算；生物多样性指标采用γ多样性指数，并按照国内岛屿生物多样性平均水平来判定；居民支持度以海岛当地社区居民调查为准；区域旅游贡献率和居民收入水平选择海岛所属县/区或所在地市；潜在游客规模为预测值；客源地距离为距离海岛最近的地市级城市距离；交通便利程度中的交通工具为海岛最好的交通工具。

按照上述指标界定与评价标准，计算一个海岛的总体旅游适宜性得分，并结合国内外海岛旅游开发经验，确定海岛旅游开发适宜性水平及相应的旅游开发模式建议，并且需要在实际操作中根据不同海岛具体的环境承载状况、社会经济发展与客源市场状况等做出调整，以确定最终的海岛旅游开发选择。

7.3.2　海岛旅游承载力评估

海岛旅游承载力评估是海岛旅游开发中后期重要的评估过程，包括海岛旅游基础设施承载力评估、海岛旅游生态承载力评估和海岛旅游社会承载力评估等。其中，海岛旅游基础设施承载力属于物理承载能力，可根据旅游区/景点的游览面积、旅馆/饭店接待床位及交通输送能力等具体确定，是一种暂时性的短期限定能力，随着旅游基础设施建设的投入和旅游产品的更替而发生变化，不具备长期约束性。海岛旅游生态承载力和社会承载力评估主要通过海岛旅游生态足迹分析和海岛旅游地居民认知调查来确定，旅游生态足迹尽管归属生态承载力范畴，但更多地反映了一个旅游地的空间承载力，而且可以通过资源输入来解决相当部分生态足迹赤字，也非决定性限定阈值；旅游社会承载力则属于一种主观认知能力，随着旅游地社会发展和居民生活水平的提升而发生变化，具有一种长期向下的发展趋势。

7.3.2.1 生态承载力评估

生态承载力评估，主要以环境承载力和资源承载力为基础。一个海岛旅游地可持续发展评估建立在海岛旅游生态承载力上，通过对广义与狭义海岛旅游地生态安全系数的计算，来判断一个海岛旅游地的广义与狭义生态安全状况，进而对海岛旅游地的生态承载力或可持续发展状态作出评估，并对海岛旅游开发提供决策支撑。

一个海岛的总生态承载能力，包括海岛本身承载力和海岛旅游承载力两方面内容。其中海岛本身承载力仅受制于海岛生活资源、海岛生活能源、海岛建设用地、废弃物处理等内容，海岛旅游承载力则主要受海岛旅游交通、海岛旅游住宿、海岛旅游游览、海岛旅游娱乐、海岛旅游购物、海岛旅游餐饮以及旅游废弃物处理等方面的影响。

7.3.2.2 社会承载力评估

一个海岛旅游地的社会承载力，既与旅游地居民对游客的态度有关，也与旅游地居民对旅游开发的经济、社会文化与环境影响认知有关，其承载力水平受旅游地居民与游客多方因素的影响。

海岛旅游地社会承载力评估指标主要从海岛居民对旅游开发的经济、社会文化与环境影响认知三个方面选取，主要通过经济收益、设施建设、社会传统、社会治安、社会知名度、物理环境、人文环境、生物环境和交通环境等 9 个综合指标来构建海岛旅游社会承载力评估指标体系。

表 7－5　海岛旅游社会承载力评估指标体系

一级指标	二级指标	主要相关影响变量
经济影响	经济收益	居民工作机会、居民收入水平、地方物价水平、外来投资规模和外来就业人员
	设施建设	地方商业设施、餐饮设施与基础设施建设
文化影响	社会传统	地方传统习俗、社会文化活动、对外交流水平、地方文物保护及居民道德修养
	社会治安	地方犯罪率与居民自豪感
	社会知名度	地方知名度与外来文化影响

续表

一级指标	二级指标	主要相关影响变量
环境影响	物理环境	污水、垃圾与噪音
	人文环境	休闲旅游设施、政府管理水平与居民环保意识
	生物环境	野生生物数量
	交通环境	道路交通状况

7.3.3 海岛旅游可持续性评估

海岛旅游可持续发展包括海岛生态环境、社会文化与旅游可持续性三方面内容，其中任何一方面发展的不可持续性都意味着海岛旅游发展的不可持续性，因此海岛旅游的可持续发展评估必须对上述三方面内容进行一定时空范围内的同步性评估，从而有效地避免海岛生态承载力、社会承载力以及旅游经济持续性和旅游地周期性发展分析等单方面可持续性分析的不足，从整体上对一个海岛的旅游可持续发展进行系统分析。现有的旅游可持续性评估方法多种多样，但多数评估模型要么结构复杂、指标多样，涉及大量的数据采集与分析过程，要么内容单一，只针对生态承载、经济发展或社会文化等单一领域进行，只有少数几个评估模型既考虑了影响旅游可持续发展的多方面内容，又简单易行，如旅游可持续发展晴雨表模型和旅游可持续性阿米巴模型。

鉴于海岛旅游开发的多样性和海岛旅游可持续发展的三方面内涵，海岛旅游可持续性评估考虑借鉴区域综合承载力的状态空间法框架，建立一个同步整合海岛生态环境、社会文化和旅游经济可持续发展三大指标的综合评估模型。其中，海岛生态环境可持续性指标以海岛生态足迹评估为代表，海岛社会文化可持续性指标以居民社会承载力为代表，海岛旅游经济发展可持续性指标以海岛旅游渗透指数为代表。状态空间是欧氏几何空间用于定量描述系统状态的一种有效方法，通常由表示系统各要素状态向量的三维状态空间轴组成，状态空间法可作为定量描述和测度区域承载力与承载状态的重要手段。同样，应用于海岛旅游发展状态评估，状态空间法可以通过对海岛生态环境与社会文化承载力或承载状态，以及海岛旅游经济发展状态的综合评估，系统地反映一个海岛旅游开发的可持续发展空间。

对于一个海岛的旅游可持续发展，除了在特定的旅游开发规模下，海岛旅游开发的资源环境与社会文化影响不超越其最大承载极限外，海岛社区或居民对地方旅游经济发展，或地方经济发展水平也有一个最低要求，这意味着海岛旅游开发规模不但存在一个最大规模，同时也存在一个客观的最小发展规模要求，即满足海岛地方经济发展的最小旅游开发规模。因此，一个海岛旅游发展是否具有可持续性的评价标准除了满足海岛资源环境、社会文化与旅游经济发展的最大承载能力的要求外，还需要满足海岛地方经济发展的最低要求，否则不能保证海岛地方社区最低经济发展要求的旅游开发也是不可持续的。

7.4 海岛旅游发展可借鉴经验

7.4.1 海岛旅游发展定位

海岛旅游开发定位的出发点应建立在海岛社会经济可持续发展基础上，即在推动当地经济发展、提高海岛居民生活水平的同时，维持海岛脆弱的资源环境，实现海岛社会经济的可持续发展。要实现海岛旅游可持续发展目标，所采用的旅游模式必须权衡发展与保护之间的利益关系。

从国内外海岛旅游发展来看，海岛旅游发展定位的成功受到多种因素的影响，其中海岛经济地理属性具有决定性的影响，包括海岛大小、地理区位、资源环境条件及社会经济发展基础等因素。依据不同的海岛经济地理特征和可持续发展目标，特别是现阶段海岛旅游对国内游客的主要吸引力仍以海岛景色和隔绝的海岛环境为主，海岛游客主要需求仍以海岛观光产品、海岛度假和海上运动产品为主的现实，国内海岛旅游发展定位可考虑以下几种选择。

7.4.1.1 国际旅游度假岛

国际旅游度假岛以海岛度假为主、观光为辅，是一种大众海岛旅游定位，适合海岛旅游资源丰富、海岛环境承载力较高以及海岛陆域空间面积相对较大的大中型海岛，其旅游开发面向国际海岛度假游客，但以国内海岛旅游度假游客为基础，规划建设以大型综合海岛旅游度假区为主的海岛旅游接待设施，并形成以休闲度假产品为主、海上观光、休闲、探险产品为辅的海岛休闲旅游产品体系。这种旅游开发定位主要由政府主导，按照与地方社会经济发展总体规划相配套的海岛旅游度假规划，进行较大规模的投资建设和产业促销活动，对旅游开发投资方和旅行社等旅行中介机构具有很高的依赖性，同时游客规模的快速提升和大规模的海岛旅游基础设施建设给当地自然生态环境和当地居民带来一定的社会与环境压力。目前，受到地方经济发展、居民收入水平提升以及海岛旅游开发深入发展的压力，一些大型海岛的旅游开发战略倾向于选择这种定位，但这种定位面临国际海岛旅游市场的激烈竞争和海岛资源环境的巨大压力。

7.4.1.2 城市休闲观光岛

城市休闲观光岛以城市居民休闲旅游为主，是一种集大众旅游与替代旅游于一体的混合型海岛旅游定位，适合海岛旅游资源相对丰富、海岛旅游承载力一般的中小型有居民海岛，其旅游开发主要面向附近的城市居民，同时兼顾国内海岛观光游客，规划建设以海岛度假村及渔家乐等为主的旅游接待设施和以休闲渔业、海岛观光和海岛体验为基础的海岛休闲旅游产品。这种旅游开发定位可采取两种不同的开发模式，一种是依靠外来投资和地方政府投入进行开发，并借助旅行社或旅游开发公司等外部力量进行管理，这种发展思路借助外部力量，发展速度相对要快，但环境影响及收入外溢问题突出，当地居民缺乏主导权；另一种则主要由海岛社区自身进行投入和管理，并实施全面的旅游开发控制，以更好地服务于海岛当地的社会经济发展。后一种方式受当地社会经济发展基础和人力资源的影响，发展速度和层次相对差一些，但海岛地方居民参与度和主导性较高，海岛旅游开发的社会与环境压力相对较小，更有利于海岛的可持续发展。目前，国内多数中小型海岛旅游开发属于这种地方性或区域性的城市休闲观光岛模式，也是多数海岛旅游开发初期的必然选择。

7.4.1.3 生态旅游岛

生态旅游岛以现代绿色生态旅游和时尚探险体验旅游为主，是一种特定的替代旅游市场定位，尤其适用于生态环境相对脆弱、海岛承载力有限的小型有居民海岛或无居民海岛，其市场开发对象主要面向具有一定环保意识和探险精神的“驴友”团体。此类海岛旅游开发以海岛保护区建设为基础，适度开发部分必要的野营与交通设施，以满足特定游客群体的需求。投资渠道多样，包括政府机构、地方社区、公司团体或环境保护组织等，游客以自主旅行和地方社区接待为主，辅以专业的生态旅游开发机构，并通过海岛生态旅游开发收益为海岛保护提供更多的资金保证。

7.4.2 海岛旅游产品导向

对于旅游开发初期的海岛而言，旅游产品专门化是一种吸引游客，实现海岛旅游竞争力的前提；对于发展或提升阶段的海岛旅游开发而言，旅游产品多样化被看做是一种推动大众旅游转型，实现海岛旅游层次提升的手段；对于由数个中小型海岛组成的群岛或列岛而言，海岛旅游产品一体化发展是充分发挥不同海岛的优势、实现不同海岛旅游产品差别定位、特色发展、相互补充、总体协调的重要工具，为海岛旅游产品的多样化和特色化提供机制保障。

根据特定的海岛旅游发展定位以及现阶段国内游客以海岛观光为主的海岛旅游产品需求特点，现阶段国内海岛旅游产品开发应遵循以下导向。

(1)巩固提升大众海岛旅游产品

需要增强传统海岛旅游产品品质、优化海岛旅游产品结构来巩固和提升传统的大众海岛旅游产品市场，并吸引更多新的中高端海岛游客。高度成熟和规模化发展的海岛旅游市场，其成功之处在于大众海岛旅游产品发展的成功。例如西班牙巴利阿里群岛，旅游产品开发的成功在于其对大众阳光/沙滩游客持续不断的吸引，这也是多数国际知名海岛旅游地成功发展的基础。尽管在海岛旅游可持续发展背景下，大众海岛旅游产品与海岛旅游可持续发展存在一定程度的冲突，但很多海岛在旅游开发初期或快速提升阶段，依然离不开大众海岛旅游产品的贡献。一些新型大众旅游产品，如集约化发展的大众海岛旅游度假地和相当一部分海岛文化旅游产品在关注海岛旅游经济收益的同时，也加强了对海岛环境的关注，其产品开发更具环保性，也使得越来越多的人认识到可持续性是所有形式旅游产品所追求的目标。

对于那些已经超越其承载力、旅游开发高度成熟的海岛旅游地而言，应把旅游产品开发重点放在环境保护投入及对现有产品的重组上，以吸引特定的游客市场。传统大众海岛旅游产品的经济贡献是确保多数海岛旅游成功开发的基础，但其长期的社会环境影响对海岛未来可持续发展产生深远影响。因此，对于多数已进行大众旅游开发的海岛而言，只有在巩固传统大众旅游产品经济贡献的基础上，提升传统旅游产品层次，开发更具环境协调性的新型旅游产品才是实现其旅游可持续发展的现实选择，这也是国内外多数海岛旅游产品开发的基本思路。

(2)创新发展环境友好海岛替代旅游产品

随着国际海岛旅游产品开发的深入，在一些特定的海岛旅游地，传统的大众海岛旅游产品越来越不能适应现代新型海岛旅游开发的需要，特别是对那些进行差别定位，实施特色化旅游开发战略的中小型海岛旅游地而言。适宜传统大型海岛旅游地发展的价格低廉的大众海岛旅游产品不仅给这些中小型海岛旅游开发带来严峻的挑战，也对其脆弱的海岛社会及自然环境产生过度的压力。选择特定的游客市场，开发具有海岛地方特色的新型替代旅游产品是这些海岛旅游与传统海岛旅游产品竞争的基本选择，同时也是传统海岛旅游地转型，开拓新型海岛游客市场的重要途径。

海岛体育旅游、海岛探险旅游、海岛自然旅游、海岛乡村旅游、海岛文化旅游、海岛科普教育及海岛健康旅游等都属于传统的大众观光度假产品的替代形式，这些替代旅游产品最大的特点是面向特定的游客群体，并针对不同游客群体的属性和需求特征来设计开发相应的旅游产品以满足不同游客群体的需求，从而避免大众旅游产品的定制性和大规模基础设施建设的投入，使海岛旅游开发的社会与环境影响最小化、海岛旅游收益最大化与海岛旅游产品多样化，从根本上减少不同海岛旅游地之间的产品同质化竞争，实现海岛旅游产品开发的特色化和多样化。

7.4.3 海岛旅游发展建议

针对不同的海岛属性，海岛旅游开发整体规划必须注重多功能、多层次发展需求，切合海岛自身条件，将传统大众海岛观光旅游与追求舒适环境、松弛身心的海岛度假旅游及访古寻宗的海岛文化旅游有机结合，增强海岛旅游产品的参与性、新奇性、娱乐性、知识性和享受性。充分发挥海岛的“海”与“岛”特色，深度发掘海岛历史文化资源，开展海岛度假、传统节庆民俗体验、奇礁异石观赏、水上运动娱乐、海鲜美食品尝、海洋生物观赏等具有海岛特色的替代性旅游。此外，结合渔业转型及海岛新渔村建设开展渔业乡村游，开发体验性的海上休闲垂钓、渔家乐等渔业旅游产品，并结合海岛保护区建设，推动海岛生态旅游及保护区旅游等自然替代旅游产品，吸引更多的高端度假游客，以拓展新的海岛旅游开发空间，推动国内海岛旅游业可持续发展。

在目标定位方面，对于多数适宜旅游开发的大中型海岛，海岛旅游开发应成为海岛产业机构提升和第三产业发展的主要内容，并作为其他海岛主导或支柱产业的有效补充，共同推动海岛产业结构的优化、新经济增长点的培育以及海岛生态环境的维持，促进海岛旅游规模化开发和海洋基础设施建设，实现海岛社会、经济与生态的协调发展。对于多数适宜旅游开发的中小型海岛，努力使海岛休闲旅游业开发取代海洋捕捞及海水养殖业而成为海岛经济的主导和支柱产业，并通过多样化的海岛休闲旅游开发带动海岛生态环境保护、海岛基础设施建设以及海岛新能源与海水的综合开发利用，转变海岛开发与保护方式，优化海岛产业结构，推动海岛经济的可持续发展。

在产业选择方面，一般面积较大、人口较多的岛屿，通常也会把旅游业以外的其他产业作为主导产业，和旅游业共同发展。针对一些面积较大，人口偏多的岛屿，其发展过程中除了旅游业作为主导产业外，还应该发掘现代农业、渔业、第三服务业等具有互补性的产业作为主导产业的发展政策，促进岛屿的产业结构合理，增强岛屿的抗风险能力。一般而言，岛屿的面积越大，人口越多，周边的城市越集中，消费能力越强，就越可以发展面向大众的学习、观光性旅游产品和购物、玩乐性旅游项目。对于一些区位条件一般，资源特点也不是很突出的岛屿，建设发展性旅游、博彩旅游等特种旅游，是发展的必然选择。如泰国的普吉岛和中国澳门等，当地政府为了改善岛屿形象和提升当地居民生活质量，通过发展特种旅游来实现岛屿的快速发展。此外，新型旅游业态(如房车、游艇、帆船、邮轮、私人飞机、主题公园等)的蓬勃发展是支持传统旅游岛屿可持续发展的新动力。这些新型的旅游业态与传统的商业、文化、制造业、娱乐业等产业高度融合，共同推进旅游岛屿产业的更新换代和不断完善。

在产品开发方面，针对海岛休闲旅游开发特点，采取多样化的海岛休闲旅游产品开发策略，推出有别于大陆滨海旅游的差别化旅游产品。在传统的大众海岛旅游产品开发基础上，针对多样化、不同的海岛旅游资源特色，以海岛休闲度假为主要导向，面向不同的潜在海岛游客，实施差别化的海岛休闲旅游开发定位。结合不同的海岛休闲旅游开发模式，建立海岛休闲旅游产品开发和网络营销体系，重点开发以海岛休闲度假和海岛替代旅游产品为主体的海岛旅游产品体系，通过会议/奖励旅游、节庆旅游、文化旅游、运动旅游、健康旅游、生态旅游、农业旅游、乡村旅游、探险旅游以及第二房产等多种新型海岛旅游产品来延伸旅游季节，推动海岛高端旅游市场和专业化旅游市场开发。

在规划制定方面，明确海岛休闲旅游开发对于海岛可持续发展的重要作用，将海岛旅游开发纳入海岛社会经济总体规划。权衡并协调具有不同休闲旅游开发适宜性的海岛开发布局，引导地方政府将海岛旅游开发与保护纳入地方社会经济发展总体规划，并出台相应的海岛开发与保护法规条例来落实国家海岛开发与保护政策，确保海岛旅游开发的可持续性。对处于不同地区、具备不同地理区位条件的海岛休闲旅游开发，应针对不同的海岛资源条件属性进行差别分析，该保护的一定要保护，该开发的也不要犹豫不决，要在提升海岛居民生活水平的基础上实现海岛旅游开发与保护的协调发展。

在海岛决策机制方面，建立公正的资源管理体制来推动海岛旅游地的休闲旅游资源持续发展。在海岛旅游开发的规划设计、实施、管理与监测的各个阶段都需要建立一个基本的相关利益方参与决策的制度框架，将当地居民、相关产业、旅游开发商、旅行社以及海岛游客等相关各方都纳入海岛旅游开发决策过程，从机制上确保海岛旅游开发的参与权和决策权，从而提高各方参与者的积极性，减少海岛旅游开发的冲突。

在基础设施建设方面，加大财政转移支付力度，加大对海岛交通及其他基础设施建设的投入，包括建立国家海岛保护基金，设立国家及地方海岛开发专项基金，针对海岛的陆岛交通瓶颈，通过海岛大桥、专用旅游码头或游艇码头、海岛机场建设等陆岛连接工程，加快改善重点海岛的交通状况。对于适宜旅游开发的中小型海岛，应由地方政府出面，在争取中央财政补贴的基础上，加大地方政府的扶持力度，推动适合不同海岛休闲旅游开发需要的陆岛交通设施建设。同时出台鼓励政策，积极拓宽资金渠道，吸引各类社会资金投入，包括能源、供水供热、垃圾与污水处理、医疗卫生以及人才培养等海岛公共设施建设，完善海岛公共服务能力，提高海岛公共服务水平，以吸引更多的投资者进行海岛开发建设。

在海岛资源利用方面，突破传统思维，采取多种有效方式来提高海岛资源利用效率，充分利用海岛本地的风能、太阳能及生物质能等新型可再生绿色能源的开发，确定适合不同海岛开发需要的能源开发模式，减少海岛对外来能源的依赖，特别是要尽量减少海岛能源基础设施建设所带来的不良环境影响。制定鼓励政策，推动海岛绿色生产与低碳消费发展。针对不同的海岛休闲旅游游客群体，有针对性地制定海岛游客消费行为规范来引导游客的旅游消费行为，并通过游客宣教活动来提升海岛游客的环境保护意识。

在海岛文化保护方面，结合不同的海岛生态属性和保护需要，规划建设代表性海岛保护区网络，形成一个集海岛生态系统保护、海岛休闲旅游开发及海岛经济发展于一体的海岛开发与保护机制。通过各类海岛保护区建设，将海岛自然生态与历史文化遗产保护进行有效的整合，从根本上实现对海岛休闲旅游开发主要吸引力的海岛自然与人文景观的保护。针对不同海岛的自然与历史文化遗产特点，建立具有不同保护目标和旅游开发定位的海岛特别保护区，合理设计海岛特别保护区的定位与功能区别，尽力减少不同海岛利用者之间的冲突，实现海岛休闲旅游开发与海岛环境保护的协调发展，为海岛旅游可持续发展提供自然与历史文化遗产保障。

在可持续发展方面，加大海岛环境保护投入，建立与大陆沿海一体化的海岛环境监测体系，对重点旅游开发海岛的陆域及周边海域物理、化学、生物及人文环境进行全面监测与评估，形成一个包括海岛旅游环境监测、海岛旅游影响意识培养、海岛旅游承载力评估管理以及海岛旅游承载力预警机制在内的系统网络，对海岛休闲旅游开发所带来的多方面、多层次的影响进行科学评估，并对海岛旅游开发决策做出快速反馈，及时修正和完善海岛旅游开发决策的偏差。建立海岛环境信息数据库，选择适当的海岛旅游可持续性评估模型，确定一个合理的海岛旅游发展承载指标体系，确保海岛休闲旅游开发与海岛资源、生态环境、基础设施及服务能力之间的平衡，推动海岛旅游可持续发展。

8 海岛旅游创新发展战略选择

海洋拥有丰富的资源和可通达性，是全球生命支持系统的基本组成部分，也是有助于实现可持续发展的宝贵财富。21 世纪是海洋的世纪，大力发展海洋经济成为全世界的共同目标，海岛也作为“人类开发海洋的远涉基地和前进支点”被大规模开发，其主要开发利用方式——海岛旅游也蓬勃发展。海岛旅游既是一种历史悠久的传统旅游方式，又是现代旅游增长最快的领域。海洋丰富的生态资源满足了人们返璞归真的心理需要，一望无际的大海能够涤荡尘世的烦恼、开阔视野和心胸。随着人们对回归自然的需求和对海洋认识的加深，海岛以其生态的自然性、广博的人文感，更能满足现代社会人们对自然化、多样性的追求。

创新是社会发展的要求，海岛旅游发展必须运用创新思维，不断提高战略谋划水平。纵观世界海岛旅游发展的历史与现实，从创新旅游产业发展模式看，主要有政府主导型、市场运作型、特色资源型、专业品质型、合作共建型等几种模式。

8.1 政府主导型

1997 年，国家旅游局正式提出了“政府主导型”旅游发展模式。政府主导型的旅游发展模式，是指由政府有关部门制定旅游业发展规划或通过制定产业政策来推进其发展的一种模式。政府常常通过制定旅游产业政策或旅游发展规划来规定旅游业的发展目标、发展战略以及各种对策和措施，以达到推进旅游业发展的目的。这种模式的本质特点是通过政府行政的强力干预，使旅游业按照市场经济的要求，实现有序繁荣和快速增长。其主要特点：第一，旅游业的发展主要由政府来推动，政府不仅通过制定有关政策和法规对旅游业的发展进行规范，而且对旅游业的发展规模、发展速度进行计划和控制；第二，与政府的宏观调控相比，市场对旅游业发展的调节作用处于辅助地位；第三，国家产业政策对旅游业发展的影响主要侧重于旅游供给。需要强调的是，政府主导并非指政府包办或是政府包揽与独断，而是相对市场主导而言的。

实施政府主导型旅游发展战略，是基于旅游业自身的三个特点决定的。第一，由于旅游景观、旅游线路具有不可移动性、依托性、综合性的特点，要满足旅游者在旅游过程中食、住、行、游、购、娱“六要素”的消费需求，就要求相关行业和部门必须配合、协调发展；第二，旅游产品具有跨地域性，客观上要求政府积极协调，开发旅游市场，构筑一个利益共享、相得益彰的区域合作的大旅游区；第三，旅游业是一个包含面广、关联度高、综合性强的经济产业，它渗透到众多部门和行业之中，并与其相融合。

由于政府机构掌握着土地、规划权和生产力要素，通常是投资开发旅游资源的先行者。在旅游业发展的启动阶段，政府可以正确发挥对旅游市场的干预作用，运用政府的行政体制力量，快速动员所掌握的经济资源，加快旅游开发和建设，迅速形成较大的产业规模和供给能力。国内外经验表明，政府凭借其崇高的社会威望、强大的管辖能力与雄厚的财政实力，能在旅游业的发展上发挥至关重要的主导作用。成功的海岛旅游开发，一般都是由政府或政府机构代表首先进行科学而详细的规划，出资建设公共设施，在旅游环境初步形成后出台优惠政策，引进私营投资者，并规定投资者必须严格按照规划进行景区和酒店建设。

8.1.1 制定科学规划，保障海岛旅游有序发展

旅游是涉及多方面的综合产业，海岛旅游开发更是必须强调规划先行，既要注重区域内海岛的整体风格，与周边地区社会经济和历史文化相融合，营造整体文化氛围，又要注重各自海岛的旅游资源特色，使区域内的各个海岛优势互补，互为依托，互为促进。科学的海岛旅游发展规划可以保证海岛旅游的发展有章可循。

政府要在海岛旅游开发规划和环保监督中起主导作用。由政府部门制定整体规划，使开发建设具有计划性、有序性和合理性，明确海岛旅游业的发展定位和发展方向，根据每个海岛的自然景观和人文景观特点，确定其主要功能，既要保留和发挥其个性特点，又要符合整体协调原则，形成一个区域旅游的整体。在海岛旅游规划中要强调遵循“整体性原则”。海岛是由多种要素相互协调而构成的综合体，海岛旅游开发的整体性原则，就是要确保突显海岛旅游资源的整体特色，营造旅游区的整体文化氛围，在视觉上确保旅游区的各项设施与环境有机地融合起来，确保各景观要素与海岛的整

体景观相协调。同时，还要注意各岛屿间的优势互补，与周边岛屿协调发展，避免盲目、无序的开发。

坐落在印度洋上的群岛国家——马尔代夫，在海岛开发过程中特别重视整体规划。从20世纪80年代开始，马尔代夫就编制实施了两个国家旅游开发总体规划。为了有效维持其高端国际旅游产品品质，马尔代夫不但成立了专门的旅游管理机构和咨询机构，还对有条件的珊瑚礁岛屿进行有序开发，每一个待开发的海岛均由欧美等发达国家的建筑规划设计师规划设计，并经严格的论证后报国家批准建设。国家在批准海岛开发前，由11个相关部门组成委员会对海岛的位置、面积、地理、地质、地貌和资源生态状况进行考察，掌握海岛的基本状况后，对海岛进行分类，经科学论证后，委员会出具建议书，交国家旅游部。旅游部门决定是否批准开发岛礁，并将有关情况包括开发或不开发的理由，知会相关部门。

8.1.2 确立绿色发展理念，保障海岛旅游可持续开发

海岛旅游开发的基础和最大优势是海岛优越的自然环境资源，但海岛旅游开发又不可避免地对海岛脆弱的资源与环境基础产生压力，如何协调旅游开发和资源保护之间的关系，是实现海岛旅游可持续开发所必须面对的挑战。

考虑到海岛生态的脆弱性和敏感性，政府在海岛旅游开发中必须始终强调保护，坚持"生态、绿色"的理念，走可持续发展道路。要按照"先保护，后开发""重点保护，适度开发""多自然发展，少人为改造"等原则，循序渐进地合理开发海岛旅游资源。一方面，主要保护海岛原有生态环境，在建设过程中因地制宜，不轻易破坏原有地形、地貌、植被等，建筑风格、高度、密度也尽可能与周围环境相协调，创造和谐的海岛生态旅游环境。另一方面，防止过度开发，在海岛开发中把住审批关，不要一味地全方位开发，而是划出大面积区域作为自然保护区，使生态环境处于良性循环状态。

海岛独特的自然和文化属性是海岛旅游开发初期吸引游客的主要吸引力。政府在发展海岛旅游的同时，应主导设立生态补偿制度。生态补偿制度是以防止生态环境破坏、增强和促进生态系统良性发展为目的，以从事对生态环境产生或可能产生影响的生产、经营、开发、利用者为对象，以生态环境整治及恢复为主要内容，以经济调节为手段，以法律为保障的新型环境管理制度。海岛旅游应坚持谁开发谁保护、谁受益谁补偿的原则，建立生态补偿机制，完善生态监测体系，设立专项资金用于生态保护和修复。

从世界海岛开发的经验来看，成功的海岛开发通常在发展中坚持以生态旅游市场为导向，以保护生态环境为中心，兼顾海岛旅游的可持续发展潜力。比如，新加坡政府对城市环境高度重视，在开发中充分体现了人与自然的和谐共处，整个海岛城市犹如一个大花园。新加坡在进行旅游资源开发和城市规划时，首先考虑的是环境和生态的保护问题，哪怕是一棵树都有严格的立法保护，早在 1975 年，新加坡环境部就颁布了《公园和树木法案》，要求所有的土地开发者都必须保持自有土地的绿色清洁。

另一个典型案例是马尔代夫。由于马尔代夫环境容量小，经受不起大量游客涌入带来的污染和破坏，因此长期坚持海岛旅游产品品质，采取面向国际高端旅游市场的“国际度假岛”开发模式，以单个度假岛屿为单元，对海岛度假地开发实施严格的控制，并授权旅游部和环境部广泛的执法权来实施环境保护，只有少数经过认真选择的海岛才能实施开发。旅游部门制定了严格的海岛度假地开发指南，控制内容包括自然与社会基础设施的各个方面，而且建设设计标准是变化的，赋予每个度假岛独有的美学特色。所有的基本设施建设必须确保度假地的自我维持功能和完整接待能力。政府规定每个岛屿的特许经营权最高不超过 35 年，每个岛屿的最大建筑面积不能超过 20%；只有 2/3 的海滩可以用于度假建筑，其余 1/3 用于公共设施和开放的娱乐空间；而且建筑物高度不得超出成熟的棕榈树高度，最多不超过 2 层。

8.1.3 加强基础设施建设，保障海岛旅游的可达性和便利性

旅游基础设施是旅游者在逗留期间必须依赖和利用的不可缺少的设施。这些基础设施具有非竞争性和非排他性，这种特性容易导致市场失灵，使得公共产品一般不能或不能有效通过市场机制由企业和个人来提供，而是主要由政府来提供。海岛地区一般地域面积狭小，生态环境和经济环境与大陆相比相对脆弱，自我维持和自我调节能力不足，所以海岛旅游业的基础设施建设存在大投入、高成本、高风险的特点，用水、用电、用气等都比陆地成本更高，难度更大。因此更需要政府发挥有形之手的作用积极参与旅游基础设施的建设。

海岛由于深居海洋，与外界交通有天然障碍。良好的交通条件和可达性是海岛旅游发展的命脉，也是游客选择出行地的重要参考因素。政府应大力改善海岛的交通运输环境，打造方便、快捷、安全的交通运输网络，以改善海岛的可进入性，解决制约海岛旅游业发展的瓶颈要素。亚洲的旅游国家中，游客光顾最多的是具有得天独厚的航空与港口通道的国家或地区。新加坡的交通优势体现在完善的航空设施和高素质的

服务质量上，新加坡旅游促进局也十分注重航空服务质量的提高。樟宜机场是亚洲重要的航空枢纽，并且因为出色的设计和合理的管理，便利的交通和高水准的服务，给游客带来了好的旅游享受，吸引了更多的游客。

政府还应在开发中规划配套建设立体海岛交通体系，通过建立高效通达的岛内和岛际交通网络，解决游客集散、停车、换乘等问题，实现旅游交通一体化。如夏威夷群岛位于北太平洋中心，离大陆较远，交通条件并不十分便利。为了大力发展旅游业，夏威夷政府建立了先进完善的基础设施、四通八达的高速公路和高科技的通信设施。相邻的海岛之间可以乘坐小飞机，利用公共汽车、游船和快艇也很便捷快速，海陆空交通工具所构成的立体交通体系是夏威夷群岛旅游开发的基础，加快了夏威夷群岛旅游业的发展。

海岛旅游开发所取得的成功，与当地政府的支持和重视密不可分。配套完善旅游服务设施也是政府的重要职责。目前，我国海岛旅游业的各项基础设施建设还不完善，尤其是岛上住宿条件相对落后，多是渔家乐等渔家风情的小屋。政府要鼓励改善海岛住宿条件和建筑风格，一方面推动中高档星级宾馆饭店的建设，另一方面鼓励海岛居民发展特色优质的渔家乐，改善住宿条件，提高酒店工作人员的素质，以满足不同层次的游客需求。另外，政府还应采取相应措施保障海岛水电供应，如发展海水淡化工程，实施中水回用工程，采用潮流能、风力发电等新能源发电方式等。

面对海岛旅游业发展基础设施所需要的大量资金，政府需要营造多元化的筹资环境，帮助海岛开发部门和企业解决资金难题。政府可以采用组建政府旅游发展公司的形式，以政府的直接投入作基础，吸纳社会资本参股，待开发成熟，政府逐步退出，转向全面市场化。也可采用建设—经营—转让(BOT)或出让项目部分开发收益的方式，以吸引有实力的旅游开发集团进入该领域，进行海岛旅游开发建设。政府还需在财政拨款方面，利用财政杠杆撬动海岛旅游事业的发展。加强对旅游业的信贷支持，开发和推广适应旅游业发展需要的信贷产品，支持旅游企业以资产、权益抵押和经营权、股权质押贷款的方式进行融资。

8.1.4 推广旅游目的地形象，保障海岛旅游的知名度和吸引力

旅游目的地形象是20世纪70年代初提出的新的旅游产业概念，是指旅游者对旅游目的地印象、看法、感知、认识和情感的综合体现，也就是旅游者对旅游地的整体认知和综合评价，其设计直接决定了目的地旅游开发的方向，从而对目的地的经济、社

会和环境发展产生深远影响。如新加坡在20世纪60年代旅游业发展初期，就开始推出“无限惊喜新加坡——花园国家”这一形象主题，塑造全新的旅游形象来吸引旅游者。舟山群岛塑造了“海天佛国，渔都港城”的城市旅游形象品牌，在旅游营销上重点整体推介舟山群岛，统一打响“舟山群岛”的旅游形象品牌，在旅游开发上整体打造“舟山群岛”这一海洋旅游大区，确立舟山国际亚热带海洋休闲旅游城市的地位，使之成为全国和世界级的海洋旅游精品景区。

旅游目的地形象推广需要持续地、全方位地促销，由政府牵头、多企业参与、多部门与地区合作才有可能实施并取得成功。较之单一部门和旅游企业，政府在对旅游目的地权威、可信度与公信力等方面影响游客的评价与感知上，具有天然的优势，它能够从宏观上有效整合各感知要素主体，能够全面有效地协调各类社会资源。旅游地的经济、文化和社会活动等构成的整体对旅游者的感知形成具有很强的作用，而这些产品的提供在很大程度上是依赖于政府的。只有政府机构有权利和义务在整体上协调旅游地的自然资源、基础设施建设和人文环境的和谐发展，创造旅游地品牌，使旅游地在激烈的市场竞争中占有有利地位。

在旅游目的地形象推广中，政府作为目的地形象推广的主体，主要在形象推广的战略规划、启动资金投入、政策支持、观念引导等领域起到主导作用。在主导海岛旅游发展方面，政府应在遵循市场营销一般规律的基础上，不断地研究需求、嫁接需求和创造需求，通过旅游营销，树立区域旅游整体形象，扩大旅游的知名度，增强旅游吸引力，从而刺激人们到该海岛旅游的需求和动机。政府可以通过规划与制定整体推广战略、建设与完善目的地信息中心、组织目的地标志性节庆活动、征集和推介目的地形象宣传口号等途径，创造旅游目的地“大声势、大旅游”的推广氛围。建立强大的旅游咨询、旅游集散和旅游标识等公共旅游服务平台，为游客提供周到的、细致的和广泛的公共旅游产品和公共旅游服务。

当前，著名的海岛旅游地区已经意识到市场营销的重要性。比如，夏威夷旅游管理部门十分重视旅游营销和宣传，州旅游署每年投入2000万美元的促销费用，在伦敦、东京、法兰克福、香港等各国际大都市全方位出击，进行市场调查和推广，不断开拓客源地市场。同时管理部门还高度重视服务质量，市场调查机构每年向旅游署递交本年度来本地的游客满意程度调查报告，详细分析对游客最有吸引力的地方和活动方式，游客最喜欢购买的农产品和最喜欢阅读的公开出版物，甚至游客来夏威夷旅游的计划和形式等。通过调查，为游客提供更加优质的服务，并及时根据游客的需求完善各项旅游设施、提高服务质量。马尔代夫政府也非常重视国际国家交流，积极参加各国的旅游节活动，宣传马尔代夫旅游业和文化，推动旅游市场地的活跃度。西班牙非常强调整体性的营销战略，同时根据不同客源国的市场需求，制定差异化的营销策略。如针对成熟的欧洲市场，其工作目标确定为集中力量宣传西班牙旅游产品与众不同的特点；针对东欧市场，目标为加强和巩固“阳光和沙滩”产品的市场地位，重点宣传西班牙高品质旅游目的地形象；针对美国市场，目标是强化西班牙文化旅游目的地形象。

8.2 市场运作型

旅游业的市场运作型发展模式是指旅游业主要依靠市场机制来推动的一种发展模式，通过价格、供求、竞争等手段的作用对资源进行合理配置，以推动旅游产业内部的自行调节和自行均衡，使供求在不均衡—均衡—不均衡和不适应—适应—不适应的矛盾运动中实现发展。市场运作型模式的主要特点是：第一，发展主要通过市场来推动，由市场这只“看不见的手”自发地发挥作用；第二，政府的作用是间接的，主要通过一定的市场参数来实行调节；第三，国家产业政策对旅游业的影响主要侧重于市场需求。

市场配置与政府配置作为资源配置的两种重要基本方式，各有其作用机制与范围。由于政府主导并不是万能的，政府行为不可能是适应任何时候、解决一切问题的“灵丹妙药”。所以当市场经济发展到一定阶段，只有把政府主导型经济发展模式转换为市场主导型经济发展模式，才能保证经济发展的持续稳定增长。海岛旅游也是同理，当发展到一定阶段时，只有发展模式的转换，把政府主导型转变为市场主导型，才能保证海岛旅游的持续稳定发展。

从发展阶段看，在海岛旅游进入发展成熟阶段后，通常实行以市场为主导、政府调控为特征的市场主导型发展战略模式。比如西班牙、日本等旅游业已经形成综合经济全面发展的发达国家。由于形成了完善的社会化服务体系，在发展旅游业的过程中，这些发达国家可以以市场需求为引导和约束，通过市场机制发展或限定其规模与结构。旅游市场主要依靠半官方的旅游机构（如行业协会等）进行协调，同时，这些国家的旅游业经营以大企业为主导，以小企业为基础，旅游企业几乎全部是私营的。一些大型旅游公司、旅馆联号实行经营组织网络化，在旅游经营和市场份额上占主导地位。

8.2.1 定位开发，为海岛旅游不断创造新的需求

市场需求是海岛旅游长足发展的根本动力。旅游市场拓展主要在于分析旅游市场现状，确定客源市场开发的对象和范围，拓展客源地的深度和广度，提高市场占有率。随着全球社会经济的发展，旅游者的旅游需求与偏好不断推陈出新。在以市场为导向的今天，应及时准确地了解海岛旅游客源市场的需求特征，把握其变化规律，及时调整旅游产品结构，适应市场发展新要求；综合运用多种市场细分方法发掘潜在游客，做到有差异且有针对性地营销；不断推出个性化的旅游项目与活动，增强旅游吸引力。

传统的海岛旅游开发始于大众观光旅游，而后转向大众观光度假旅游，这种典型的海岛旅游开发进程在希腊诸岛、马耳他、塞浦路斯等海岛旅游胜地都得到了充分体现。同时，不同的海岛具有不同的区位和资源属性，传统的大众海岛旅游也并不适合多数中小型海岛的旅游开发需求，而随着海岛游客需求的多样化，对海岛旅游开发提出了更高的要求。

现阶段，国内海岛旅游进入了快速发展期，但多数海岛旅游地依然以大众观光旅游模式为主，大批游客在高峰季节集中抵达，给海岛当地环境和旅游接待设施带来越来越大的压力，甚至影响到一些海岛旅游地的开发稳定性和发展可持续性。因此，在海岛旅游开发中，应根据不同海岛不同的资源属性、发展阶段、发展特点和游客需求，对不同的海岛旅游地进行科学定位和再定位，在国际性与地方性、大众型与替代型、观光型与度假型、生态型与传统型等旅游定位之间做出科学选择，不断创造海岛旅游新的需求，为实现海岛旅游的高水平和长久的发展稳固期奠定基础。

8.2.2 创新营销，为海岛旅游不断吸引新的客源

在日趋激烈的市场竞争面前，海岛旅游也需要不断创新营销理念和手段，提高客源对海岛旅游区域的认知度和认可度。

在营销手段方面，要针对不同的市场群体进行各具特色的营销活动。如浙江省曾针对重点市场采取连续营销直到最后占领的方式，达到营销一个目的地成功一个目的地的效果。通过主导“港澳 · 浙江周”“美国 · 浙江周”“德国 · 浙江周”等旅游促销活动，促使中国香港、澳门，美国和德国三大市场分别比上年同期增长了43.74%、22.47%和16.82%。巴哈马政府为加强对亚洲市场的开发，将新建的度假村和高档酒店项目打造成主要针对亚洲游客的酒店，积极吸引中国、日本以及东南亚地区的投资

商对这些项目进行合作开发。

素有“地中海心脏”之称的马耳他由五个岛屿组成。马耳他善于根据自己的旅游资源，有针对性地拓展目标市场。在旅游市场开发上，马耳他旅游与文化部负责旅游事务的旅游局在海外设有2个办公室和多个代表机构，主要集中在欧盟国家。针对初期旅游业发展过分依赖英国客源市场和旅游季节性明显的问题，马耳他政府制定了欧洲客源市场多元化政策，尤其是致力于吸引德国、意大利、法国和荷兰等欧洲国家的游客，用以稳定和增加其旅游业收入。另外，马耳他在日本、澳大利亚也设立了旅游代表机构，同时与中国的旅游机构也建立了联系。此外，在旅游品种的开发上，马耳他根据其自然和社会优势，重视特定旅游市场的开发。除了传统的休闲度假游外，马耳他将奖励和会议旅游、潜水和语言学习3个细分市场作为开发重点。这些特殊的旅游项目，有效地促进了马耳他海岛旅游业的发展。

在市场营销的手段创新方面，旅游目的地和经营商越来越重视网络的作用。目前，著名海岛旅游目的地和酒店集团都意识到新媒体的重要性，纷纷在各种主要社交媒体开设主页，推送目的地信息，扩大受众面，更有针对性地吸引潜在顾客，同时和关注者保持互动，了解其需求和反馈，及时解决问题。比如，夏威夷州旅游观光局特别设立了微信公众号，定期推送介绍夏威夷美食、美景、节庆活动等信息，吸引中国游客前往夏威夷旅游。关注者还可以通过该公众号了解去夏威夷旅游的注意事项、行程安排、自驾指南、美食参观地址等实用信息。

8.2.3 开发产品，为海岛旅游不断开辟新的亮点

旅游产品把旅游者、旅游企业与目的地政府联结起来，是三者之间发生联系的纽带，即旅游者通过购买旅游产品获得身心上的最大享受和满足，旅游企业通过生产和销售旅游产品实现自身利润最大化，旅游目的地政府通过发展旅游业实现经济、社会和生态效益。三者的利益既相互制约又相互依存，如果三者的利益均能较好地实现，旅游业的发展便会欣欣向荣。在海岛旅游开发初期，政府以招标的方式将资源的开发与经营权拍卖，通过企业竞争，使具有良好信誉和较强实力的企业能够脱颖而出，为海岛旅游开发服务。该模式对于企业来说，按照市场经济的模式来运作海岛旅游开发，一旦项目成功则能为其带来巨大利润；对于政府来说，政府进行宏观调控能减轻政府的财政资金压力，同时能从海岛旅游开发的成功运作中获得大额税收；对当地居民来说，成功的旅游项目开发能为其提供大量的就业机会，进而提高生活质量。

海岛旅游产品是一种复合型产品，游客的海岛旅游经历由一系列单项旅游产品构成。概括来说，海岛旅游产品可以分为海岛休闲旅游产品、海岛专项旅游产品和海岛特种旅游产品三类。

旅游市场的需求决定着旅游产品开发方向，只有迎合市场需要进行重点开发才能获取较高收益。海岛旅游产品的开发要结合海岛旅游资源的开发，更要注重现代旅游市场的发展动向，适度开发高品质、个性化和特色化的海岛度假旅游产品，将旅游观光、度假休闲、康体健身、探险猎奇等各类主题设计与游客参与性要求相结合，推动海岛旅游产品的多样化，通过开发海上运动、海洋探险活动、游艇、休闲渔业、荒岛度假旅游等参与性强的休闲旅游项目来提高海岛旅游产品层次，从而逐步改变传统的大众观光旅游海岛旅游模式，适应海岛旅游发展趋势，延长海岛的旅游发展期，创建海岛旅游品牌。

8.3 特色资源型

特色是旅游地形象的体现和旅游区的生命线，是旅游资源的持久吸引力之所在。旅游资源的最佳组合就在于以群体优势突出表现地方特色，围绕特色组景，围绕特色建设，围绕特色开展系列旅游活动。与大陆旅游相比，海岛与海洋旅游具有海岛、海滨、海面、海底、海空等构成的独特的旅游资源优势，也正因为如此，海岛旅游有着休闲与放松、浪漫与时尚、远离城市喧嚣等特点，近年来备受旅游者的喜爱，逐渐成为旅游业的热点。依此塑造鲜明的海岛旅游形象，设计观光、度假等各类旅游产品，最能满足旅游者回归大自然、寻求娱乐放松的需要。

不同特色形成不同的旅游区，同样，不同的旅游区应当具有不同的特色。海岛旅游应坚持突出特色的原则，打特色牌，走特色路，以适销对路的旅游产品开拓市场，形成鲜明的主题形象，并围绕其主题形象进行资源开发，充分发挥海岛旅游资源的独特性。在海岛旅游资源开发过程中要因地制宜、扬长避短，充分发挥各个岛屿的自身优势，达到优势互补，实现总体效益最优。

8.3.1 突出特色开发要素，打造风格各异的海岛特色

海岛开发可以依据资源和地理区位，分为资源主导型、客源主导型和资源客源综合型三类(表 8－1)。

表8－1 海岛开发类型分类

分类	特点	例子
资源主导型	含有发展旅游所需要的资源，同时所在区域经济发展良好，社会氛围好，但岛屿地理位置不佳，较为偏远，进入性成为制约其发展的主要因素	如夏威夷、巴厘岛、百慕大群岛等
客源主导型	缺乏旅游开发所需要的自然资源，但地理区域优良，经济发展迅速，社会稳定，这些因素吸引大量的旅游者	如中国香港、新加坡、马耳他等
客源资源综合型	不仅具有丰富的旅游资源，而且具有优良的地理位置，良好的经济环境和开放的政治文化氛围	如地中海沿岸的西班牙、意大利，美国南部的佛罗里达州和加利福尼亚沿海等

通过发掘各个海岛的自然特色、资源优势和文化内涵，使各海岛的旅游产品“人无我有、人有我精”，各具特色，交相辉映，就能使海岛旅游更具竞争力和生命力。

印度尼西亚的巴厘岛，拥有丰富且独特的旅游资源，如锥形火山峰、众多的庙宇以及独特的印度教文化，并且其拥有国际先进的管理体系和服务体系以及便捷的现代交通体系，但由于远离大陆增加了成本，所以巴厘岛旅游成为游客的奢侈消费之一。

新加坡总面6475平方千米，拥有的岛屿资源有限，但地处太平洋与印度洋之间的马六甲海峡的出入口，地理位置优越，新加坡政府利用此点发展旅游业使其成为“亚洲的旅游王国”。如地中海沿岸的圣托里尼岛、科西嘉岛、撒丁岛等，不仅气候宜人、水净沙白、风光秀丽、人文历史旅游资源丰富，同时位于经济比较发达的国家和地区，具有便利快捷的交通网络、各种层次各种类型的宾馆酒店以及众多的旅游娱乐设施，构成了功能齐全、管理先进的立体式海岛旅游。

日本的小笠原群岛是太平洋上的一个群岛，远离日本本岛，具有很多独特的地方性动植物物种，构成了当地不可多得的旅游观光资源。小笠原群岛83%的面积都被划归国家公园，多种动植物物种得到保护，从而使该群岛大部分地区维持了相对原始的自然生态环境，成为推动当地生态旅游发展的重要因素。1988年，当地居民在冬春两季开展了以座头鲸为主的观鲸活动，这在日本尚属首次。1989年，小笠原观鲸协会成立，并制定了自愿性观鲸规则。1995年，开始对抹香鲸进行观赏活动。由于观鲸活动很好地保持了旅游开发与生态保护之间的平衡，成为了偏远海岛实施生态旅游的成功案例之一。

8.3.2 突出特色海岛资源，因地制宜丰富旅游产品

海岛是休闲度假的理想去处，纵观世界海岛旅游发展，各国在开发海岛旅游资源

时，都十分注重结合当地特点，发展风格各异的海岛旅游产品。

夏威夷的特色是“打开心灵之门的草裙舞”；韩国济州岛以世界上寄生火山最多和“瀛洲十景”而闻名；马尔代夫因《麦兜故事》中小猪麦兜总是念叨的椰林树影，水清沙细，蓝天白云而让大家印象深刻；巴厘岛以丰富多彩的食物、木雕、蜡染、油画、纺织、舞蹈和音乐让游客沉醉其中。马尔代夫“一岛一特色”的开发模式，是海岛旅游整体规划开发中值得借鉴的开发模式。对于具备旅游开发条件，并得到国家旅游部和环保部许可的岛屿实施“一岛一酒店”计划，在政府的严格管理下开发成度假岛，并且主要采取“四个一”模式，即一座海岛及周边海域只允许一个投资开发公司租赁使用；一座海岛只建设一个酒店(或度假村)；一座海岛突出一种建筑风格和文化内涵；一座海岛配套一系列功能齐全的休闲娱乐及后勤服务等设施。这种“一岛一特色”的开发模式使马尔代夫海岛旅游形成了一个独立、封闭、完整的度假区。

旅游者对于海岛旅游产品的需求是多层次多样性的，因此海岛旅游产品开发应选用复合式开发模式，以适度超前于市场需求的产品开发，利用海岛良好的环境资源和独特的“封闭性”，从海面、海岛、天空等多方面进行多种类型的开发，引导游客消费。比如，自然风光、文物古迹、民族风情、人造景观等观光型旅游产品；“3S”享受、美食旅游、豪华游船等度假型旅游产品；展览、办公、会议等商务会展型旅游产品；民俗、博物馆、寻古、学术等文化型旅游产品；自然旅游、观鸟旅游、海洋公园等绿色生态型旅游产品；水上运动、温泉康体、高尔夫等健身康复型旅游产品；探险游、海底游、极限运动等猎奇刺激型旅游产品；等等。要充分发掘邮轮旅游、休闲海钓、海上高尔夫、滨海度假、商务会展等旅游产品价值，形成游览、度假、休闲体验、美食、商务等多元化复合型产业形态，发挥其规模效应和互补效应，提高产业链条附加值。同时，将海洋文化、宗教文化、渔家风情等融入旅游产品的开发设计之中，延伸高端海洋旅游产品的文化内涵。

8.3.3 突出特色文化内涵，提升海岛旅游整体品位和层次

文化是旅游目的地的灵魂。当前的旅游发展热点地区，都具有体现本区域特色文化的旅游产品，它们实施的就是差异化战略。所谓差异，就是与众不同，就是区别与他处的独特点。而对游客来说，也倾向于到与居住地文化差别显著的地区旅游，这就要求旅游地能够突出自己的特色文化内涵。

海岛隔离的空间地理条件对其文化旅游开发具有直接影响。地理隔离性所造成的

交通不便对海岛旅游开发产生不利影响，但却有利于海岛历史文化资源的保护。历史文化资源作为一种潜在的旅游资源，对海岛旅游开发具有重要意义。海岛文化旅游开发突出游客的参与性，通过游客的游历体验来强化外地游客对当地文化的认同，并推动当地传统手工业及相关服务业的发展，形成一种制度化或长期性的参与倾向。不同层次的海岛文化资源开发具有不同的游客市场和开发模式，宗教信仰、历史事件、传统习俗、地方节庆等多种类型的文化资源都能够成为海岛文化旅游的开发对象。同样，多样化的文化旅游产品可以吸引不同类型的游客，在不同的季节到不同的海岛参与不同的文化旅游活动，从而弱化海岛旅游开发的季节性和集聚性问题。

以新加坡为例，由于资源特别是自然旅游资源匮乏，因此在开发完善产品体系结构方面不断推陈出新。新加坡政府采取立法和其他措施保留了极具民族风情的建筑和设施，并加以完善，使之逐步形成了一个个独具特色的旅游产品。如代表中国传统文化的牛车水(唐人街)，犹如印度缩影的小印度，充满马来风情的马来村，还有阿拉伯街、荷兰村等。这些地方特色鲜明，具有浓郁的民族风情，成为游客必到之地。正如T. C. Chang等所说：新加坡长久以来都是作为一个亚洲文化和现代亚洲物力论(Asian - dynamism)的和谐混合来营销的，它能够满足区域参观者和西方游览者的需要。

同样，夏威夷也处处洋溢着一种独有的文化氛围，既是东西方文化的融合，也是传统文明和现代文明的汇集。夏威夷岛多种族裔、多种文化的居民为此地创造出令人着迷的多重面貌之艺术、文化、食物、庆典及历史。当地旅游部门充分利用当地文化特色，开发了一批知名的旅游项目，最为知名的是波里西尼亚文化中心，不仅把太平洋各个岛屿的风土人情融合在一起，而且有世界各地文化的缩影，既布满现代文明的气息，又充满原始文化的芳香，独特的氛围令游人流连忘返。

爱德华王子岛是位于加拿大东海岸圣劳伦斯湾的一个岛屿。近年来，以社区为主体举办的各类节庆及其他文化活动推动了当地文化旅游发展，如印第安河流节和“罗洛湾之路”音乐节系列等。岛上的各类文化旅游资源，包括历史景观、省立博物馆系统、社区博物馆、灯塔、节庆等，都吸引了大量的游客参与。其中古建筑“绿房子”是当地主要的旅游景点之一，每年有数千名日本游客到访游览，这主要是受加拿大女作家蒙哥马利的著名小说《绿山墙的安妮》的影响。

8.4 专业品质型

旅游的本源是注重品质的人的一种生活方式，品质旅游是一种适合旅游者消费有所值的旅游。美国著名心理学家马斯洛把人的需要分为生理需要、安全需要、社会需要、尊重需要和自我实现的需要五个层次。他认为，人往往是在满足了低层次的需要之后，才将注意力转向更高层次的需要。现代社会人们需要更加个性化、人性化的消费来实现自我，消费方式从大众的简单划一的“标准化消费”转向旨在让人性获得全面发展的“个性化消费”，品质旅游正是适应这种社会经济的消费心理的变化而出现的。品质旅游的核心是通过体验式旅游来满足其高层次的心理需求——自我实现的需要。现代社会的消费者去旅游的深层次目的不是价格的高低，而是感受目的地最具有当地特色的最大价值的体验，感受由此带来的深度快乐。它不是“以价格为导向”，而是“以价值为导向”能带给人深刻体验的旅游。所以品质旅游是符合现代社会的旅游消费者的心理需求发展的。高品质是海岛旅游的内在特征与生命力之所在。

海岛旅游一般以“休闲度假”为主题，休闲度假往往追求高水平的旅游品质，属于高端旅游产品。而随着生活水平的提高，经济负担能力增强，越来越多的人拥有了“精品旅游”的意识，选择到风景、餐饮、娱乐、购物等各项旅游要素都完善的景区旅游。另外，与普通旅游相比，高端旅游的利润达到20%～30%甚至更多，市场潜力巨大。因此，我国海岛旅游业要向高端旅游市场发展，实施精品战略，突出重点，精心设计旅游产品，积极开发旅游景点，发掘景区文化内涵，完善硬件设施，提高服务水平，加强国际合作，发展综合休闲度假旅游，打造高端的海岛旅游市场。

8.4.1 打造智慧旅游海岛目的地

随着移动互联网技术的发展以及电脑和智能手机的普及，“互联网+”迸发出无限能量。旅游业本身是一个信息密度高的产业，“互联网+旅游”将大大便利旅游者、海岛旅游目的地、旅游经营者等旅游业利益相关者，并提升产业效率。“互联网+旅游”无疑将成为旅游业发展的趋势。智慧海岛旅游的建设与发展主要体现在旅游管理、旅游服务和旅游营销三个层面。

第一，智慧海岛管理。指通过信息技术，在海岛进行智慧旅游软硬件建设，从而及时准确地掌握游客的旅游活动信息和旅游企业的经营信息，实现旅游行业监管从传统的被动处理、事后管理向过程管理和实时管理转变。智慧管理将通过与公安、交通、工商、卫生、质检等部门的信息共享和协作联动，结合旅游信息数据形成旅游预测预警机制，提高应急管理能力，保障旅游安全。实现对旅游投诉以及旅游质量问题的有效处理，维护旅游市场秩序。同时，智慧管理依托信息技术，主动获取游客信息，形成游客数据积累和分析体系，全面了解游客的需求变化、意见建议以及旅游企业的相关信息，实现科学决策和科学管理。智慧管理还鼓励和支持旅游企业广泛运用信息技术，改善经营流程，提高管理水平，提升产品和服务竞争力，增强游客、旅游资源、旅游企业和旅游主管部门之间的互动，高效整合旅游资源，推动旅游产业整体发展。

第二，智慧海岛服务。指从游客出发，通过信息技术提升旅游体验和旅游品质。游客在旅游信息获取、旅游计划决策、旅游产品预订支付、享受旅游和回顾评价旅游的整个过程中都能感受到智慧旅游带来的全新服务体验。智慧服务通过科学的信息组织和呈现形式让游客方便快捷地获取旅游信息，帮助游客更好地安排旅游计划并形成旅游决策。智慧服务通过基于物联网、无线技术、定位和监控技术，实现信息的传递和实时交换，让游客的旅游过程更顺畅，提升旅游的舒适度和满意度，为游客带来更好的旅游安全保障和旅游品质保障。智慧服务还将推动传统的旅游消费方式向现代的旅游消费方式转变，并引导游客产生新的旅游习惯，创造新的旅游文化。

第三，智慧海岛营销。通过旅游舆情监控和数据分析，发掘旅游热点和游客兴趣点，引导旅游企业策划对应的旅游产品，制定对应的营销策略，从而推动旅游行业的产品创新和营销创新。通过量化分析和判断，筛选效果明显、可以长期合作的营销渠道。智慧营销还充分发掘大数据，利用新媒体传播特性，吸引游客主动参与旅游的传播和营销，并通过积累游客数据和旅游产品消费数据，逐步形成自媒体营销平台。

8.4.2　发展高素质人才

海岛旅游的开发既是一个经济型产业，又是一个文化型产业，同时还是一个环保型产业，因此对海岛旅游管理专业人才的知识、能力和素质结构具有相当高的要求。海岛旅游开发不仅需要不同专业背景和技术特长的从业人员，更需要具有比较完整知识架构体系和丰富管理经验的管理者。

由于海岛地区一般远离城市中心，加上我国海岛发展尚处在起步阶段，海岛上的各项基础设施建设尚不完善，因此缺少对人才的吸引力。而我国海岛旅游业正处在发展阶段，需要大量的高素质人才，支持海岛旅游产业科学、健康、快速地发展。要大力培养和引进以及多方借助海洋旅游业所需的相关专业人才。要吸引和留住人才，必须通过建立激励约束机制，促进旅游人才开发，提高旅游专业队伍素质，从而提高服务质量。创造理想的生活、事业环境，真正做到事业留人，环境留人，项目留人，机制留人。有的海岛远离陆地，交通不便，给生活、居家带来困难，要有利益补偿，并切实解决好存在的问题。

8.4.3 完善旅游服务管理

科学有效的旅游管理是确保旅游业可持续发展和旅游资源保护的重要环节。周到齐全的社会服务和高水平的经营管理是海岛旅游业取胜的一个关键因素。海岛地区应引进其他成功海岛旅游目的地的先进管理经验和理念，在管理上做到井然有序、细致入微。

在美国，夏威夷是著名的观光和休闲度假胜地，当地政府和旅游企业特别重视旅游服务质量和服务态度。夏威夷各类与游客利益相关的服务提示，从侧面反映出当地优良的服务品质。一些旅游贴士告诉游客：因游览车多为统一调派，在同一日行程中也未必用同一部车，请游客见谅；夜间或自由活动时间若需自行外出，请告知领队或团友，并应特别注意安全；出国旅游期间，请勿将护照交给他人保管(包括领队和当地导游)，要求统一保管时，也请游客回绝等。周到齐全的社会服务和人性化管理是国外海岛旅游开发的突出特色，这一点是非常值得借鉴的经验。

因此，海岛地区在发展旅游过程中应特别着力完善旅游服务管理，可以从以下三个方面入手。

一是提高服务意识和服务质量。旅游业是服务行业，高质量的服务和以人为本的理念会提高游客满意度。海岛旅游目的地应设有旅游监察咨询服务所，向游客提供各种宣传资料，接受游客的咨询，积极有效地处理投诉，让游客感觉舒心。

二是引进国际成熟的开发经营商从事开发、经营和管理，从而满足高标准、高质量旅游的需求，带动整个旅游产业链。国际海岛旅游成功案例中，在实际经营和管理中无一例外地都以优惠政策条件鼓励外商投资，引进国际著名酒店公司管理，大部分是欧美连锁集团，在世界各地都有成熟的销售网络，为海岛旅游目的地带来优质、稳定的客源。

三是设立动态管理体制。旅游是一个动态过程，游客的消费需求和旅游观念会随着经济社会的发展而发生改变。海岛旅游目的地应该提升管理理念，随时关注旅游发展动态和趋势，做出相应调整，变化旅游策略，开发新的旅游产品。海岛旅游目的地应建立旅游市场调研和统计新机制，根据统计数据进行预测性研究，根据变化不断开发新市场，设计新的营销策略。

8.4.4 建立合理的海岛资源开发模式

突破传统思维，采取多种有效的方式来提高海岛资源利用效率，突破海岛资源与环境瓶颈是确保海岛旅游可持续发展的关键。

在海岛能源开发上，要充分利用海岛本地的风能、太阳能及生物质能等新型可再生绿色能源，确定适合不同海岛开发需要的能源开发模式，减少海岛对外来能源的依赖，特别是要尽量减少海岛能源基础设施建设所带来的不良环境影响。制定合理有效的适宜海岛发展的建筑标准，大力推动环保住宅建设，推动节能利用，使海岛旅游开发中的能源消耗实现最小化，能源利用效率最大化。

科学设计与规划海岛淡水供给体系，建立水资源再利用系统和海水淡化及直接利用系统，引导游客节水行为，并推动一切可能的措施来节约水资源，提高海岛有限水资源的利用效率。同时在旅游基础设施建设与旅游产品设计中，要充分考虑到水资源的循环利用，避免旅游开发对海岛蓄水层、水道及海岸带的水质污染，尽力缓解与当地传统活动的水利用竞争，避免过度的海岛休闲旅游开发影响海岛水资源供给的平衡。

在垃圾处理上，限制海岛垃圾的简单填埋处理，采用经济或行政手段引导固体垃圾的分类处理，同时采取激励措施从源头减少固体垃圾总量，引导海岛游客将自身产生的固体垃圾随身携带出岛。采用环保的海岛产品采购、生产与服务体系，从源头阻止固体废物的产生，提高产品的再利用、循环利用与回收效率，最大限度地减少固体废物生产，减缓海岛垃圾总量的快速增长，避免对脆弱的海岛生态环境产生长期影响的永久污染源的产生。

8.5 合作共建型

随着全球经济一体化进程以及劳动地域分工的进一步深化，世界经济的发展呈现全面开放的态势。从自身利益角度出发，世界各地通过区域合作，以实现优势互补和共同繁荣。在这种形式下，任何地区都不可能孤立于合作潮流之外，在一个封闭的环境里谋求自身的生存与发展。旅游合作作为经济合作的一个重要组成部分，开始受到广泛关注。旅游业是一项开放、关联程度极高的新型产业，特别是近年来，旅游市场竞争越来越激烈，这导致在区域旅游的开发过程中许多地区逐渐开始走向联合，合作开发旅游资源和目标市场。

旅游资源分布在地理区域与所属行政区域并不存在一一对应关系，即旅游资源是以内在特质为纽带联系在一起的，而不是以行政区域为单位划分的。区域旅游业的发展客观上存在着竞争与合作的问题。对于单个城市来说，必须在区域旅游竞争中充分发挥自己的优势，增强自身竞争力，实现自身旅游产业的发展，同时也应加强同相邻城市的协调与合作，实现优势互补，增强区域旅游整体竞争力。区域旅游合作是当今旅游业发展的重要议题，是实现资源共享、客源互动、合作共赢的战略举措，是实施“大旅游、大市场、大产业”发展战略的必然选择。实践证明，合作共建是海岛旅游快速健康发展的桥梁和纽带，同时也是不同区域旅游业避免恶性竞争的有效途径。

8.5.1 旅游相关部门间的合作开发

旅游的复杂性、综合性和广泛的影响意味着许多利益组织与旅游规划、发展和管理有关。建立统筹协调体系让各部门有效合作是旅游可持续发展的基本要求，建立合作体系的目标主要有三个：一是提升旅游作为可持续发展重要因素的贡献；二是确保对旅游业有影响的相关政策考虑到实际需求；三是为所有影响旅游业发展的利益相关者提供平台并促进他们之间的合作。有些海岛地区已经意识到各部门合作发展的重要性，并采取了一些措施。比如，佛得角共和国建立了国家适应计划项目，要求淡水供应部门和旅游部门合作，确保国家水资源供应能满足不断增长的需求，不制约旅游发展。

8.5.2 区域旅游资源的整合开发

由于地域分异规律的影响，区域旅游资源表现出一定的地域差级和地域特色性。区域旅游资源整合包括旅游资源类型、等级的整合，意味着必须从区域整体的高度出发，在更大范围内对区域内的资源进行调查、重新评价其价值以及构建层次分明的资源等级体系。同时，还必须从整体的高度研究区域旅游资源的空间分布特征以及各目的地的资源开发情况，重新归整，进行合并，构建以主导旅游资源为中心的区域旅游资源整合性开发体系。

区域旅游产品的整合并不是完全忽视区域各种旅游产品之间的竞争，抹杀所有旅游产品的特色性，而是在突出各目的地产品特色基础上的合作性竞争。江苏省的南京、苏州和无锡是苏南旅游区的重量级旅游城市，为了突出各自旅游产品的特色，江苏省政府对三个城市的旅游产品进行了整合，推出了具有各自“个性灵魂”的旅游产品：南京市以“真山真水真古迹”为城市旅游品牌的特色；苏州以“东方水城”品牌为基调，确立以“古城、古镇、古典园林和太湖”为主旋律的“三古一湖”的旅游产品格局；而无锡则以现代化特大城市为坐标，以“打太湖牌，唱运河歌，建山水城”为口号，打造环太湖旅游的“黄金湖岸线”。苏南旅游区通过旅游产品的整合性开发，既避免了因旅游产品雷同开发而导致的主体模糊的情况，又突出了各自鲜明的特色，提高了苏南旅游产品的市场竞争力。

8.5.3 旅游产业与其他产业的联动开发

旅游产业有综合性强、联动力大的特点，关联度高、产业链条长、融合性强，经资源整合、各业统筹、产业集成可产生放大的聚合效应，具有较高的增加值和附加值。未来，海岛旅游将从单一旅游业到“旅游+”的综合产业发展，产业链将进一步整合，形成以旅游业为核心，联动产业共同发展的新型产业链，实现对其他产业的辐射和带动。

当前的旅游业发展已经突破传统产业的限制，与地产、金融、养生、养老、文化、农业、乡村、工业、高科技、教育、创客等多种业态融合在一起，形成一个第一、第二、第三产业融合的庞大的泛旅游产业体系。海岛旅游目的地可探索开发旅游产业与文化产业、现代农业、休闲渔业、医药产业、户外运动产业、旅游地产业、婚庆产业、养老养生产业联动发展的可能性，探索创新更多产业融合的海岛旅游产品，使海岛旅游产业链进一步整合，提升海岛旅游产业的综合实力和竞争力。

参考文献

白洁. 发展海岛旅游业的制约因素及对策[J]. 生态科学，2002(5).

保继刚. 旅游开发研究——原理、方法、实践[M]. 北京：科学出版社，2003.

崔凤军，刘家明. 旅游环境承载力理论及其实践意义[J]. 地理科学进展，1998，17(1)：86 - 91.

崔凤军. 论旅游环境承载力——持续发展旅游的判据之一[J]. 经济地理，1995，15(1)：106 - 109.

高建. 海岛旅游开发模式探讨[D]. 浙江大学硕士论文，2007.

龚箭. 国际旅游岛发展模式研究[D]. 武汉大学博士论文，2010.

龚箭. 海南国际旅游岛刍论[M]. 湖北：湖北人民出版社，2013.

李友良，吴忠军. 旅游业主流发展战略模式比较与模式选择探讨[J]. 信阳师范学院学报(自然科学版)，2005(1).

李悦铮. 海岛旅游开发规划：理论探索与实践[M]. 北京：旅游教育出版社，2011.

刘康. 海岛旅游可持续发展模式[M]. 山东：中国海洋大学出版社，2012.

刘伟. 海岛旅游环境承载力研究[J]. 中国人口·资源与环境，2010，20(5)：75 - 79.

卢昆. 山东省海岛旅游开发研究[D]. 青岛大学硕士论文，2004.

罗明义. 旅游经济学[M]. 北京：北京师范出版社，2009.

马丽卿. 产业转型背景下的浙江海洋旅游提升发展. //北京大学旅游研究与规划中心. 旅游规划与设计——海洋与海岛旅游[M]. 中国建筑工业出版社，2013：58 - 67.

马丽卿. 海洋旅游学[M]. 北京：海洋出版社，2013.

马丽卿，朱永猛. 产业融合背景下的海洋旅游综合管理体制研究[M]. 北京：海洋出版社，2015.

[美]格雷西，多兹. 岛屿旅游目的地的可持续发展[M]. 赵庆英，谭勇华，译. 北京：海洋出版社，2014 年.

宁波旅游局政务网站. 关于宁波市旅游业发展情况的通报，http：//www. nbtravel. gov. cn/jianghua/201101/t20110110_ 58016. htm.

任淑华，蔡克勤. 舟山海岛旅游资源开发评价与旅游业可持续发展研究[M]. 北京：海洋出版社，2010.

舒卫英. 宁波海洋旅游业发展对策研究[J]. 宁波经济，2011(1)：10 - 13.

向宝惠，王灵恩. 中国海洋海岛旅游发展战略探讨[J]. 生态经济，2012(9).

熊元斌．旅游业、政府主导与公共营销[M]．武汉：武汉大学出版社，2008：92.

杨洁．国外海岛旅游的成功经验对我国海岛旅游发展的启示[D]．辽宁师范大学硕士论文，2009.

张广海．我国滨海旅游资源开发与管理[M]．北京：海洋出版社，2013.

张耀光，刘锴，江海旭．海岛旅游资源评估与竞争力空间结构分析——以中国12个海岛(县)为例[J]．海洋经济，2012，2(5)：34－42.

郑向敏，饶品样．中国沿海岛屿旅游发展分析[J]．桂林旅游高等专科学校学报，2006，17(3)：257－261.

中国旅游研究院．旅游业发展的浙江模式[M]．北京：中国旅游出版社，2011.

Ap J. Residents' perceptions on tourism impacts[J]. Annals of Tourism Reseach, 1992, 27: 16－21.

Briguglio L, Bulter R M, Harrison D, et al. Sustainable Tourism in Island&Small States: Case Studies[M]. London: Pinter, 1996b.

Canan P, Hannessy M. The growth machine, tourism and telling culture[J]. Sociological Perspectives, 1989, 32: 227－243.

Davis D, Allen J, Cosenza M. Segmenting local residents by their attitude, interests and opinions toward tourism[J]. Journal of Travel Research, 1988, 27: 2－8.

Durbarry R. The economic contribution of tourism in Mauritius[J]. Annals of Tourism Research, 2002, 29(3): 862－865.

Fennel D A. A tourism space－time budget in the Shetland Island [J]. Annals of Tourism Research, 1996, 23(4): 811－829.

F M Diaz－Perez. The segmentation of canary island tourism markets by expenditure implications for tourism policy[J]. Tourism Management, 2005, 26(10): 961－964.

Gossling S. Tourism and development in Tropical Island: Political Ecology Perspectives[J]. Cheltenham: Edward Elgar, 2003.

Leathermen S P. Beaching rating a methodological approach[J]. Journal of Coastal Research, 1997, 13(2): 253－258.

Liu J C , Sheldon P J. Resident perception of the environment impacts of tourism[J]. Annals of Tourism Research, 1987, 14: 17－37.

Mathieson A, Wall G. Tourism: Economic, Physical and Social Impacts[M]. Longman: Harlow, 1982.

Morgan M. Dressing up to survive: Marketing Majorca anew[J]. Tourism Management, 1991, 12(1): 15－20.

Murphy P E. Tourism: A Community Approach[M]. New Youk: Routledge, 1985.

Nae－Wen Kuo, Pei－Hun Chen. Quantifying energy use, carbon dioxide emission, and other environmental loads from island tourism based on a life cycle assessment approach[J]. Journal of Cleaner Production,

2009，(17)：1324 -1330.

ORflia - Sintes F, Crespi - Cladera R, Martines - Ros E. Innovation activity in the hotel industry: evidence from Balearic Island[J]. Tourism Management, 2005, 26: 851 -865.

Parks Tasmania. History if sealing at Macquarie Island[J]. Hobart: Parks and Wildlife Service, 2009.

Pizam A. Tourism impacts: the social costs to the destination community as perceived by its residents[J]. Journal of Travel Research, 1978, 16: 8 - 12.

Scheyvens R, Momsen J H. Tourism and poverty reduction: Issues for small island state[J]. Tourism Geographies, 2008, 10(1): 22 -41.

Schittone J. Tourism vs. commercial fishers: development and changing use of Key West and Stock Island, Florida[J]. Ocean & Coastal Management, 2001, 44(1 -2): 15 -37.

Shareef R. Small island tourism economies and country risk ratings[J]. Mathematics and computers in simulation, 2005, 68: 557 -570.

Sukpil O. A study on Coastal Conservation and Utilization: Valuation on Coral Reefs and Ecosystem of the Kerama Island[J]. Naha: Research Institue of Subtropics, 2003.

Um S , Crompton J L. Measuring resident' s attachment levels in a host community[J]. Journal of Travel Research, 1987, 26: 27 -29.

Williams A T. Beach aesthetic values: the SW Peninsula[R]. UK Prow Int Coastal Congress, 1992, 251 - 262.

附录1　浙江海岛旅游业发展大事记

1. 1979 年，普陀山重新开放。

2. 1982 年，普陀山被列为国家首批重点风景名胜区。

3. 1988 年，嵊泗列岛被列为国家重点风景名胜区。

4. 1990 年，南麂列岛是中国首批 5 个海洋类型的自然保护区之一，中国唯一的国家级贝藻类海洋自然保护区。

5. 1991 年，岱山省级风景名胜区。

6. 1991 年，洞头省级风景名胜区。

7. 1992 年，玉环大鹿岛全国唯一的国家级海岛森林公园。

8. 1993 年，桃花岛省级风景名胜区。

9. 1999 年，南麂列岛被列入世界生物圈保护区网络（联合国教科文组织）。

10. 2001 年，南麂列岛省级风景名胜区。

11. 2007 年，玉环大鹿岛省级风景名胜区。

12. 2007 年，普陀山国家 5A 级景区。

13. 2007 年，桃花岛国家 4A 级景区。

14. 2007 年，玉环大鹿岛国家 4A 级景区。

15. 2009 年，朱家尖国家 4A 级景区。

16. 2010 年，温州洞头县被称为省级旅游综合改革试验区。

17. 2011 年，舟山市被批准为国家旅游综合改革试点城市和舟山群岛旅游综合改革试验区。

18. 2013 年，定海、普陀成为省级旅游度假区。

19. 2014 年，朱家尖国际邮轮码头正式启用，成为浙江省首个国际邮轮港。

20. 2015 年，朱家尖到嵊泗列岛水上飞机航线开通。

21. 2015 年，舟山提出打造国际著名的海岛休闲旅游目的地和世界一流的佛教文化旅游胜地。

22. 2016 年，普陀山成为中国国际佛教文化旅游目的地。

23. 2016 年，舟山群岛创建国家蓝色旅游示范基地。

附录 2　中外海岛旅游著名景点介绍

一、马尔代夫

1. 岛屿介绍

马尔代夫群岛位于印度洋中央，由北向南经过赤道纵列，形成了一条长长的礁岛群岛地带，19 个珊瑚环礁组合成了 1190 个小岛。这些岛屿都是因为古代海底火山爆发而形成，总陆地面积仅约 298 平方千米，也就是说每一个珊瑚礁岛的范围不会超过 2 平方千米，就算是商业中心兼首都的马累（Male），面积也只有 1.8 平方千米，环岛散步也不超过 40 分钟。

2. 岛屿特色

整个马尔代夫的旅游景观全在一个度假岛屿与一个酒店所经营的休闲氛围，因为每个岛屿都是一个独立的酒店经营商开发出来的，所以一岛一酒店就成了马尔代夫特有的旅游文化。

3. 旅游项目

①潜水：马尔代夫是全球三大潜水圣地之一，到这里如果没有潜水，可就枉来一趟。每天的潜水行程，固定以从早上 9 点出发与下午 2 点出发为主，无论是哪一个潜水点，坐潜水用的 DHONI（多尼船），航程 10～30 分钟，如果到比较远的潜水点，航程 60～90 分钟。

②海钓：在马尔代夫钓鱼也别有一番风情。马尔代夫盛产大石斑，因此海钓在这儿相当受欢迎，可称得上是老少皆宜的活动。

③巡岛：马尔代夫所特有的巡游岛屿活动是搭乘多尼船出发，游览不同风格的岛屿，有的现代化，有的颇具原始风味，徒步半小时即可逛完，所以形成一岛一景的有趣现象。

二、巴厘岛

1. 岛屿介绍

“诸神之岛”（Island of the Gods）可以说是最常拿来形容巴厘岛的词。巴厘岛这个长仅145千米、宽约80千米的小岛，其上却包含了超过300万的人口以及一万座以上的寺庙。印度教(Hindu)的信仰深深影响着当地居民的生活以及思考行为。

2. 岛屿特色

巴厘人生性爱花，处处用花来装饰，因此，该岛有“花之岛”之称，岛上大部分为山地，全岛山脉纵横，地势东高西低，有四五座锥形完整的火山峰，其中阿贡火山(巴厘峰)海拔3142米，是岛上的最高点。

3. 娱乐项目

①潜水：比较好的潜水点都集中在巴厘岛东岸，不同的潜水点价格也不同。

②潜艇：可以选择乘坐小型潜艇到水下60英尺(约18.3米)的地方，透过玻璃窗跟鲨鱼会面，并且可以尽情拍照。

③游船夜宴：在繁星密布的天幕之下，一边欣赏小岛夜景，一边品尝各国风味齐全的自助餐，游船一般在傍晚6时出发，10时半返回码头。船票为每人40美元左右，14岁以下的儿童一般是半票。

④漂流：除了海上活动，巴厘的河流也能带给你惊喜。与国内的漂流不同，这里的漂流根据刺激程度分级，你可以根据自己的喜好选择。每次旅程56～85美元，一般包括午餐。

⑤SPA：巴厘岛是SPA的出生地，手法正宗，形式多样。

⑥民族歌舞表演：巴厘岛民很好地保留着他们的传统文化，“大刀舞”“火舞”“罗摩衍那舞”都值得一看。

三、普吉岛

1. 岛屿介绍

它是泰国南部最小的府城，距离首都曼谷862千米，占地共有543平方千米，南北长48千米，东西宽21千米，面积与新加坡相近，是泰国最大的海岛。事实上，“普吉岛”一语源自马来文，“普吉”就是代表山丘的意思，岛上的主要地形是绵延的山丘，其间点缀着盆地，并有39个离岛。

2. 岛屿特色

这里的海滩类型丰富，有清静悠闲的海滩，有感觉豪华的、像是私人度假的海滩，有海上体育运动盛行的海滩，还有夜晚娱乐活动丰富多彩的海滩。

3. 娱乐项目

①雨林漫步：乘坐大象漫步在热带雨林中，感受人与自然的亲密接触。

②海上降落伞：由船在海面上牵引迎风加速，瞬间升上空中，在空中可以鸟瞰普吉岛全景。

③海洋公园：这里的海底生长着500余种色彩缤纷的珊瑚礁，超过1000种双壳类生物和3000种鱼类品种，吸引了世界各地无数的潜水爱好者。

④山地摩托：正如“普吉”的意思一样（马来语：山丘），岛上有很多山。游客可以在岛上乘坐出租车和摩托探险。

四、塞班岛

1. 岛屿介绍

北玛利安纳群岛共有14个岛屿，塞班和天宁是最南边的两个。塞班海水清澈见底，大片美丽的珊瑚礁吸引了许多热带鱼群，是个潜水天堂，这里有世界上最深的马利安纳海沟。

2. 娱乐项目

①钓鱼：可以租船出海拖钓，或船底垂钓。

②日落巡航：晚餐时刻，搭乘游船出海，在夕阳下享受塞班美食。

③军舰岛水上娱乐项目：主要包含军舰岛往返、香蕉船、水上摩托艇、海上拖伞、浮潜。

④游山项目：从岛的中央到东海岸都是山岳，许多地方尚未开发出来。游客们可以租借越野吉普车，进行探险之游。

⑤历史文化博物馆：是由原来的日军医院改建而成，馆内展示了马里亚纳在现代之前的当地生活场景。

⑥塞班植物园：那里有数以百计的热带奇花异果，塞班植物园是屡获国际嘉奖的世界知名植物园。

五、毛里求斯

1. 岛屿介绍

毛里求斯是印度洋西南部岛国。包括本岛（毛里求斯岛）及罗德里格岛、圣布兰群岛、阿加莱加群岛、查戈斯群岛（现由英国管辖）和特罗姆兰岛（现由法国管辖）等属岛。面积2040平方千米。毛里求斯岛是火山岛，四周被珊瑚礁环绕。

2. 娱乐项目

①水上活动：毛里求斯的水上活动及其设施应有尽有。大部分酒店均有免费的滑水、风帆、徒手潜水等设施，也免费教授初学人士，而深海钓鱼及潜水仅收合理的

费用。

②钓鱼：毛里求斯是深海钓鱼的天堂，多种大鱼都会在每年 11 月至翌年 4 月、5 月期间游近岛四周约 1 千米以外 70 米水深的水域猎食。一些钓鱼会所更设有餐厅、泳池、的士高和桌球等供钓鱼人士使用。

③海底漫步：不懂游泳的旅客可联络酒店内的旅行社安排或自行尝试海底漫步，同样可欣赏美丽的海底景色。

④高尔夫：18 洞球场或 9 洞球场，酒店均设有会所，内设练习场地及储物室，并提供私人教练服务，练习球和球杆均可在会所租赁。

后　记

在2017年春夏之交，经过大家的共同努力，《岛是什么——海岛旅游实践探索与创新发展研究》终于完成了组稿与编撰工作。在此书即将付梓之际，愿将编撰此书的缘由、过程及特点略叙于后，以备查考。

在首届国际海岛旅游大会举办之后，国际海岛旅游大会组委会决定编写一本《岛是什么——海岛旅游实践探索与创新发展研究》，既可作为国际海岛旅游大会成功举办的经验总结，又能较为全面地反映世界海岛旅游发展的整体面貌和典型案例。为此，2015年11月，舟山市旅游委员会和浙江海洋旅游研究院组织召开了编写工作会议，建立了编写委员会，拟定了编写原则、基本框架、操作流程和具体时间表。编委会成员紧锣密鼓地展开了资料收集、编写修改、配置图片等工作。经过一年多的努力，大家分工合作，几上几下，终于在2017年年初完成了初稿。此后，舟山市旅游委员会通过各种渠道征求相关专家和学者意见，编委会成员按照审稿意见进行了认真修改，在准确性、丰富性、新颖性和可读性等方面下足工夫，全面提升了书稿质量。5月中旬在完成三轮审稿后，交由海洋出版社正式出版。

在本书即将面世之际，对于本书的体例作一个简单说明。全书分为理论篇、实践篇、创新篇三大部分。理论篇着重论述海岛旅游开发的基础知识和理论；实践篇结合国内外海岛旅游特别是浙江海岛旅游开发的经典案例，分析海岛旅游发展的不同模式和经验成果；创新篇论证了海岛旅游发展的创新战略和措施。本书的特点可概括为“三个特性”：一是先进性，本书是全国正式出版关于海岛旅游发展模式研究的首部书籍，在海岛旅游资源开发、保护、建设上积累了许多可以借鉴的经验和做法，具有引领性和可操作性；二是全面性，本书从地域空间上覆盖了国内外主要旅游海岛的成功案例，也对浙江省这一海岛大省的旅游开发模式展开了全面评价；三是可读性，全书文字简洁通俗、图片精美生动、编排合理清晰，非常适合旅游研究人员的阅读审美取向。

在本书出版之际，我们首先要感谢浙江省旅游局和各地市旅游局(委)的大力支持和强力推进；其次要衷心感谢浙江海洋大学经济与管理学院各位专家教授的精心指导与编写参与；再次要诚挚感谢编委会同人的精诚合作和辛勤劳动；最后要衷心感谢海洋出版社的编辑同人，正是大家的勤勉与心血，成就了这份海岛旅游的功业。